AF853509

Votre version numérique offerte pour l'achat d'un livre imprimé *

Demandez votre accès gratuit au **livre numérique**
livrenumerique@eni.fr

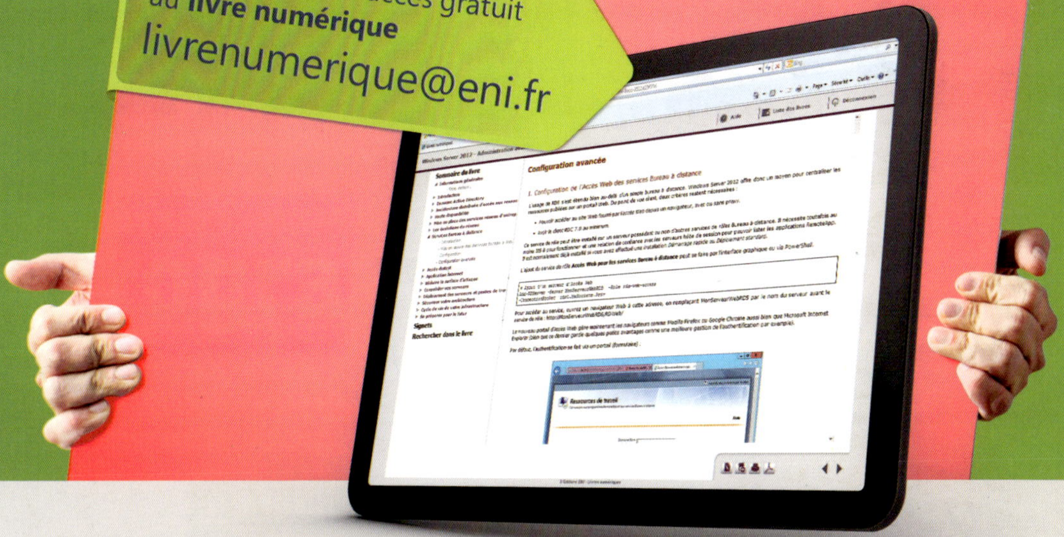

Bénéficiez d'un accès immédiat à votre version numérique

en commandant sur www.editions-eni.fr

eni Editions

* Voir conditions complètes de l'offre sur www.editions-eni.fr. Le livre numérique offert est consultable via Internet, pendant un an.

La programmation objet sous Excel
Chapitre 3

Les objets d'Excel
Chapitre 4

Les boîtes de dialogue — Chapitre 5

Les formulaires — Chapitre 6

Amélioration de l'interface utilisateur — Chapitre 7

Internet Chapitre 11

Programmation Windows Chapitre 12

Code d'une mini-application Chapitre 13

Annexes

Chapitre 1 : Présentation

A. Présentation du langage VBA

Visual Basic pour Application (VBA) est le **langage de programmation** commun à toutes les applications de la suite Microsoft Office 2007 (Word, Access, Excel, Outlook et PowerPoint).

1. Objectifs du langage VBA

Sous Excel, l'utilisation du langage VBA vous permet :

- **d'automatiser des actions répétitives** : VBA permet d'effectuer en une seule opération un nombre important de commandes Excel.
- **d'interagir sur les classeurs d'Excel** : le contenu et la présentation de tous les éléments contenus dans un classeur (feuilles, cellules, graphiques...) peuvent être modifiés par du code VBA.
- **de créer des formulaires personnalisés** : les formulaires sont des boîtes de dialogue composées de contrôles ActiveX (zones de texte, listes déroulantes...) auxquelles peut être associé du code VBA. Les formulaires vous permettent de créer des interfaces conviviales pour la saisie ou l'affichage d'informations.
- **de personnaliser l'interface d'Excel** : de nouveaux menus et de nouvelles commandes peuvent être ajoutés à l'interface. Du code VBA peut être associé à des raccourcis-clavier, des icônes...
- **de modifier les options d'Excel** : à chaque option d'Excel correspond une propriété d'un objet VBA. Par exemple, la police par défaut peut être modifiée à partir des propriétés StandardFont (police) et StandardFontsize (taille de la police) de l'objet Application.

Exemple :

```
Application.StandardFont = "Arial"
Application.StandardFontSize = "10"
```

- **de communiquer avec les autres applications Microsoft Office** : VBA permet d'échanger des informations entre les applications Office en utilisant les objets spécifiques propres à chacune d'elles. Vous pouvez, par exemple, insérer un tableau ou un graphique Excel dans un fichier Word, créer des messages Outlook avec un fichier Excel en pièce jointe...

2. Quelques définitions

Projet

À chaque classeur ouvert dans Excel est associé un projet contenant tous les modules de codes VBA regroupés par catégories.

Module

Les modules contiennent les macros enregistrées et vos propres procédures et fonctions écrites en VBA. Les modules peuvent être exportés sous forme de fichiers indépendants afin d'être importés dans d'autres classeurs.

Procédure

Les procédures sont des sous-programmes écrits en VBA. Chaque macro enregistrée génère une procédure dont le nom est celui de la macro. Vous pouvez également créer vos propres procédures en utilisant l'instruction **Sub**.

Fonction

Les fonctions sont des procédures retournant une valeur. Pour créer une fonction vous devez utiliser l'instruction **Function**.

3. Écriture de code VBA

Vous disposez de deux possibilités pour créer des procédures VBA :

- générer automatiquement le code à partir de **l'enregistreur de macros**,
- saisir directement le code de votre procédure dans **l'environnement Visual Basic Editor** (ou environnement VBE).

Bien que plus facile à mettre en œuvre, la première solution est beaucoup plus limitée que la seconde. Les procédures générées automatiquement permettent uniquement d'automatiser des actions répétitives effectuées sous Excel (mise en forme de cellules, tri de données...).

Si vous souhaitez effectuer des traitements spécifiques : algorithmes de calculs, échanges de messages et d'informations avec l'utilisateur, contrôles de cohérence des données dans un classeur ou tout autre traitement faisant appel à des structures répétitives ou conditionnelles, vous devez créer vos propres procédures en VBA.

B. Les macros d'Excel

1. Affichage de l'onglet Développeur dans le ruban

Pour écrire des macros, exécuter des macros enregistrées ou créer des applications Excel, vous devez afficher l'onglet **Développeur** de la façon suivante :

→ Cliquez sur le bouton **Microsoft Office** , puis sur le bouton 

(situé en bas de la boîte de dialogue).

→ Sélectionnez la catégorie **Standard** dans le menu de gauche.

→ Activez l'option **Afficher l'onglet Développeur dans le ruban** située sous **Meilleurs options pour travailler avec Excel**.

– Cliquez sur le bouton **OK** : l'onglet **Développeur** a été ajouté au ruban d'Excel, à droite de l'onglet **Affichage**.

2. Description de l'onglet Développeur

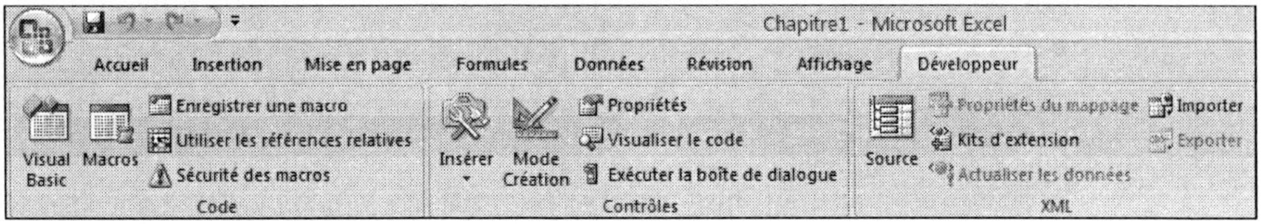

a. Groupe "Code"

Nom du bouton	Description
Visual Basic	Ouvre l'environnement de développement. Le raccourci-clavier est [Alt] [F11].
Macros	Affiche la liste des macros. Le raccourci-clavier est [Alt] [F8].
Enregistrer une macro	Démarre l'enregistrement d'une macro.

Utiliser les références relatives	Permet d'utiliser des références relatives à la première cellule sélectionnée.
Sécurité des macros	Personnalise les paramètres de sécurité des macros.

b. Groupe "Contrôles"

Nom du bouton	**Description**
Insérer	Permet d'insérer des contrôles (formulaires ou ActiveX) dans Excel.
Mode Création	Active ou désactive le mode Création. En mode création les contrôles ActiveX peuvent être sélectionnés et modifiés mais ne peuvent pas être exécutés.
Propriétés	Affiche les propriétés de l'objet Excel sélectionné (feuille ou contrôle).
Visualiser le code	Permet d'accéder directement au code associé au contrôle sélectionné.
Exécuter la boîte de dialogue	Exécute une boîte de dialogue personnalisée.

Le groupe XML permet de gérer les mappages XML.

3. L'enregistrement de macros

a. Enregistrement d'une première macro

Pour créer une macro enregistrée :

- Cliquez sur le bouton 

de l'onglet **Développeur** ou sur le bouton  de la barre d'état.
- Saisissez, dans la boîte de dialogue suivante, le nom de la macro, sa description et éventuellement la touche de raccourci associée.

- Cliquez sur le bouton **OK** pour démarrer l'enregistrement.
- Effectuez sous Excel les manipulations à enregistrer. Par exemple, sélectionnez la plage de cellules "A1 :B8", affectez un motif et une bordure à ces cellules.
- Cliquez sur le bouton Arrêter l'enregistrement de l'onglet **Développeur** ou sur le bouton  de la barre d'état pour interrompre l'enregistrement de la macro.

b. Exécuter une macro

Pour lancer une macro depuis Excel :

- Cliquez sur le bouton 

de l'onglet **Développeur** ou utilisez le raccourci-clavier [Alt] [F8].
- Effectuez un double clic sur le nom de la macro ou effectuez la combinaison de touches associée à la macro.

Pour visualiser les informations relatives à une macro (touches de raccourci et description), sélectionnez la macro dans la liste et cliquez sur le bouton **Options**.

Pour arrêter l'exécution d'une macro, faites [Echap] ou [Ctrl][Pause].

c. Enregistrer une macro avec des références de cellules relatives

Si vous enregistrez une macro en mode **référence absolue** (mode par défaut), les plages de cellules référencées dans les opérations de sélections, déplacements... sont des plages fixes. Ex : Range ("A2") désigne la cellule A2.

Si vous enregistrez une macro en mode **référence relative**, les plages de cellules sont exprimées en fonction de la position de la première cellule active.
Ex : ActiveCell.range("A2") désigne la cellule située en dessous de la cellule active, ActiveCell.range("B1") désigne la cellule située à droite de la cellule active.

ActiveCell.range("A1") fait toujours référence à la première cellule active. A1 est en quelque sorte la référence relative de la première cellule active.

Pour enregistrer une macro avec des références relatives :

- Cliquez sur le bouton 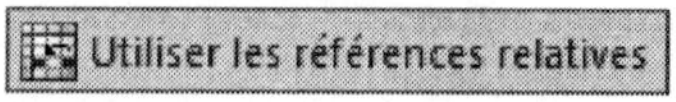

de l'onglet **Développeur** : celui-ci est alors activé (surbrillance orange).
- Si vous cliquez à nouveau sur le bouton 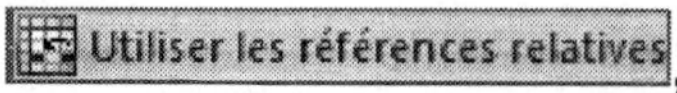

, le bouton est désactivé et les macros seront à nouveau enregistrées avec des références absolues.

Exemple

La même séquence d'opérations a été enregistrée dans deux macros : la première macro (RefRelative) a été enregistrée avec l'option référence relative, la deuxième (RefAbsolue) avec l'option référence absolue.

La séquence d'opérations est la suivante :

- *sélection d'une plage de cellules,*
- *déplacement de la plage de deux lignes vers le bas et d'une colonne vers la droite.*

```
Sub RefAbsolue()
'  Référence absolue
   Range("B2:C8").Select
   Selection.Cut Destination:=Range("C4:D10")
   Range("C4:D10").Select
End Sub
```

```
Sub RefRelative()
'  Référence relative
   ActiveCell.Range("A1:B7").Select
   Selection.Cut Destination:=ActiveCell.Offset(2, 1).Range("A1:B7")
   ActiveCell.Offset(2, 1).Range("A1:B7").Select
End Sub
```

d. Définir le lieu de stockage d'une nouvelle macro

Pour définir le lieu de stockage d'une nouvelle macro :

→ Cliquez sur le bouton 

de l'onglet **Développeur** ou utilisez le raccourci-clavier [Alt] [F8].

→ Ouvrez la liste **Enregistrer la macro dans** et sélectionnez le classeur dans lequel la macro doit être créée.

Si vous choisissiez **Classeur de macros personnelles**, la macro est enregistrée dans le classeur personal.xlsb ; elle est donc accessible depuis tous les classeurs Excel.

---

e. Supprimer une macro

Pour supprimer une macro :

- Cliquez sur le bouton 

de l'onglet **Développeur** ou utilisez le raccourci-clavier [Alt] [F8].
- Sélectionnez le nom de la macro à supprimer et cliquez sur le bouton **Supprimer**. Confirmez la suppression en cliquant sur le bouton **Oui**.

f. Enregistrer un classeur avec des macros

Pour lancer une macro depuis Excel :

- Cliquez sur le bouton 

de l'onglet **Développeur** ou utilisez le raccourci-clavier [Alt] [F8].
- Effectuez un double clic sur le nom de la macro ou effectuez la combinaison de touches associée à la macro.

Pour visualiser les informations relatives à une macro (touches de raccourci et description), sélectionnez la macro dans la liste et cliquez sur le bouton **Options**.

Si vous enregistrez pour la première fois un classeur avec des macros, le message suivant est affiché :

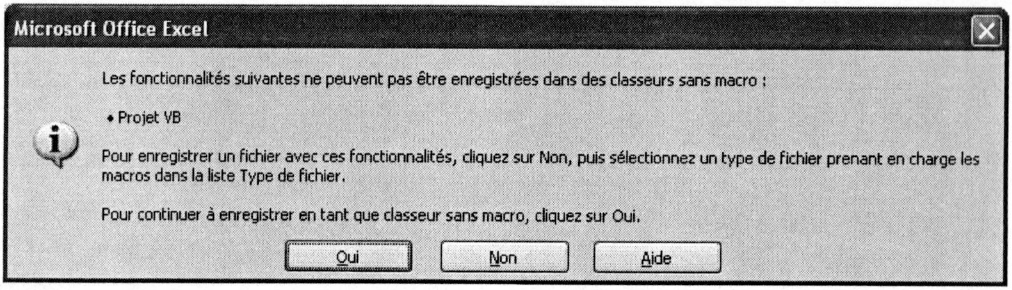

→ Cliquez sur le bouton **Non** pour annuler l'enregistrement du classeur sans les macros.

→ Dans la boîte de dialogue **Enregistrer sous**, ouvrez la liste **Type de fichier** et sélectionnez **Classeur Excel (prenant en charge les macros) (*.xlsm)**.

Les classeurs contenant des macros ont pour extension de fichier xlsm (au lieu de xslx) et leur icône est différenciée par un point d'exclamation.

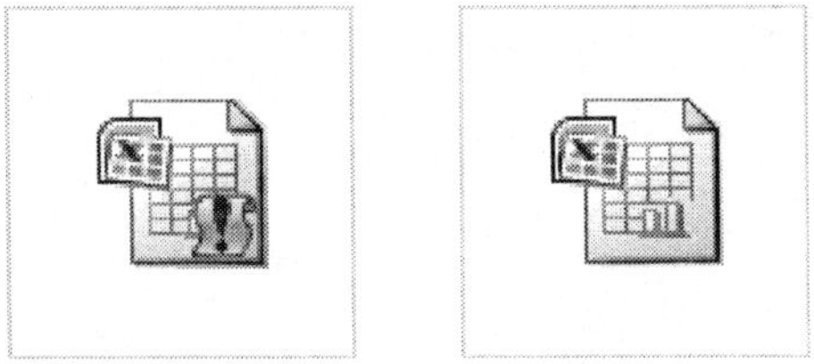

Chapitre1 avec macros.xlsm   Chapitre1 sans macros.xlsx

Pour enregistrer un nouveau classeur avec des macros, vous pouvez également effectuer les opérations suivantes :

→ Cliquez sur le bouton **Microsoft Office** .

→ Faites glisser le pointeur de la souris sur la catégorie **Enregistrer sous**.

→ Cliquez sur **Classeur Excel prenant en charge les macros**.

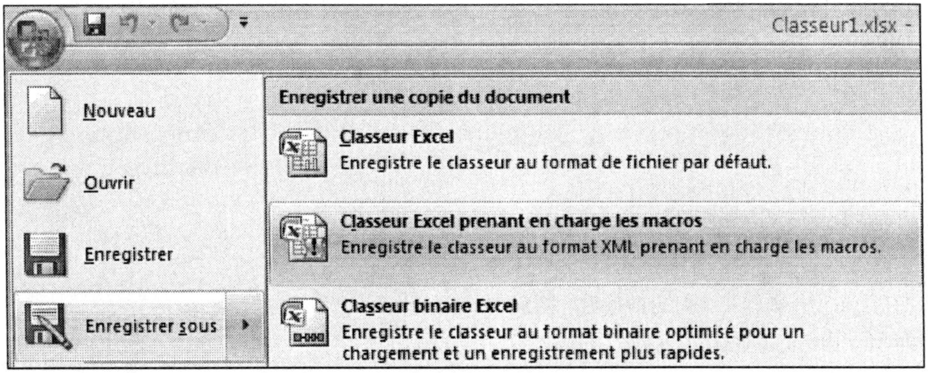

4. Les macros et la sécurité

Les paramètres de sécurité des macros permettent de contrôler ce qui se produit lorsque vous ouvrez un classeur contenant une macro.

Les modifications apportées aux paramètres de sécurité des macros s'appliquent uniquement à Excel et ne concernent pas les autres applications Microsoft Office.

a. Modification des paramètres de sécurité

- Cliquez sur le bouton Sécurité des macros de l'onglet **Développeur**.
- Sélectionnez l'option souhaitée.
- Cliquez sur **OK** pour valider votre choix.

En cas de changement des paramètres de sécurité, la nouvelle option choisie s'appliquera à tous les classeurs à l'exclusion des classeurs déjà ouverts dans Excel. Pour l'appliquer aux classeurs ouverts, vous devez fermer ceux-ci puis les ouvrir à nouveau.

b. Description des différentes options de sécurité

Désactiver toutes les macros sans notification
Toutes les macros et toutes les alertes de sécurité sont désactivées.

Désactiver toutes les macros avec notification
Option par défaut. Les macros sont désactivées mais l'alerte de sécurité suivante est affichée (sous le ruban) pour les classeurs contenant des macros :

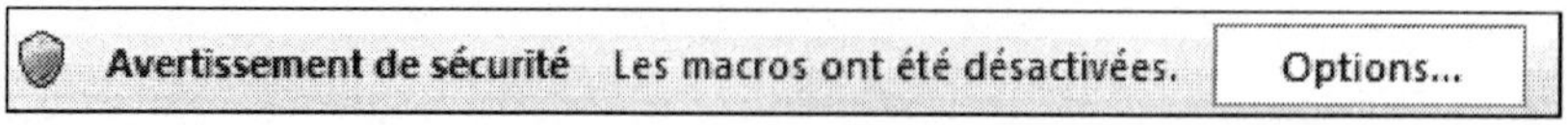

Il est alors possible d'activer les macros, pour ce classeur uniquement, de la façon suivante :

- Cliquez sur le bouton Options... situé à droite de l'alerte de sécurité.

→ Choisissez l'option **Activer ce contenu** et cliquez sur le bouton **OK** : les macros sont alors activées et l'alerte de sécurité a disparu.

Désactiver toutes les macros à l'exception des macros signées numériquement
Si les macros d'un classeur sont signées numériquement par un émetteur approuvé, les macros peuvent être exécutées. Si l'émetteur n'a pas été approuvé, une notification est affichée : il alors possible d'activer les macros signées ou d'approuver l'émetteur. Les macros non signées numériquement ne pourront pas être activées.

Activer toutes les macros
Si cette option est sélectionnée, toutes les macros sont activées. Il n'est pas recommandé d'utiliser ce paramètre en permanence.

Quelle que soit l'option choisie, si un logiciel antivirus fonctionnant avec Microsoft Office System 2007 est installé, les classeurs contenant des macros sont analysés avant d'être ouvert.

---

c. Signatures électroniques de macros

Pour signer numériquement un projet macro, vous devez :

- Obtenir un certificat numérique auprès d'une autorité de certification commerciale telle que Verisign (www.verisign.com) ou Thawte (www.thawte.fr) et l'installer,
- Signer numériquement votre projet. Pour cela, passez dans l'environnement VBE (accessible à partir de la commande 

de l'onglet **Développeur**) et sélectionnez l'option **Signature électronique** du menu **Outils**. Cliquez sur le bouton **Choisir** pour sélectionner votre certificat.

Pour tester des projets macros, sur votre ordinateur, vous pouvez créer votre propre certificat d'auto-signature à l'aide de l'outil Selfcert.exe (programme livré avec Microsoft Office 2007).

---

5. Modification du code d'une macro

Pour accéder au code d'une macro :

- Cliquez sur le bouton  de l'onglet **Développeur** ou utilisez le raccourci-clavier [Alt] [F8].

- Sélectionnez le nom de la macro à modifier et cliquez sur le bouton **Modifier**.

Le code de la macro apparaît alors dans une fenêtre de l'environnement Microsoft Visual Basic (cf. D. L'environnement de développement VBE).

Une macro correspond à une **procédure** en langage VBA. Une procédure VBA est une séquence d'instructions regroupées dans un bloc de code commençant par **Sub** et se terminant par **End Sub**.

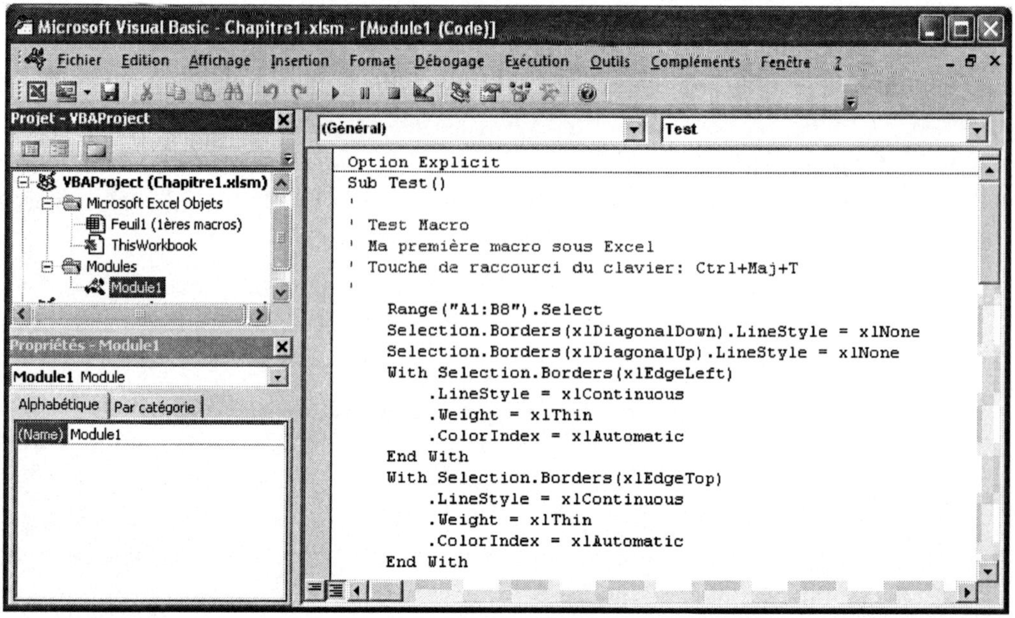

Vous pouvez alors modifier ou compléter le code à l'intérieur de cette procédure.

Exemple

Insérez le code suivant avant la fin de la procédure :

```
...
    MsgBox "Le format des cellules " & Selection.Address _
            & vbCr & "a été correctement modifié"
End Sub
```

Pour tester votre procédure, cliquez sur l'icône  ou utilisez la touche de fonction [F5]. Le message suivant apparaît :

C. Les affectations de macros

Il est possible d'associer une macro à différents contrôles (boutons de commande, images...) ou à la barre d'outils d'accès rapide afin d'offrir à l'utilisateur un accès convivial et rapide pour l'exécution des macros.

1. Associer une macro à un bouton de commande

➔ Cliquez sur le bouton 

de l'onglet **Développeur**.

➔ Dessinez un bouton à l'aide de l'outil  (situé en haut à gauche de contrôles formulaires).

Dès que le bouton de la souris est relâché, la boîte de dialogue **Affecter une macro** s'affiche.

- Sélectionnez le **Nom de la macro** dans la liste et validez en cliquant sur le bouton **OK**.

2. Associer une macro à une image

- Insérer une image en cliquant sur le bouton 

de l'onglet **Insertion**.

- Cliquez avec le bouton droit de la souris et sélectionnez l'option **Affecter une macro**.

- Sélectionnez le **Nom de la macro** dans la liste et validez en cliquant sur le bouton **OK**.

3. Associer une macro à une zone d'un objet graphique

- Insérer un objet graphique (image, image clipart, forme ou SmartArt, accessibles depuis le groupe **Illustrations** de l'onglet **Insertion**).

- Pour créer une zone réactive dans l'objet existant, cliquez sur 

(dans l'onglet **Insertion**), sélectionnez la forme désirée et tracez la forme à l'intérieur de l'objet précédemment créé.

- Cliquez avec le bouton droit de la souris et sélectionnez l'option **Affecter une macro**.

- Sélectionnez le **Nom de la macro** dans la liste et validez en cliquant sur le bouton **OK**.

- Sélectionnez la zone réactive, la section **Outils de dessin** s'affiche et présente l'onglet **Format**.

- Dans le groupe **Style de formes** de l'onglet **Format**, cliquez sur la liste 

, puis sur 

.

- Dans le groupe **Style de formes** de l'onglet **Format**, cliquez sur la liste 

, puis sur 

.

- Lorsque vous cliquez sur la zone réactive, la macro est exécutée.

4. Associer une macro à un Contrôle ActiveX image

→ Activez le mode Création (sauf si celui-ci est déjà actif) en cliquant sur le bouton 

de l'onglet **Développeur**.

→ Cliquez sur le bouton 

de l'onglet **Développeur**.

→ Dessinez une image à l'aide de l'outil  (situé dans les contrôles ActiveX) et relâchez la souris.

→ Vous pouvez alors afficher et modifier les propriétés de l'image (notamment associer une image au moyen de la propriété **Picture**) en cliquant sur le bouton 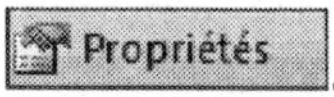

.

→ Cliquez avec le bouton droit de la souris et sélectionnez l'option **Visualiser le code**.

→ À l'intérieur de la procédure VBA associée à l'image, tapez l'instruction **Call** suivie du nom de la macro à exécuter.

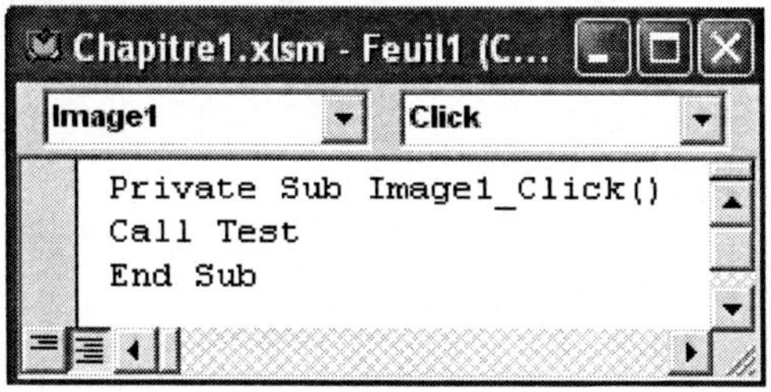

→ Désactivez le mode Création en cliquant sur le bouton 

de l'onglet **Développeur**.

→ Cliquez sur l'image : la macro Test est alors exécutée.

5. Associer une macro à une icône de la barre d'outils Accès rapide

Il est également possible d'insérer dans la barre d'outils **Accès rapide** une commande permettant d'exécuter une macro. Pour cela :

→ Cliquez sur le bouton **Microsoft Office** , puis sur le bouton **Options Excel** (en bas de la boîte de dialogue).

→ Sélectionnez la catégorie **Personnaliser** dans le menu de gauche.

→ Dans la liste déroulante des catégories située en haut à gauche, sélectionnez **Macros** : les macros disponibles sont alors affichées dans la colonne de gauche.

→ Sélectionnez une macro et cliquez sur le bouton **Ajouter** : la macro passe alors dans la colonne de droite.

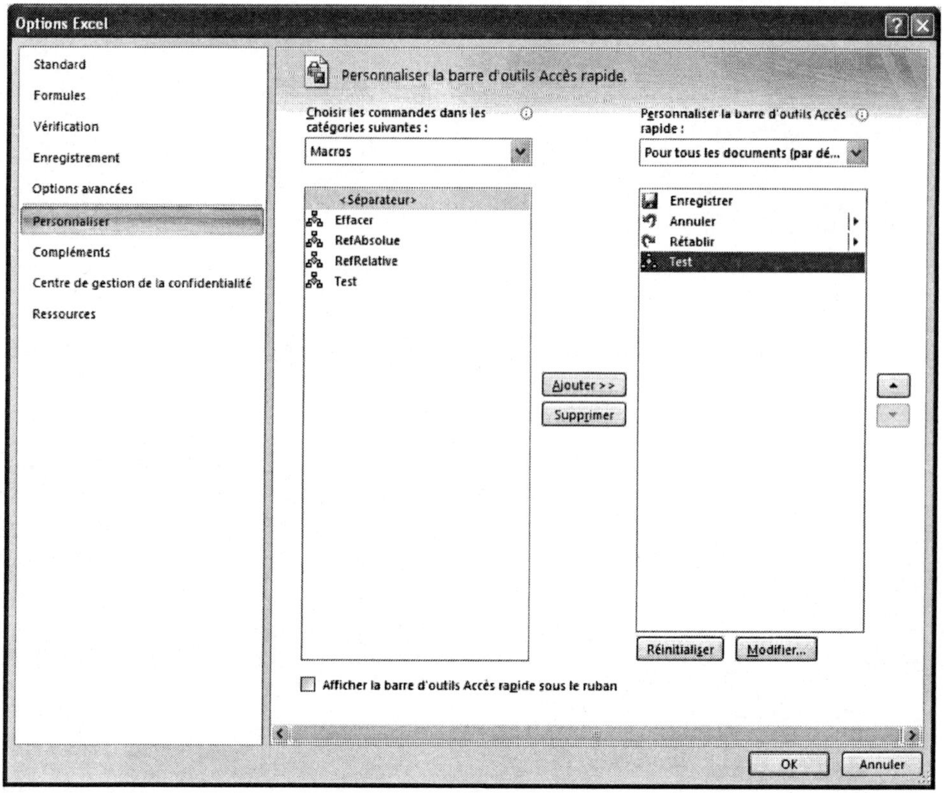

- Cliquez sur le bouton **Modifier** pour sélectionner une nouvelle icône pour la macro.

  Vous pouvez modifier l'ordre des commandes au moyen des deux flèches situées à droite.

- Dans la liste déroulante située en haut à droite, vous pouvez sélectionner votre classeur : dans ce cas les modifications apportées ne seront appliquées qu'à celui-ci.

- Cliquez sur le bouton **OK** pour valider.

  Une commande permettant d'exécuter la macro a été ajoutée à la barre d'outils **Accès rapide**.

D. L'environnement de développement VBE

VBE (*Visual Basic Editor*), est l'environnement dans lequel vous pouvez saisir, modifier et tester votre code VBA. Cet environnement est également appelé IDE (*Integrated Development Environment*) ou éditeur VBA.

L'environnement VBE met à votre disposition de nombreux outils permettant de faciliter la programmation et la mise au point de votre code VBA : outils de débogage, assistance à la saisie, explorateur d'objets...

1. Accès à l'environnement VBE

- Pour accéder à l'environnement VBE depuis Excel, cliquez sur le bouton de l'onglet **Développeur** ou utilisez le raccourci-clavier [Alt] [F11].

- Si l'environnement VBE est déjà ouvert, vous pouvez y accéder également en utilisant la barre des tâches Windows :

.

2. Fermeture de l'environnement VBE

Pour fermer l'environnement VBE et retourner à l'environnement Excel, cliquez sur la croix rouge située en haut à droite de la fenêtre principale de l'environnement VBE.

3. Retour à l'environnement Excel

Pour retourner à l'environnement Excel sans fermer l'environnement VBE, utilisez l'une des trois possibilités suivantes :

- Cliquez sur l'option **Fermer et retourner à Microsoft Excel** du menu **Fichier**,
- Ou cliquez sur l'icône  de la barre d'outils **Standard,**
- Ou utilisez la combinaison de touches [Alt] [F11].

4. Description de l'environnement VBE

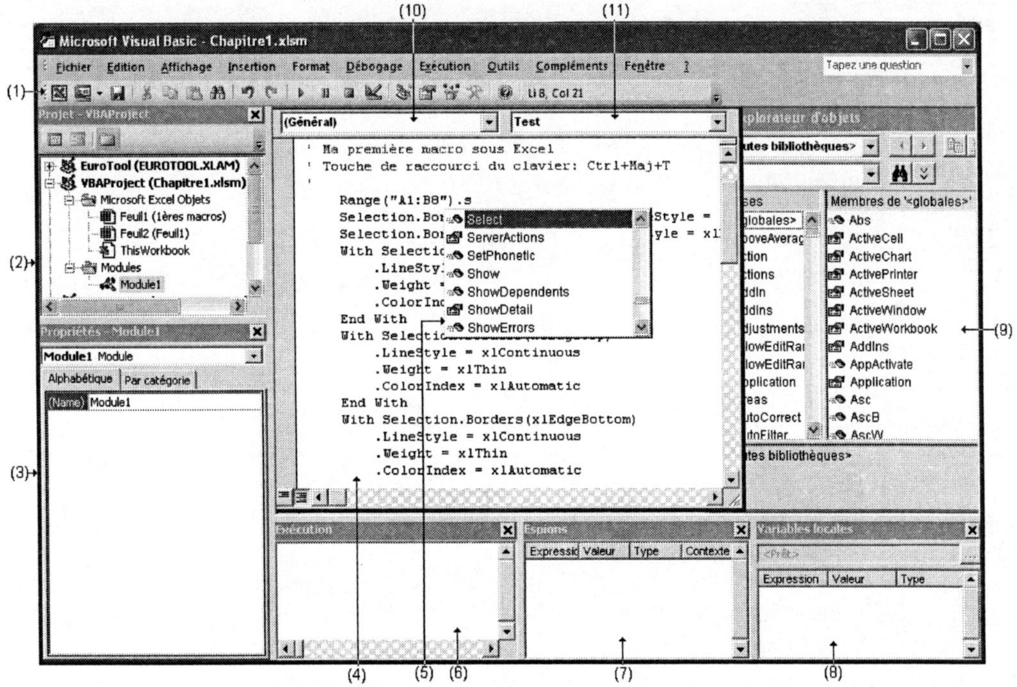

Toutes les fenêtres de l'environnement VBE peuvent être affichées à partir du menu **Affichage**.

(1) La barre d'outils Standard

1... ...19

1 Affichage Microsoft Excel
2 Ajouter une feuille utilisateur
3 Enregistrer
4 Couper
5 Copier
6 Coller
7 Rechercher
8 Annuler
9 Répéter
10 Exécuter Sub
11 Arrêt
12 Réinitialiser
13 Mode création
14 Explorateur de projet
15 Fenêtre Propriétés
16 Explorateur d'objets
17 Boîte à outils
18 Assistant Office
19 Position courante dans la fenêtre de code

(2) L'Explorateur de projet

À chaque classeur ouvert dans Excel est associé un projet. L'explorateur de projet permet d'afficher tous les projets et tous les modules de chaque projet selon une structure arborescente. Les modules sont regroupés en quatre catégories :

- les modules associés aux objets Excel (classeur et feuilles),
- les modules associés aux formulaires,
- les modules standards,
- les modules de classe.

Chaque module peut contenir plusieurs procédures.

(3) La fenêtre Propriétés

Elle permet d'afficher les propriétés relatives au classeur, aux feuilles de calcul, aux feuilles graphiques et aux formulaires.

(4) La fenêtre Code

Dans cette fenêtre, se trouvent deux zones de liste déroulantes :

- la zone objet (10) affiche la liste des objets du module,
- la zone procédure (11) affiche les procédures ou les événements de l'objet sélectionné dans la zone objet. Les événements déjà utilisés apparaissent en gras.

(5) Le complément automatique d'instructions

Une liste déroulante s'affiche automatiquement lorsque vous tapez un nom d'objet suivi d'un point. Elle affiche la liste des méthodes, propriétés et constantes disponibles pour cet objet.

Si cette liste n'est pas active, sélectionnez **Options** dans le menu **Outils** et cochez la case **Complément automatique des instructions** de l'onglet **Editeur**.

(6) La fenêtre Exécution

Elle permet d'afficher les valeurs de variables, de les modifier, et d'exécuter des instructions.

(7) La fenêtre Variables locales

Elle contient toutes les valeurs des variables qui sont dans la portée en cours.

(8) La fenêtre Espions

Elle contient toutes les valeurs des variables que vous avez préalablement définies comme variables espions.

Les fenêtres **Exécution**, **Variables locales** et **Espions** sont surtout utilisées lors du débogage d'applications (voir chapitre 9).

(9) L'Explorateur d'objets

Il permet de visualiser, pour chaque objet, ses propriétés, méthodes et constantes.

E. Configuration de l'Éditeur VBA

1. Paramétrage des polices

Les mots clés, les fonctions et les instructions VBA sont affichés en bleu, les objets, méthodes et propriétés en noir et les commentaires en vert. Les instructions contenant des erreurs sont mises en évidence en rouge.

➔ Pour modifier le style (couleur, police, taille) des différentes parties du code, sélectionnez **Options** dans le menu **Outils** et cliquez sur l'onglet **Format de l'éditeur**.

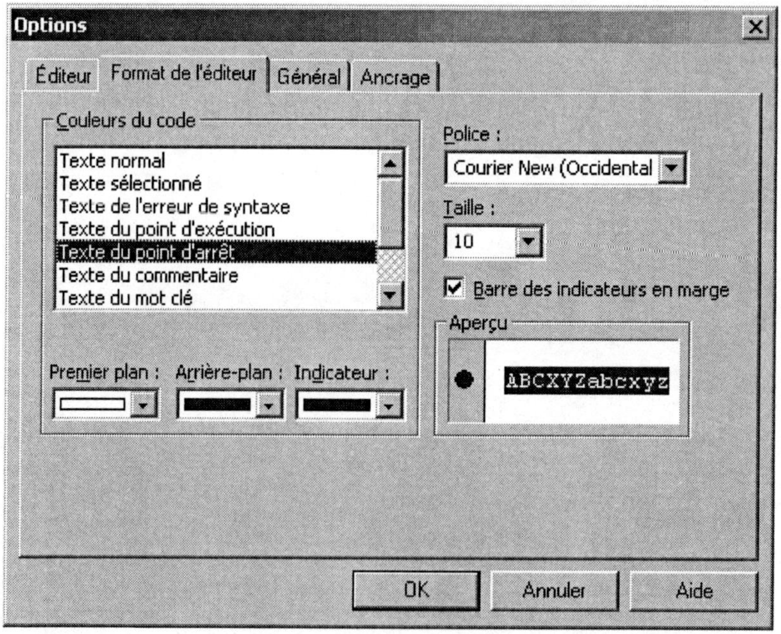

2. Paramétrage de la saisie du code

Différents outils, comme par exemple la vérification automatique de la syntaxe, la déclaration obligatoire des variables, le complément automatique d'instructions... facilitent la saisie et la mise au point du code VBA.

➔ Pour activer ces outils, sélectionnez **Options** dans le menu **Outils** et cliquez sur l'onglet **Éditeur**.

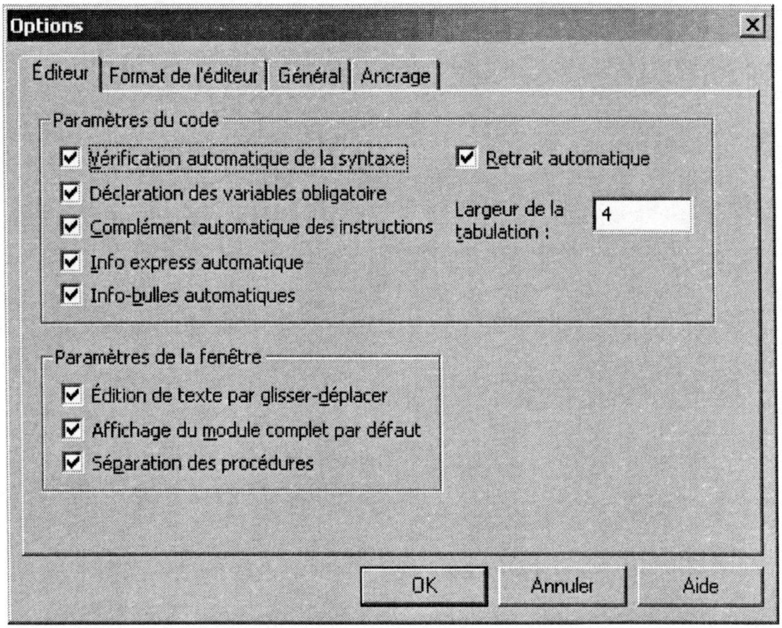

3. Gestion des erreurs

Les options de récupération des erreurs permettent de définir si l'exécution du code est interrompue lorsqu'une erreur d'exécution survient.

→ Pour activer ces options, sélectionnez **Options** dans le menu **Outils** et cliquez sur l'onglet **Général**.

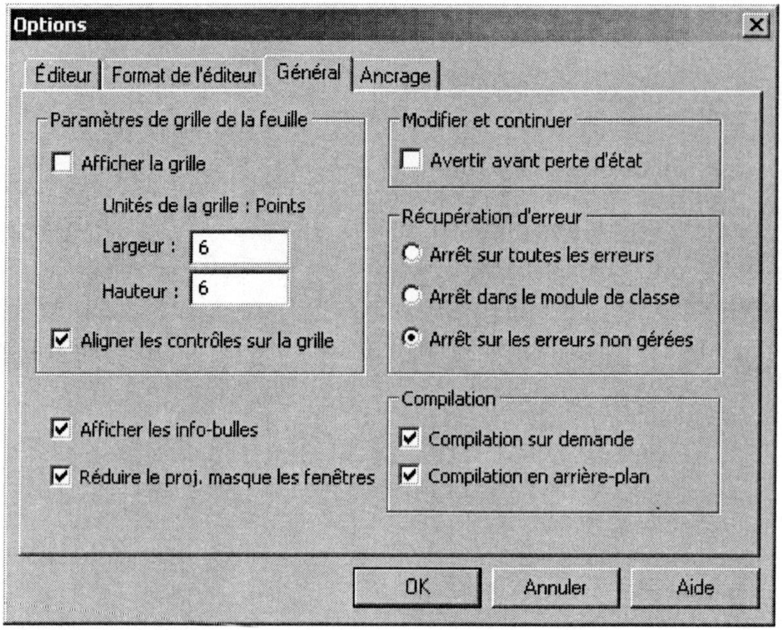

- Si votre code VBA inclut une gestion des erreurs, sélectionnez l'option **Arrêt sur les erreurs non gérées** sinon les instructions de gestion des erreurs ne seront pas prises en compte.

Certains exemples de cet ouvrage incluent une gestion des erreurs ; il est important que vous activiez cette option pour qu'ils puissent fonctionner correctement.

La gestion des erreurs est détaillée dans le chapitre 9.

4. Ancrage d'une fenêtre

Une fenêtre ancrable se met en place automatiquement lorsque vous la déplacez. Une fenêtre n'est pas ancrable si vous pouvez la placer à n'importe quel endroit de l'écran et l'y laisser.

- Pour définir les fenêtres à ancrer, sélectionnez **Options** dans le menu **Outils** et cliquez sur l'onglet **Ancrage**.
- Activez les fenêtres à ancrer et désactivez les autres. Validez par **OK**.

5. Choix des fenêtres à afficher

Nom de la fenêtre à afficher	Menu	Outil	Clavier
Propriétés	**Affichage - Fenêtre Propriétés**		[F4]
Projet	**Affichage - Explorateur de projet**		[Ctrl] [R]
Exécution	**Affichage - Fenêtre Exécution**		[Ctrl] [G]
Espion	**Affichage - Fenêtre Espions**		
Variables locales	**Affichage - Fenêtre Variables locales**		
Explorateur d'objets	**Affichage - Explorateur d'objets**		[F2]
Module	**Affichage - Code**		[F7]

F. Les nouveautés de la version 2007

1. Les nouveautés d'Excel 2007

Excel 2007 fait partie de la suite logicielle **Microsoft Office 2007** (également appelée Office 12) et bénéficie par conséquent de la plupart des améliorations de cette version : nouvelle interface utilisateur (ruban et onglets regroupant toutes les commandes et remplaçant les menus et barres d'outils), partages des outils graphiques (entre Excel, Word et Powerpoint), thèmes Office, enregistrement des fichiers au format pdf et xps...

D'autres nouveautés ont été apportées à Excel 2007 : capacité générale accrue (augmentation du nombre de lignes et de colonnes), rédaction des formules facilitée, amélioration de la mise en forme conditionnelle, des tables Excel, des tris et filtrages...

2. Les nouveautés de VBA Excel 2007

Contrairement à l'interface d'Excel, l'environnement de développement a conservé ses menus et barres d'outils.

Toutefois, la documentation en ligne a été considérablement améliorée : aspect de Visual Studio, exemples de code de tâche et modèle objet enrichi (informations sur les changements par rapport aux versions précédentes).

De même, les améliorations apportées à Excel ont généré un enrichissement du modèle objet d'Excel, comme par exemple :

- nouveaux objets associés aux formats conditionnels : Databar (règle de mise en forme conditionnelle d'une barre de données), IconCriterion (représente le critère d'une icône individuelle dans un jeu d'icônes.)...
- nouvelles méthodes de l'objet Workbook : ApplyTheme (permet d'appliquer un thème à un classeur), ExportAsFixedFormat (permet de publier un classeur au format PDF ou XPS.)...
- nouvelles propriétés associées à l'objet Application : ShowDevTools, (indique si l'onglet **Développeur** est affiché dans le ruban), ShowMenuFloaties (indique si les mini barres d'outils doivent s'afficher lorsque l'utilisateur clique avec le bouton droit de la souris)...

Chapitre 2 : Le langage VBA

A. Les modules

1. Présentation

Le code VBA associé à un classeur est regroupé dans un projet contenant plusieurs dossiers :

Le dossier **Microsoft Excel Objets**	Il contient un module de classe associé au classeur du projet (appelé par défaut ThisWorkbook) et un module de classe pour chacune des feuilles de calcul ou feuilles graphiques du classeur. Dans ces modules de classe, se trouvent notamment les procédures événementielles attachées au classeur et aux feuilles.
Le dossier **Feuilles**	Il contient les formulaires (UserForm) du projet et le code VBA associé.
Le dossier **Modules**	Il regroupe les différents modules standards (composés d'une ou plusieurs procédures) pouvant être appelés depuis toute procédure du projet.
Le dossier **Modules de classe**	Il contient les modules de classe utilisés pour la création de nouvelles classes d'objets. Les modules de classes sont notamment utilisés pour l'écriture des procédures événementielles associées aux objets **Application** et **Chart** (voir chapitre 8).

La liste de tous les modules est affichée de façon hiérarchique dans l'Explorateur de projet de l'Environnement VBE.

Si l'explorateur de projet n'est pas affiché, choisissez l'option **Explorateur de projet** du menu **Affichage** ou utilisez le raccourci-clavier [Ctrl] [R].

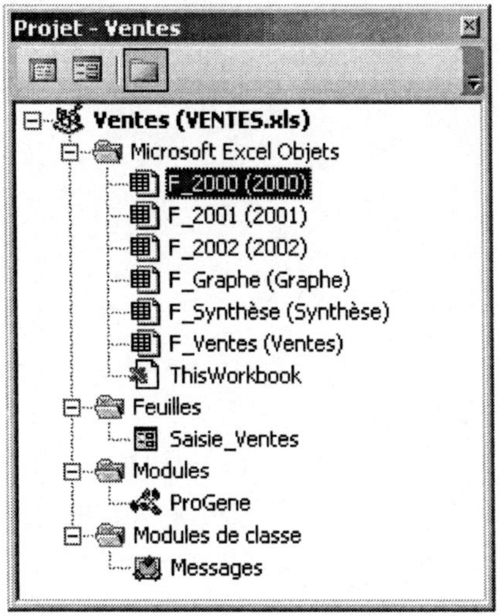

Pour afficher le code associé à un module, double cliquez sur le nom du module.

Les éléments du langage VBA décrits dans ce chapitre peuvent être utilisés dans les différents modules.

2. Accès aux modules

Pour insérer un nouveau module à partir de l'environnement VBE, utilisez l'option **Module** du menu **Insertion**, ou cliquez sur l'icône  dans la barre d'outils **Standard** et cliquez sur **Module**.

Si la fenêtre **Module** est en plein écran, le nom du module s'affiche sur la barre de titre de **Microsoft Visual Basic**.

- Pour se déplacer de module en module, depuis la fenêtre **Projet**, effectuez un double clic sur le nom du module à activer.
- Pour supprimer un module, dans la fenêtre **Projet**, effectuez un clic droit sur le nom du module à supprimer, choisissez **Supprimer module**, indiquez si le module doit être exporté ou non.
- Pour nommer un module, activez le module à nommer. Si nécessaire, affichez la fenêtre des **Propriétés**, renseignez la propriété **Name**.

3. Import et Export de code VBA

Les modules et formulaires peuvent être exportés dans un fichier afin d'être importés dans un autre projet Excel.

- Pour exporter un fichier, cliquez sur le nom du fichier dans l'explorateur de projet, puis sélectionnez l'option **Exporter un fichier** du menu **Fichier** (ou du menu contextuel) ou utilisez le raccourci-clavier [Ctrl] [E].
- Pour importer un fichier, cliquez sur le nom du fichier dans l'explorateur de projet, puis sélectionnez l'option **Importer un fichier** du menu **Fichier** (ou du menu contextuel) ou utilisez le raccourci-clavier [Ctrl] [M].

L'extension du fichier créé dépend du type de fichier exporté :

- Les **modules de classes** (modules liés au classeur et aux feuilles et modules de classe indépendants) portent l'extension **.cls**,
- Les **formulaires** portent l'extension **.frm**,
- Les **modules** standards portent l'extension **.bas**.

B. Les procédures

1. Définitions

Les procédures sont des **sous-programmes** qui permettent de décomposer une tâche de programmation complexe en une suite de tâches plus petites et plus simples. Elles permettent d'organiser le code à l'intérieur des modules afin d'obtenir un code plus facile à maintenir et facilement réutilisable.

Dans VBA Excel, on distingue trois types de procédures :

- les procédures **Sub** (pour sub routine) appelées sous-programmes ou procédures Sub,
- les procédures **Function** appelées fonctions,
- les procédures **Property** appelées procédures de propriété.

Dans ce chapitre, nous ne nous intéressons qu'aux deux premières qui sont les plus couramment utilisées.

- Points communs entre procédures Sub et fonctions :
  - elles contiennent des instructions et/ou des méthodes VBA,
  - elles acceptent des arguments,
  - elles peuvent être appelées depuis d'autres fonctions ou procédures Sub.
- Caractéristique spécifique aux fonctions :
  - elles peuvent retourner des valeurs.

2. Accès aux procédures

→ Pour atteindre une procédure depuis la fenêtre de code d'un module, ouvrez la deuxième liste de la fenêtre du module, cliquez sur le nom de la procédure à atteindre ou déplacez-vous de procédure en procédure par [Ctrl] [Flèche en haut] et [Ctrl] [Flèche en bas].

→ Pour sélectionner un mot, réalisez un double clic sur le mot.

→ Pour sélectionner une ligne, placez le pointeur de la souris à gauche de la ligne, cliquez lorsque le pointeur se transforme en une flèche.

→ Pour sélectionner un groupe de caractères, utilisez la technique du cliqué-glissé ou réalisez des [Maj] clics.

→ Pour sélectionner une procédure entière, placez le pointeur de la souris à gauche d'une ligne de la procédure. Lorsque le pointeur se transforme en flèche, réalisez un double clic.

- Pour exécuter une procédure, cliquez dans la procédure à exécuter et appuyez sur la touche de fonction [F5] ou .
- Pour supprimer une procédure, sélectionnez toute la procédure, et faites [Suppr].

3. Les procédures Sub

On distingue deux types de procédures Sub :

- les procédures Sub générales
- les procédures Sub événementielles

Une **procédure générale** est une procédure déclarée dans un module (généralement un module standard). L'appel d'une telle procédure est défini explicitement dans le code.

Une **procédure événementielle** est une procédure associée à un événement d'un objet. Son nom est composé du nom de l'objet, suivi du caractère souligné "_" et du nom de l'événement (ex : Workbook_Open). L'appel d'une telle procédure est implicite, c'est-à-dire que la procédure est exécutée automatiquement lorsque l'événement associé se produit.

Exemple

*Cette **procédure générale** demande à l'utilisateur de confirmer son souhait de quitter l'application, et quitte Excel si l'utilisateur répond Oui. Ce code peut être appelé à partir de tout bouton de commande ou option de menu permettant de quitter l'application.*

```
Private Sub QuitterAppli()
   If MsgBox("Voulez-vous quitter l'application ?", _
      vbQuestion + vbYesNo) = vbYes Then
      Application.Quit
    End If
End Sub
```

*Cette **procédure événementielle** permet d'ouvrir automatiquement le classeur Ventes.xls lors de l'ouverture du classeur Synthèse.xls. Cette procédure est associée à l'événement Open de l'objet Workbook et se trouve dans le module ThisWorkbook du classeur synthèse.xls.*

```
Private Sub Workbook_Open()
'   Ouverture du classeur Ventes.xlsx
   Workbooks.Open Filename:="C:\VENTES\VENTES.xlsx"
'   Activation du classeur Synthèse
   Windows("SYNTHESE.xlsx").Activate
End Sub
```

4. Les procédures Function

Les procédures Function, plus couramment appelées **fonctions**, renvoient une valeur, telle que le résultat d'un calcul. La valeur est retournée au travers du nom de la fonction.

Le langage Visual Basic comporte de nombreuses fonctions intégrées telles que les fonctions se rapportant aux dates (day, week, year, format...).

En plus de ces fonctions intégrées, vous pouvez créer vos propres fonctions personnalisées.

Exemple

Cette fonction demande à l'utilisateur de confirmer son souhait de quitter l'application, et renvoie True si l'utilisateur répond Oui, et False sinon.

```
Function Quitter_Appli() As Boolean
   If MsgBox("Voulez-vous quitter l'application ?", _
       vbQuestion + vbYesNo) = vbYes Then
       Quitter_Appli = True
   Else
       Quitter_Appli = False
    End If
End Function
```

5. Déclaration des procédures

Syntaxe d'une procédure Sub

```
[Private | Public | Friend] [Static] Sub NomProc
([liste d'arguments])
   <séquences d'instructions>
End Sub
```

Syntaxe d'une procédure Function

```
[Private | Public | Friend] [Static] Function
NomProc ([liste d'arguments]) [As <Type>]
   <séquences d'instructions>
End Function
```

Pour créer une procédure **Sub** ou **Function**, vous devez respecter les étapes suivantes :

- déterminez la **portée** de la procédure,
- déclarez la procédure en fonction de son type avec le mot clé **Sub** ou **Function**, suivi du nom de la procédure,
- définissez les **arguments** que vous voulez passer en paramètres à la procédure en les indiquant entre parenthèses après le nom de la procédure,
- s'il s'agit d'une fonction, précisez éventuellement le type de la valeur retournée après le mot clé **As**,
- rédigez le code permettant d'effectuer le traitement souhaité. Utilisez éventuellement **Exit Sub** ou **Exit Function** pour sortir de la procédure. S'il s'agit d'une fonction, affectez le résultat au nom de la fonction,
- terminez la procédure par **End Sub** ou **End Function**.

6. Portée des procédures

La portée d'une procédure définit l'étendue de son utilisation.

Une procédure **Public** peut être appelée depuis **tous les modules** de tous les projets Excel.

Une procédure **Private** ne peut être appelée que depuis une procédure au sein du même module.

Le mot clé **Static** indique que les variables locales de la procédure sont préservées entre les appels.

En l'absence des mentions Public ou Private ou Friend, **les procédures sont publiques par défaut**.

7. Arguments des procédures

Les arguments sont utilisés pour transmettre aux procédures des paramètres sous formes de données. Le nombre d'arguments peut varier de 0 à plusieurs.

Pour déclarer un argument, il suffit de spécifier son nom. Néanmoins la syntaxe complète de déclaration d'un argument est la suivante :

```
[Optional] [ByVal | Byref] [ParamArray]
<variable> [As type]
```

L'option `Optional`	indique que l'argument est facultatif. Tous les arguments facultatifs doivent être situés à la fin de la liste des arguments, et être de type **Variant**.
L'option `Byval`	indique que l'argument est passé par valeur. La procédure accède à une copie de la variable ; la valeur initiale de celle-ci n'est donc pas modifiée par la procédure à laquelle elle est passée.
L'option `Byref` (option par défaut)	indique que l'argument est passé par référence. La procédure peut ainsi accéder à la variable proprement dite ; la valeur réelle de celle-ci peut, de ce fait, être modifiée par la procédure à laquelle elle a été passée.
Le mot clé `ParamArray`	est utilisé uniquement comme dernier argument de la liste pour indiquer que celui-ci est un tableau facultatif d'éléments de type **Variant**. Il ne peut être utilisé avec les mots clés `ByVal`, `ByRef` ou `Optional`.

`Variable` précise le nom de l'argument. Pour les variables tableau, ne pas préciser les dimensions.

`Type` précise le type de données de l'argument passé à la procédure (**Byte**, **Boolean**, **Integer**, **Long**...).

8. Les arguments nommés

Le passage d'arguments à une procédure en tenant compte de leur ordre d'apparition est parfois difficile à mettre en œuvre, notamment lorsque certains paramètres sont facultatifs. De même la lisibilité des appels de procédures comportant plusieurs paramètres n'est pas toujours évidente.

Les arguments nommés facilitent le passage des arguments en présentant les avantages suivants :

- l'ordre des arguments nommés n'a pas d'importance,
- les arguments facultatifs peuvent être omis.

La syntaxe des arguments nommés est :

```
NomArgument := Valeur
```

Exemple

Le code VBA suivant :

```
If MsgBox("Voulez-vous quitter l'application ?", _
   vbYesNo + vbQuestion, "Gestion des ventes") = vbYes Then
   Application.Quit
End If
```

peut être transformé en :

```
If MsgBox(Prompt:="Voulez-vous quitter l'application ?", _
   Buttons:=vbYesNo + vbQuestion, _
   Title:="Gestion des ventes") = vbYes Then
   Application.Quit
End If
```

De même l'ordre des paramètres peut être modifié :

```
If MsgBox(Prompt:="Voulez-vous quitter l'application ?", _
   Title:="Gestion des ventes", _
   Buttons:=vbYesNo + vbQuestion) = vbYes Then
   Application.Quit
End If
```

Le nom des arguments s'affiche automatiquement dans l'environnement VBE au fur et à mesure de la saisie. Les arguments facultatifs sont entre crochets.

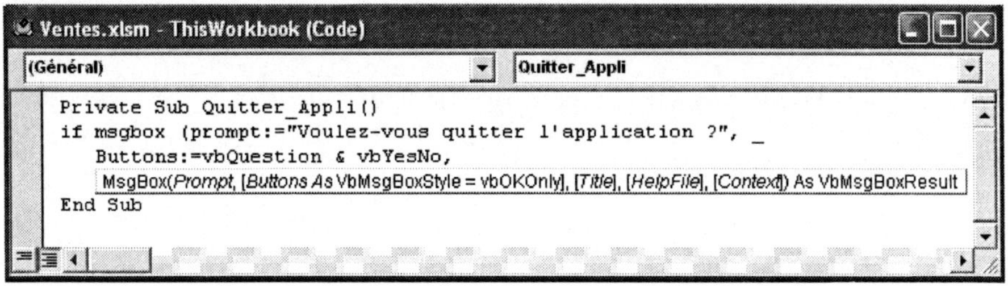

9. Appel d'une procédure

Syntaxes

```
[Call] NomProc [liste d'arguments]
```

Si le mot clé `Call` est indiqué, vous devez placer la liste d'arguments entre parenthèses.

- Pour stocker le résultat d'une fonction dans une variable, utilisez la syntaxe suivante :

  ```
  <variable> = Nom proc ( [liste d'arguments] )
  ```

- Pour appeler une procédure d'un autre module, utilisez la syntaxe suivante :

  ```
  NomDuModule.NomDeLaProcédure
  ```

Exemple

```
ThisWorkbook.Quitter_Appli
```

→ Pour appeler une procédure d'un autre classeur, utilisez la syntaxe suivante :

```
Application.Run "NomDuClasseur!NomduModule.
NomDeLaProcédure"
```

Exemple

```
Application.Run "Ventes.xls!ThisWorkbook.Quitter_Appli"
```

Lors de l'exécution de cette commande, le classeur Ventes.xls doit être ouvert.

10.Appel d'une fonction VBA dans une formule Excel

Les fonctions VBA peuvent être utilisées dans des formules Excel. Toutes les fonctions déclarées en **Public** sont disponibles dans l'assistant de fonctions d'Excel (catégorie **Fonctions Personnalisées**).

Exemple

Cet exemple permet d'utiliser une fonction VBA calculant l'âge d'une personne à partir de sa date de naissance.

```
Function CalcAge(dateDeNaissance As Date)
   Dim zDate As Date
   ' Calcul de l'âge en fonction de la date de naissance
   CalcAge = Abs(DateDiff("YYYY", dateDeNaissance, Date))
   zDate = DateAdd("YYYY", CalcAge, dateDeNaissance)
   If zDate > Date Then CalcAge = CalcAge - 1
End Function
```

→ Pour utiliser cette fonction depuis Excel :

– Sélectionnez la commande **Insérer une fonction** de l'onglet **Formules**.

– Dans la boîte de dialogue **Insérer une fonction**, dans la liste **Ou sélectionnez une catégorie**, choisissez **Personnalisées** ; la fonction CalcAge est alors accessible :

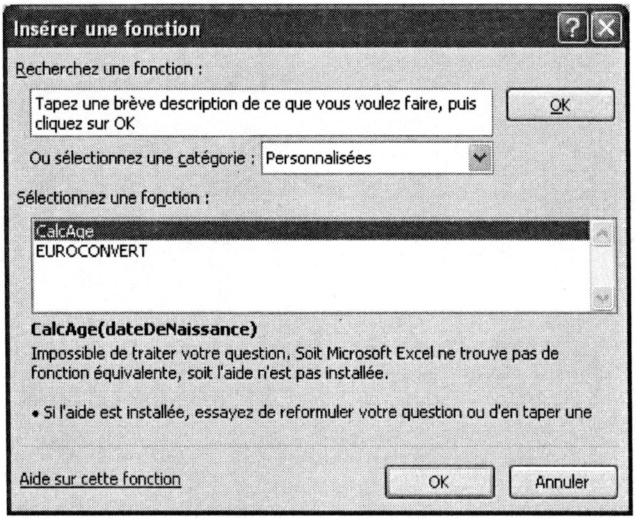

– Sélectionnez cette fonction et cliquez sur **OK** ; la boîte de dialogue demandant les arguments de fonction est alors affichée :

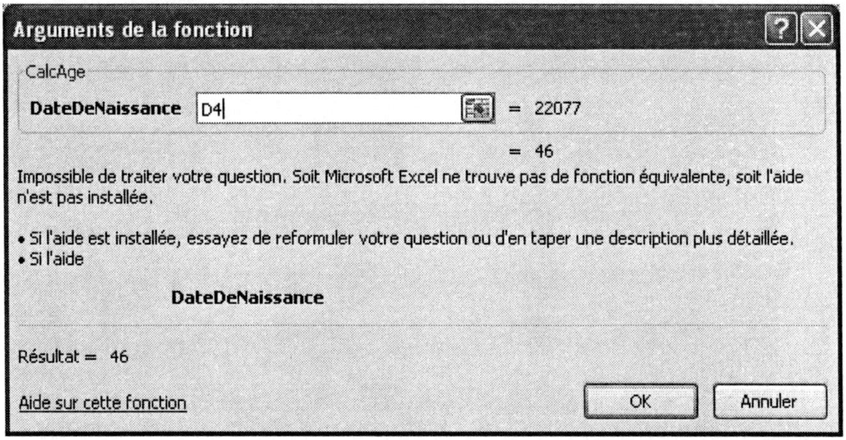

Cet exemple souligne l'importance du nom des arguments dans les fonctions : plus celui-ci est explicite, plus il sera facile d'utiliser la fonction dans Excel.

Il est ensuite possible de modifier la formule afin d'ajouter le texte "ans" et de recopier la formule vers le bas.

Le résultat dans Excel est alors le suivant :

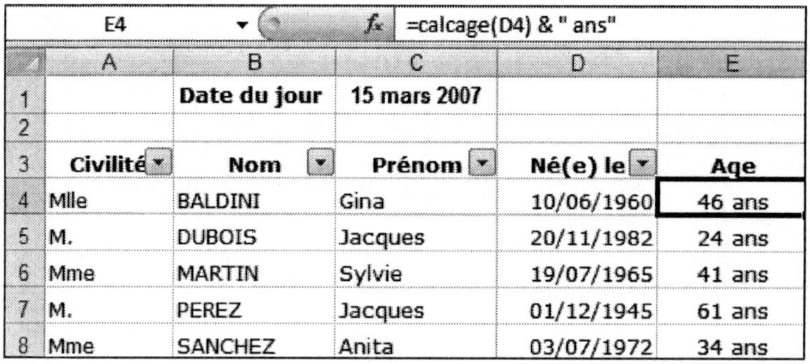
E4 =calcage(D4) & " ans"

	A	B	C	D	E
1		Date du jour	15 mars 2007		
2					
3	Civilité	Nom	Prénom	Né(e) le	Age
4	Mlle	BALDINI	Gina	10/06/1960	46 ans
5	M.	DUBOIS	Jacques	20/11/1982	24 ans
6	Mme	MARTIN	Sylvie	19/07/1965	41 ans
7	M.	PEREZ	Jacques	01/12/1945	61 ans
8	Mme	SANCHEZ	Anita	03/07/1972	34 ans

11.Exemples de procédures et fonctions

Recopie du contenu d'un tableau de valeurs dans la feuille Excel active.

```
Sub Affiche_Tableau()
   Dim TabVal As Variant
   Dim Cellule As Range
   Dim i As Integer
   ' Affiche le contenu du tableau dans la feuille de calcul active
   TabVal = Array("BONJOUR", 1.244, "=A1+12", "=A2+12")
   For i = 0 To 3
      Set Cellule = Range("A" & i + 1)
      If MajCellule(Cellule, TabVal(i)) Then
         MsgBox "La mise à jour de la cellule a réussi"
      Else
         MsgBox "La mise à jour de la cellule a échoué"
      End If
   Next i

End Sub
```

Le code de ces exemples doit être saisi dans un module standard ou dans le module **ThisWorkbook**.

La fonction MajCellule permet de renseigner une cellule à partir d'une valeur donnée. Elle renvoie True si la mise à jour a été correctement effectuée, et False sinon.

```
Private Function MajCellule(Cellule As Range, _
            Valeur As Variant) As Boolean
   ' Met à jour une cellule à partir d'une valeur
   MajCellule = False
   If Not IsEmpty(Cellule) Then Exit Function
   Cellule.Value = Valeur
   If Cellule.Text <> "#VALEUR!" Then
      MajCellule = True
   End If
End Function
```

→ Si vous testez cet exemple, vous devez obtenir le résultat suivant :

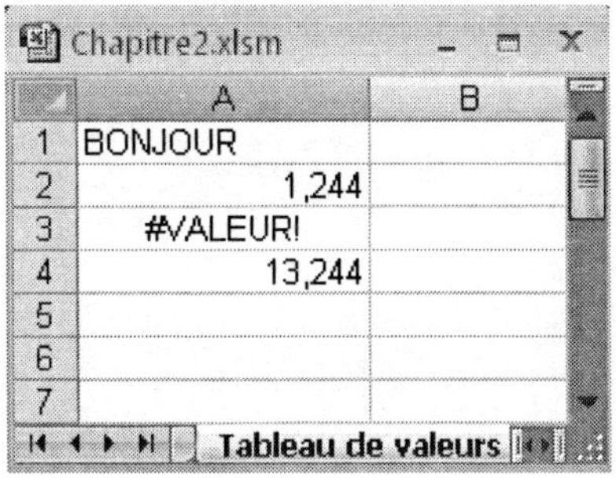

La mise à jour de la troisième cellule a échoué.

C. Les variables

Les variables permettent de stocker des valeurs intermédiaires à tout moment de l'exécution du code VBA afin de les exploiter ultérieurement pour effectuer des calculs, des comparaisons, des tests...

Les variables sont identifiées par un **nom** permettant de faire référence à la valeur qu'elles contiennent et un **type** déterminant la nature des données qu'elles peuvent stocker.

1. Les types de variables

Numériques

Type	Étendue	Taille en octets
Byte (octet)	0 à 255	1
Integer (entier)	-32 768 à 32767	2
Long (entier long)	-2 147 483 648 à 2 147 483 647	4
Single (réel simple à virgule flottante)	-3,402823E38 à 1,401298E-45 (valeurs négatives) 1,401298E-45 à 3,402823E38 (valeurs positives)	4
Double (réel double à virgule flottante)	-1,79769313486231E308 à 4,94065645841247E-324 (valeurs négatives) 4,94065645841247E-324 à 1,79769313486231E308 (valeurs positives)	8
Currency (monétaire à virgule fixe)	-922 337 203 685 477,5808 à 922 337 203 685 477,5807	8
Decimal	+/-79 228 162 514 264 337 593 543950 335 sans séparateur décimal ; +/-7,9228162514264337593543950335 avec 28 chiffres à droite du séparateur décimal ; le plus petit nombre différent de zéro est +/-0.0000000000000000000000000001	12

Chaînes de caractères

Le type est **String**. Il existe deux types de chaînes :

- les chaînes de longueur variable peuvent contenir environ 2 milliards de caractères.
- Les chaînes de longueur fixe peuvent contenir de 1 à environ 64 Ko de caractères.

Exemple

```
'Chaîne de longueur variable
Dim Adresse As String
'Chaîne de longueur fixe (20 caractères)
Dim Nom As String * 20
```

Booléen

Le type est **Boolean**. La variable peut prendre la valeur True (Vrai) ou False (Faux) qui est sa valeur par défaut. Elle occupe deux octets.

Date

Le type est **Date**. La variable peut prendre les valeurs de date et d'heure du 1er janvier 100 au 31 décembre 9999. Elle occupe huit octets.

Variant

Les variables de type Variant peuvent contenir des données de toutes sortes ainsi que les valeurs spéciales **Empty**, **Error** et **Null**.

Utiliser le type de donnée Variant offre plus de souplesse dans le traitement des données. Par exemple, si une variable de type Variant contient des chiffres, il peut s'agir de leur valeur réelle ou de leur représentation sous forme de chaîne, selon le contexte.

Toutefois, les variables de type Variant requièrent 16 octets de mémoire pour les nombres et 22 octets + la longueur de la chaîne pour les caractères ; ceci peut être préjudiciable dans de longues procédures ou dans des modules complexes.

Exemple

```
Sub Variable_Variant()
'Déclaration de la variable "Valx" en tant que Variant
    Dim Valx As Variant
'Affectation d'une succession de valeurs à la variable
'et affichage du type résultat

'10 donne Integer
    Valx = 10
    MsgBox Valx & " est de type " & TypeName(Valx)
'Exemple donne String
    Valx = "Exemple"
    MsgBox Valx & " est de type " & TypeName(Valx)
'Cette multiplication donne Double
    Valx = 12500.32 * 1E+21
    MsgBox Valx & " est de type " & TypeName(Valx)
'#1/1/99# donne Date
    Valx = #1/1/99#
    MsgBox Valx & " est de type " & TypeName(Valx)
'True donne Boolean
    Valx = True
    MsgBox Valx & " est de type " & TypeName(Valx)

End Sub
```

Objet

Le type est **Object**. Pour créer une variable destinée à contenir un objet, commencez par déclarer la variable comme étant de type Objet puis affectez-lui un objet.

→ Pour déclarer une variable Objet :

si le type de l'objet est inconnu, utilisez la syntaxe :

`InstructionDéclaration NomVariable` **`As Object`**

si le type de l'objet est connu, utilisez la syntaxe :

`InstructionDéclaration NomVariable` **`As TypeObjet`**

Exemple

```
Sub Variables_Objet()
'Test est déclaré en tant qu'objet
'NomCli est déclaré en tant que feuille de calcul
'AImprimer est déclaré en tant que graphique
    Dim Test As Object
    Dim NomCli As Worksheet
    Dim AImprimer As Chart
End Sub
```

➔ Pour affecter un objet à une variable Objet, utilisez l'instruction **Set** :

```
Set NomVariable = ObjetàAffecter
```

Exemple

Déclaration d'une variable ZoneTest destinée à contenir un objet Range puis affectation des cellules A6 à B15 à cette variable :

```
Dim ZoneTest As Range
Set ZoneTest = Range("A6:B15")
```

➔ Pour mettre fin à l'association entre une variable et un objet précis, utilisez la syntaxe suivante :

```
Set NomVariable = Nothing
```

Défini par l'utilisateur (ou personnalisé)

Les types de données personnalisés sont créés à l'aide de l'instruction **Type** utilisée au niveau module.

Syntaxe

```
Type NomTypePerso
    NomElément1 As TypeDonnées
    NomElément2 As TypeDonnées
    ...
End Type
```

La définition du type ne peut se faire que dans la section de déclaration d'un module.

Exemple

Déclaration d'un type personnalisé constitué d'une lettre et d'un nombre entier dans le module de code ProcGene.

Chapitre2.xlsm - ProGene (Code)

(Général) | (Déclarations)

```
Option Explicit
' Création d'un type personnalisé constitué
' d'une lettre et d'un nombre entier
Type TDCodeArticle
   Lettre As String * 1
   Numero As Integer
End Type
```

Utilisation du type personnalisé pour contrôler les codes articles saisis de la cellule B6 à la cellule B11 de la feuille de calcul active. En cas d'erreur, un message est affiché.

Chapitre2.xlsm - ThisWorkbook (Code)

(Général) | Variables_Objet

```
Sub Ctrl_Articles()
   Dim CodeArt As TDCodeArticle
   Dim ZoneTest As Range
   Dim Cell As Range

   '   Contrôle des codes saisis
   Set ZoneTest = Range("B6:B11")
   On Error GoTo Erreur1:
   For Each Cell In ZoneTest
       CodeArt.Lettre = Cell.Characters(1, 1).Text
       CodeArt.Numero = Cell.Characters(2).Text
1  Next
   Exit Sub

'   Procédure de gestion des erreurs
Erreur1:
   Cell.Select
   MsgBox "Code article incorrect : " & Cell
   Resume 1
End Sub
```

2. Les déclarations de variables

Pour créer une variable, vous devez la déclarer, c'est-à-dire lui affecter un nom. Vous pourrez ensuite utiliser ce nom pour modifier la valeur de la variable, exploiter cette valeur...

La déclaration de variables en VBA peut être **implicite** ou **explicite**.

a. Déclarations implicites

Elles se font directement par l'affectation d'une valeur à un nom de variable. Le type de données est alors le type par défaut, soit **Variant**.

Exemple

```
I = 12
Montant = 12000
Nom = "Jean-Luc"
```

b. Déclarations explicites

Elles nécessitent l'utilisation d'une **instruction de déclaration** (Dim, Public, Private...). Si le type de la variable n'est pas précisé, le type par défaut, soit **Variant**, est alors affecté à la variable.

Il est possible d'imposer la déclaration implicite des variables en utilisant l'instruction **Option Explicit** dans la section de déclaration de chaque module. Pour que cette instruction soit insérée automatiquement dans chaque nouveau module, activez l'option **Déclaration des variables obligatoire** du menu **Outils - Options** - onglet **Editeur**.

Exemple

```
Dim I
Private Montant As Double
Public Nom as String
```

Afin d'optimiser la rapidité d'exécution du code VBA, il est recommandé de déclarer les variables de façon explicite.

c. Syntaxe des instructions de déclaration

```
<InstructiondeDéclaration> NomVariable [As <TypedeDonnées>]
```

Où `InstructiondeDéclaration` correspond à l'une des quatre instructions suivantes : `Dim`, `Public`, `Private` ou `Static`.

`Dim` Les variables déclarées avec l'instruction `Dim` **au niveau module** sont disponibles pour toutes les procédures du module. Elles ne sont accessibles depuis aucun autre module.
Les variables déclarées avec l'instruction `Dim` **au niveau procédure** ne sont disponibles qu'au sein de la procédure.

`Private` **Niveau module uniquement**. Les variables `Private` ne sont disponibles que pour le module dans lequel elles sont déclarées.

`Public` **Niveau module uniquement**. Les variables déclarées avec l'instruction `Public` sont accessibles depuis **l'ensemble des modules** de tous les projets Excel ouverts.
Si l'instruction `Option Private Module` est précisée dans la section de déclaration du module, les variables ne sont publiques qu'au sein du projet qui les accueille.

`Static` **Niveau procédure uniquement**. Les variables déclarées à l'aide de l'instruction `Static` conservent leur valeur pendant toute la durée de l'exécution du code.

3. Les déclarations des types de variables

a. Déclarations explicites du type

Le type de la variable est précisé lors de la déclaration de celle-ci, après le mot clé **As**.

Exemple

```
Sub TotalCumul()
     Dim Total As Integer
     Static Cumul As Integer
     Total = Total + 10
     Cumul = Cumul + 10
'Renvoie 10 à chaque exécution de la procédure
     MsgBox Total
'Renvoie 10 à la 1ère exécution, puis 20 à la 2ème,
'puis 30 à la 3ème...
     MsgBox Cumul
End Sub
```

Vous pouvez déclarer plusieurs variables dans une même instruction, mais attention, le type de données ne sera pris en compte que pour la dernière variable, le type Variant étant affecté aux autres.

Exemple

L'instruction suivante déclare la variable Identifiant en tant que type Variant et les variables Superficie et Latitude en tant que type Entier.

```
Dim Identifiant, Superficie As Integer
Dim Latitude As Integer
```

b. Déclarations implicites du type

Le type de variable se trouve déclaré par l'emploi d'un suffixe au moment de son utilisation ou par l'instruction **DefType**.

Emploi d'un suffixe

Vous devez ajouter l'un des caractères suivants au nom de la variable :

Suffixe	Type de données
%	Integer
&	Long
!	Single
#	Double
@	Currency
$	String

Exemple

Déclare la variable comme étant de type Chaîne (String).

```
Dim Nom$
```

Déclare la variable comme étant de type Monnaie (Currency).

```
Dim SommeDue@
```

DefType

Ces instructions s'utilisent dans la zone de déclaration du module pour définir les types de données par défaut des variables dont les noms commencent par les caractères spécifiés.

Liste des instructions **DefType** :

Instruction	Type de données
DefBool	Boolean
DefDbl	Double
DefInt	Integer
DefDate	Date
DefLng	Long

Instruction	Type de données
DefStr	String
DefCur	Currency
DefObj	Object
DefSng	Single
DefVar	Variant
DefByte	Byte

Exemple

Toutes les variables dont les noms commencent par une lettre comprise entre I et K et par la lettre N sont des variables de type Entier (Integer).

```
DefInt I-K,N
```

Les variables commençant par une lettre comprise entre A et H seront des variables de type Chaîne (String).

```
DefStr A-H
```

4. Les tableaux

Vous pouvez créer une variable tableau lorsque vous avez besoin de travailler avec un groupe de valeurs apparentées.

→ Pour créer une variable tableau, utilisez la syntaxe suivante :

```
<InstructionDeDéclaration> NomTableau(indices) [As<TypedeDonnées>]
```

Où pour **`(indices)`** :

- Si vous omettez cet argument : tableau à dimension libre.
- Si vous indiquez un chiffre : tableau avec un nombre d'éléments précis.
- Si vous indiquez `LimiteInf To LimiteSup` : tableau avec un nombre d'éléments précis et des numéros d'indice spécifiques.

Par défaut, le plus petit indice d'un tableau est 0.

- Pour modifier la valeur du plus petit indice, utilisez l'instruction **`Option Base`** `NuméroPlusPetitIndice` dans la section de déclaration du module ou utilisez la syntaxe `LimiteInf` **`To`** `LimiteSup` dans l'argument **`(indices)`**.

- Pour renseigner le contenu d'un tableau, utilisez la fonction **Array** (la variable doit être un tableau de dimension libre) ou exploitez des données contenues dans une feuille ou renseignez une à une chaque variable du tableau en utilisant les indices.

Exemple

L'exemple suivant permet d'afficher, dans la feuille Excel active, la liste des taux de conversion en Euros pour 5 pays.

```
Const TauxFRF = 6.55957
Const TauxBEF = 40.3399
Const TauxDEM = 1.95583
Const TauxESP = 166.386
Const TauxITL = 1936.27
```

```
Sub Affiche_Taux()
   Dim Pays As Variant
   Dim Taux(5) As Double
   Dim i As Integer
   ' Liste des pays
   Pays = Array("France", "Belgique", "Allemagne", _
          "Espagne", "Italie")

   ' Liste des taux par pays
   Taux(0) = TauxFRF
   Taux(1) = TauxBEF
   Taux(2) = TauxDEM
   Taux(3) = TauxESP
   Taux(4) = TauxITL

   ' Affichage des pays et des taux dans la feuille de calcul TauxEuro
   For i = 0 To 4
        With Sheets ("Taux Euro")
              .Cells(i + 1, 1) = Pays(i)
              .Cells(i + 1, 2) = Taux(i)
        End With
   Next i

End Sub
```

Pour cet exemple, il est également possible d'utiliser un tableaux à deux indices. Le code VBA de la procédure LesTaux devient alors :

```
Sub Affiche_Taux2
' Tableaux à deux indices
   Dim TabTaux(5, 1)
   Dim i As Integer

   ' Liste des pays et des taux
   TabTaux(0, 0) = "France"
   TabTaux(0, 1) = TauxFRF
   TabTaux(1, 0) = "Belgique"
   TabTaux(1, 1) = TauxBEF
   TabTaux(2, 0) = "Allemagne"
   TabTaux(2, 1) = TauxDEM
   TabTaux(3, 0) = "Espagne"
   TabTaux(3, 1) = TauxESP
   TabTaux(4, 0) = "Italie"
   TabTaux(4, 1) = TauxITL

   ' Affichage des pays et des taux dans la feuille de calcul TauxEuro
   For i = 0 To 4
        With Sheets ("Taux Euro")
             .Cells(i + 1, 1) = TabTaux(i, 0)
             .Cells(i + 1, 2) = TabTaux(i, 1)
        End With
   Next i

End Sub
```

5. Les constantes

Une constante permet d'affecter un nom explicite à une valeur.

a. Les constantes personnalisées

La déclaration d'une constante se fait par l'instruction **Const** dans la section de déclaration d'un module ou dans une procédure.

```
Const NomConstante [As <TypeDonnée>] = <expression>
```

`As TypeDonnée`	le type de donnée ne peut être ni un objet (Object) ni un type personnalisé (Type).
`expression`	ne peut être ni une fonction définie par l'utilisateur, ni une fonction intrinsèque à Visual Basic.

Exemple

Déclaration de quelques constantes.

```
Sub Constantes()
   'Exemples de constantes autorisées :
     Const Val1 = "Méga+"
     Const Val2 = 148
     Const Val3 = 125.45
   'Type de données est alors Double
     Const Val4 As Single = 125.45
   'Permet d'économiser la mémoire
     Const Val5 = Val2 * Val3
     Const Val6 = Val1 & " coûte " & Val2
   'Exemple de constante non autorisée :
   'Car utilisation d'une fonction VB
     Const Val6 = Fix(Val4)
End Sub
```

Pour créer une constante accessible à l'ensemble des classeurs, il faut la déclarer dans la section de déclaration d'un module et placer l'instruction **Public** avant l'instruction **Const**.

b. Les constantes intégrées

Les constantes utilisées par les objets Microsoft Excel sont précédées des lettres "xl", les constantes utilisées avec d'autres instructions et fonctions Visual Basic sont précédées des lettres "vb", les constantes Microsoft Office sont précédées des lettres "mso".

→ Pour afficher la liste des constantes intégrées, affichez l'explorateur d'objets en cliquant sur l'icône  ou au moyen de la touche de fonction [F2]. Saisissez le mot **Constants** dans la liste déroulante **Rechercher un texte** puis cliquez sur l'icône .

→) Pour obtenir la liste des constantes Visual Basic, procédez de la façon suivante :

- Affichez l'aide Visual Basic au moyen de l'icône  de la barre d'outils **Standard** ou de la touche [F1],
- Tapez le mot "Constantes" dans la zone de recherche et cliquez sur le bouton **Rechercher** :

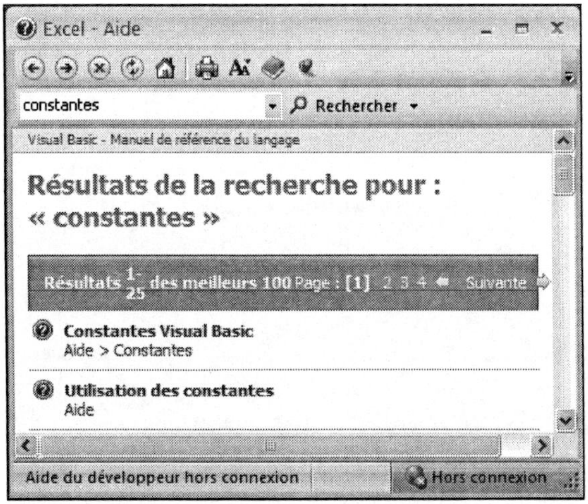

– La liste des constantes classées par type est alors accessible :

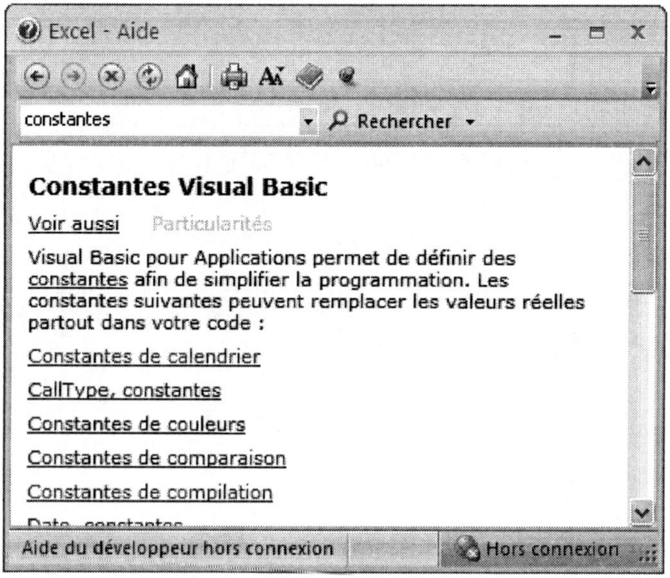

D. Les structures de décisions

Il est souvent nécessaire de tester des conditions spécifiques avant d'exécuter des instructions.

Les structures de décisions, appelées aussi alternatives ou branchements conditionnels, permettent, au terme d'une évaluation, d'opter pour un bloc de code ou un autre.

On distingue deux instructions de branchement conditionnel :

– If ... Then ... Else

– Select ... Case

La fonction IIf peut également être utilisée pour définir une valeur en fonction d'une condition. Exemple : Port = IIf(Quantité < 100, 100, 0).

1. L'instruction IF

Permet d'exécuter des instructions en fonction du résultat d'une condition.

➔ If...Then

```
If <condition> Then <instruction> [:<instruction>]
```

S'il y a plusieurs instructions, séparez-les par le signe de ponctuation : (deux-points). Cette syntaxe est surtout utilisée pour des tests courts et simples.

Exemple

Si la cellule A1 est vide, alors envoi d'un bip sonore et d'un message.

```
Sub Test_Cellule_A1()
  If IsEmpty(Range("A1")) Then Beep: MsgBox "Oubli du titre"
End Sub
```

➔ If...Then...End If

```
If <condition> Then
   <instruction1>
   <instruction2>
...
End If
```

Exemple

```
Sub Test_Titre()
'Si la cellule A1 est non vide
'alors elle est mise en gras et coloriée en rouge
    If Not IsEmpty(Range("A1")) Then
        With Range("A1")
            .Font.Bold = True
            .Interior.ColorIndex = 3
        End With
    End If
End Sub
```

➔ If...Then...Else...End If

```
If <condition> Then
   <instructions>
Else
   <instructions>
End If
```

Exemple

Lors du changement de la devise (Euro ou US) située dans la cellule C3, modification du format de la plage de cellule D6:F11.

```
Private Sub Workbook_SheetChange(ByVal Sh As Object, _
ByVal Target As Range)
'  Modifie la cellule C3 de la feuille Articles
If Sh.Name = "Articles" And Target.Address = "$C$3" Then
   Applique_Format
End If
End Sub
```

Cette procédure modifie le format des cellules en fonction de la devise choisie.

```
Sub Applique_Format()
'   Format € ou $
Range("D6:F11").NumberFormat = "0.00"
If UCase(Range("C3")) = "EURO" Then
   Range("D6:F11").NumberFormat = "0.00 €"
Else
   Range("D6:F11").NumberFormat = "0.00"" $"""
End If
End Sub
```

➔ If...Then...ElseIf...Else...End If

```
If <condition> Then
   <instructions>
ElseIf <condition> Then
   <instructions>
ElseIf <condition> Then
   <instructions>
...
          ...
Else
   <instructions>
End If
```

Exemple

Cette procédure permet de modifier la casse des cellules sélectionnées : si la dernière lettre est une minuscule, transformation en majuscules, sinon transformation en minuscules avec 1ère lettre en majuscule.

```
Sub Modifie_Casse()
   Dim Cellule As Range
   Dim CodeAscii As String

   '   Parcourt les cellules de la sélection
   For Each Cellule In Selection
      If IsEmpty(Cellule) Then
          Beep
          MsgBox "La cellule " & Cellule.Address & " est vide"
      Else
         '   Code Ascii de la dernière lettre
         CodeAscii = Asc(Right(Cellule, 1))
         '   Si majuscule
         If CodeAscii >= 65 And CodeAscii <= 90 Then
            Cellule.Value = UCase(Left(Cellule, 1)) _
                            & LCase(Right(Cellule, Len(Cellule) - 1))
         '   Si minuscule
         ElseIf CodeAscii >= 97 And CodeAscii <= 122 Then
               Cellule.Value = UCase(Cellule)
         Else                                                   .../...
```

```
.../...
               MsgBox "Le dernier caractère de la cellule : " _
               & Cellule.Address & " n'est pas une lettre"
         End If
      End If
   Next
End Sub
```

2. L'instruction Select Case

➔ Select Case

Exécute une des séquences d'instructions spécifiées en fonction de la valeur d'une expression.

```
Select Case <ExpressionTestée>
   Case <ListeExpression>
         <instructions>
   Case <ListeExpression>
         <instructions>
...
    ...
   Case Else
         <instructions>
End Select
```

`<listeExpression>` peut prendre l'une des formes suivantes :

- valeur (ex : `Case 10`)
- liste de valeurs (ex : `Case 1, 5, 10`)
- plage de valeurs (ex : `Case 1 To 5`)
- expression conditionnelle (ex : `Case Is >= 5`)

Exemple

Appel d'une procédure permettant de déterminer la formule de calcul du total en fonction de la quantité, du prix et du port.

```
Private Sub Calc_Total()
   Dim ACalculer As Range
   Dim Cell As Range

   '   Appel de la fonction Total avec comme paramètres
   '   les cellules Qté, Prix et Port
   Range("D2") = Total(Range("A2"), Range("B2"), Range("C2"))
End Sub
```

La fonction Total renvoie une formule Excel. Le port est gratuit à partir de 2 unités commandées, le pourcentage de remise dépend également des quantités commandées.

```
Function Total(zQté As Range, ZPrix As Range, zPort As Range) _
As String

   '   Détermination de la formule de calcul du total
   '   en fonction des quantités commandées
   Select Case zQté
      Case 1
           Total = "=" & ZPrix.Address & "+" & zPort.Address
      Case 2 To 10
           Total = "=" & zQté.Address & "*" & ZPrix.Address
      Case 11 To 100
           Total = "=" & zQté.Address & "*" & ZPrix.Address & "* 0.95"
      Case 101 To 1000
           Total = "=" & zQté.Address & "*" & ZPrix.Address & "* 0.9"
      Case Else
           Total = "Erreur dans la quantité"
   End Select
End Function
```

E. Les structures en boucles

Les structures en boucles (ou répétitives) permettent de répéter l'exécution d'un ensemble d'instructions.

On distingue plusieurs types de structures en boucles :

- Do...Loop
- While...Wend
- For...Next
- For Each...Next

Do...Loop et **While...Wend** répètent un traitement jusqu'à ce qu'une certaine condition soit réalisée tandis que **For...Next** effectue un traitement un nombre de fois donné, en fonction d'un compteur.

For Each...Next permet de parcourir les éléments d'une collection.

1. L'instruction Do...Loop

Exécute un bloc d'instructions un nombre de fois indéterminé.

Syntaxe 1

Les instructions sont exécutées aussi longtemps que la condition renvoie True.

```
Do While <Condition>
    <Instructions>
Loop
```

Syntaxe 2

Les instructions sont exécutées une première fois sans condition puis aussi longtemps que la condition renvoie True.

```
Do
    <Instructions>
Loop While <Condition>
```

Exemple :

Le code suivant demande à l'utilisateur de saisir un nombre tant que celui-ci n'est pas numérique ou n'est pas supérieur à 100.

```
Sub Saisie_Nombre()
   Dim strRep
   Do
      strRep = InputBox("Entrez un nombre > 100")
   Loop While (Not IsNumeric(strRep) Or strRep <= 100)
End Sub
```

Syntaxe 3

Les instructions sont exécutées jusqu'à ce que la condition renvoie True (aussi longtemps que la condition renvoie False).

```
Do Until <Condition>
    <Instructions>
Loop
```

Syntaxe 4

Les instructions sont exécutées une première fois sans condition puis jusqu'à ce que la condition renvoie True.

```
Do
    <Instructions>
Loop Until <Condition>
```

Exemple

Le code suivant demande à l'utilisateur de saisir un nombre jusqu'à ce que celui-ci soit numérique et supérieur à 100.

```
Sub Saisie_Nombre()
   Dim strRep
   Do
      strRep = InputBox("Entrez un nombre > 100")
   Loop Until (IsNumeric(strRep) And strRep > 100)
End Sub
```

2. L'instruction While...Wend

Exécute une série d'instructions dans une boucle tant que la condition spécifiée est vérifiée.

Syntaxe

```
While <condition>
    <instructions>
Wend
```

Exemple

```
Sub Saisie_Prix()
   '  Demande la saisie d'un prix tant que celui-ci
   '  n'est pas renseigné ou est incorrect
   While IsEmpty(Range("C9")) Or Not IsNumeric(Range("C9"))
      Range("C9") = InputBox("Saisir le prix du produit")
   Wend
End Sub
```

3. L'instruction For...Next

Exécute un bloc d'instructions en fonction de la valeur d'un compteur.

```
For <compteur>=<départ> To <fin> [Step <incrément>]
    <instructions>
Next
```

Exemple

Procédure permettant d'insérer des totaux trimestriels dans un tableau des résultats mensuels, puis procédure permettant de supprimer ces totaux s'ils existent.

```
Sub Totaux_Trimestriels()
   Dim nTrim As Integer
   Dim i As Integer
   Dim Cell as Range                                          .../...
```

```
.../...
   '   Insère des totaux trimestriels tous les 3 mois,
   '   les met en gras avec une bordure
   nTrim = 1
   For i = 5 To 17 Step 4
       If Left(Cells(2, i), 4) <> "Trim" Then
          Cells(2, i).EntireColumn.Insert
          Cells(2, i) = "Trim. " & nTrim
          nTrim = nTrim + 1
          Range(Cells(3, i), Cells(11, i)).Select
          Selection.FormulaR1C1 = "=SUM(RC[-3]:RC[-1])"
          Range(Cells(2, i), Cells(11, i)).Font.Bold = True
          For Each Cell In Range(Cells(2, i), Cells(11, i))
              Cell.BorderAround ColorIndex:=1, Weight:=xlThin
          Next Cell
      End If
      Range("A1").Activate
   Next
End Sub
```

```
Sub Supprime_Totaux_Trimestriels()
   Dim i As Integer

   '   Supprime les totaux trimestriels s'ils existent
   For i = 5 To 17
         If Left(Cells(2, i), 4) = "Trim" Then
            Cells(2, i).EntireColumn.Delete
         End If
   Next i
End Sub
```

Procédure permettant d'afficher dans la feuille de calcul "Couleurs" les différentes couleurs d'arrière-plan et la valeur de la propriété ColorIndex correspondante.

```
Sub Affiche_Couleurs()
   Dim i As Integer
      With Sheets("Couleurs")
           For i = 1 To 56
               Cells(i, 1).Interior.ColorIndex = i
               Cells(i, 2) = i
           Next i
       End With
End Sub
```

4. L'instruction For Each...Next

Exécute un bloc d'instructions pour chaque élément d'une collection d'objets ou d'un tableau.

```
For Each <élément> In <Groupe>
    <Instructions>
Next <élément>
```

Exemple

Procédures permettant d'affecter une couleur de police à des cellules en fonction de leur contenu.

```
Sub Couleurs_Cellule()
   Dim ZoneàModifier As Range
   Dim Cellule As Range

' Affecte une couleur en fonction de la valeur de la cellule
   Set ZoneàModifier = Range("B3:Q11")
   For Each Cellule In ZoneàModifier
        Select Case Cellule
             Case Is < 1000
                  Cellule.Font.Color = RGB(150, 150, 250)
             Case Is < 5000
                  Cellule.Font.Color = RGB(90, 100, 250)
             Case Is < 10000
                  Cellule.Font.Color = RGB(10, 20, 250)
             Case Is < 20000
                  Cellule.Font.Color = RGB(5, 10, 175)
             Case Else
                  Cellule.Font.Color = RGB(5, 5, 100)
       End Select
   Next
End Sub
```

Exécution de plusieurs actions sur un objet

```
With objet
    <Instructions>
End With
```

Exemple

```
Sub MiseEnPage()
'  Définit la mise en page de la feuille active
'  Redimensionne les colonnes et lance l'impression
   With ActiveSheet
      With .PageSetup
           .Orientation = xlLandscape
           .LeftMargin = Application.InchesToPoints(0.5)
           .RightMargin = Application.InchesToPoints(0.5)
           .TopMargin = Application.InchesToPoints(0.5)
           .BottomMargin = Application.InchesToPoints(0.5)
           .LeftHeader = ""
           .CenterHeader = "&A"
           .RightHeader = ""
           .LeftFooter = ""
           .CenterFooter = "Page &P"
           .RightFooter = ""
       End With
       .Columns("A:Q").EntireColumn.AutoFit
       .PrintOut
   End With
End Sub
```

5. Quitter les structures de contrôle

L'instruction **Exit For** permet de quitter directement une boucle **For** ou **For Each** tandis que **Exit Do** quitte directement une boucle **Do**.

Exemple

```
Sub Saisie_Date()
   Dim strVal
   '  Force la saisie d'une date en cellule A1
   '  Si aucune valeur n'est saisie : on sort de la boucle
   Range("A1") = ""
   Do While Not IsDate(Range("A1"))
        strVal = InputBox("Saisir une date")
        If strVal <> "" Then
           If IsDate(strVal) Then Range("A1") = strVal
        Else
            Exit Do
        End If
   Loop
End Sub
```

F. Les opérateurs

Les opérateurs permettent d'effectuer des opérations arithmétiques sur des variables et/ou des constantes, de comparer des variables entre elles, de tester plusieurs conditions...

On distingue plusieurs types d'opérateurs :

- les opérateurs arithmétiques,
- les opérateurs de comparaison,
- les opérateurs logiques,
- l'opérateur de concaténation.

L'opérateur d'affectation est le signe =. La valeur de l'expression située à droite du signe égal est affectée à la variable située à gauche du signe. (exemple : IntA = 12, IntA = Intb * 12).

1. Les opérateurs arithmétiques

Ils permettent d'effectuer des calculs arithmétiques à partir de variables et/ou de constantes.

Opérateur	**Calcul réalisé**
+	Addition
-	Soustraction
/	Division avec comme résultat un nombre à virgule flottante
Mod	Reste de la division de deux nombres
\	Division avec comme résultat un entier
*	Multiplication
^	Élévation à la puissance

2. Les opérateurs de comparaison

Ils permettent de comparer deux valeurs ou deux chaînes de caractères.

Opérateur	**Calcul réalisé**
<	Inférieur à
<=	Inférieur ou égal à
>	Supérieur à
>=	Supérieur ou égal à
=	Égal à
<>	Différent de

L'instruction **Option compare** utilisée au niveau module permet de déclarer la méthode de comparaison par défaut qu'il convient d'utiliser lors de la comparaison de chaînes. Elle peut prendre trois valeurs possibles :

- L'option **Compare Binary** (option par défaut) fournit des comparaisons de chaînes basées sur un ordre de tri dérivé de la représentation binaire interne des caractères : A < B < E < Z < a < b < e < z < À < Ê < Ø < à < ê...
- L'option **Compare Text** fournit des comparaisons de chaînes basées sur un ordre de tri qui ne distingue pas les majuscules des minuscules : (A=a) < (À=à) < (B=b) < (E=e) < (Ê=ê) < (Z=z) < (Ø=ø)...
- L'option **Compare Database** fournit des comparaisons de chaînes basées sur l'ordre de tri déterminé par l'identificateur de paramètres régionaux de la base de données dans laquelle la comparaison de chaînes est effectuée.

3. Les opérateurs logiques

Ils permettent de tester simultanément deux (ou plusieurs) valeurs booléennes ou expressions renvoyant ce type de valeur. Ils sont généralement utilisés avec l'instruction IF.

Opérateur	Calcul réalisé
AND	Si toutes les expressions ont la valeur True, le résultat est True. Si l'une des expressions a la valeur False, le résultat est False.
OR	Si au moins l'une des expressions a pour valeur True, le résultat est True (ou inclusif).
XOR	Si une et une seule des expressions a pour valeur True, le résultat est True (ou exclusif).
NOT	Renvoie le contraire de l'expression.
Eqv	Renvoie True si les deux expressions sont identiques.

Exemple

```
(A>=1) AND (A=<9) renvoie True si A est compris entre 1 et 9,
NOT (A >= 10) renvoie True si A est strictement inférieur à 10,
(A>0) OR (B>0) OR (C>0) renvoie True si au moins l'une des valeurs
est positive.
```

4. L'opérateur de concaténation

L'opérateur de concaténation est le signe **&**. Il permet d'assembler des chaînes de caractère, des valeurs et des expressions.

Exemple

Concaténation du nom et du prénom.

```
StrNomPre = Nom & " " & Prenom
```

5. Priorité des opérateurs

Lorsque plusieurs opérateurs sont contenus dans une même expression, chacune d'elle est évaluée dans un ordre prédéfini, appelé priorité des opérateurs.

Les opérateurs sont évalués dans l'ordre suivant : opérateurs arithmétiques, opérateurs de comparaison, opérateurs logiques.

Les opérateurs de comparaison ont la même priorité ; c'est-à-dire qu'ils sont évalués dans leur ordre d'apparition, de gauche à droite.

Les opérateurs arithmétiques et logiques sont évalués dans l'ordre de priorité cidessous :

Arithmétique	**Logique**
^	Not
*, /	And
Mod	Or
+, -	Xor
	Eqv

L'utilisation de parenthèses permet de modifier l'ordre de priorité afin qu'un élément d'une expression soit évalué avant les autres. Les opérations situées à l'intérieur de parenthèses sont toujours traitées avant les autres.

Exemple

```
L'expression "3 + 4 * 5" donne comme résultat 23.
La multiplication (4 * 5) est effectuée avant l'addition ( + 3)
L'expression "(3 + 4) * 5" renvoie 35. L'addition est effectuée
en priorité.
```

Il est conseillé d'utiliser des parenthèses pour une meilleure lisibilité du code.

G. Les règles d'écriture du code

1. Les commentaires

Les commentaires permettent de documenter les codes VBA afin de les rendre plus lisibles.

```
REM commentaire
```

ou

```
' commentaire
```

Dès la validation de la ligne de commentaire, celui-ci s'affiche par défaut en vert.

2. Le caractère de continuation

Une instruction VBA peut être écrite sur plusieurs lignes en utilisant un trait de soulignement "_" précédé d'un espace.

Exemple

```
'   Demande la saisie d'un prix tant que celui-ci
'   n'est pas renseigné ou est incorrect

Do While IsEmpty(Prix) Or Not IsNumeric(Prix) _
   Or Prix < 50 Or Prix > 500
   Prix = InputBox("Saisir un montant compris entre " _
          & "50 et 500 ")
Loop
```

3. Les retraits

Les retraits (ou tabulations) permettent une meilleure lisibilité du code. Il est notamment important de les utiliser dans les structures de contrôles (surtout si plusieurs instructions If sont imbriquées) et les structures de décisions.

- Pour générer des retraits, utilisez la touche [Tab].
- Pour revenir à la tabulation précédente, utilisez les touches [Maj] [Tab].

➔ Pour modifier la taille de la tabulation (quatre espaces par défaut), sélectionnez **Options** à partir du menu **Outils**, cliquez sur l'onglet **Éditeur** et modifiez la zone **Largeur de la tabulation**.

4. Les noms de procédures, variables et constantes

Les noms des procédures, des constantes, des variables et des arguments doivent respecter les règles suivantes :

- le premier caractère doit être une lettre,
- les minuscules et majuscules ne sont pas différenciées (les lettres accentuées sont acceptées) bien que la casse soit respectée,
- ne pas utiliser de noms réservés à Visual Basic, noms appelés Mots-clés avec restrictions,
- ne pas employer de point, d'espace, de !, de $, de # et d'@,
- un nom ne peut pas compter plus de 255 caractères,
- pour les procédures **Function** ne pas utiliser de nom qui ressemble à une référence de cellule,
- ne pas indiquer plusieurs fois les mêmes noms de variables et de constantes dans un même niveau de portée.

Chapitre 3 : La programmation objet sous Excel

A. Présentation

VBA Excel est un langage de programmation **orienté objet**, même s'il ne dispose pas de toutes les fonctionnalités des langages de ce type.
La plupart des éléments manipulés dans Excel sont des objets : les classeurs, les feuilles de calcul, les plages de cellules, les cellules...

Les objets sont organisés selon un **modèle hiérarchique** : certains objets contiennent d'autres objets qui peuvent eux-mêmes en contenir d'autres... Ces objets sont appelés **conteneurs** ou **objet Parent**. Par exemple, l'objet **Application** est le conteneur des objets **Workbook** (classeurs ouverts dans Excel), qui sont eux-mêmes les conteneurs des objets **Worksheet** (feuilles de calcul d'un classeur). Le conteneur le plus vaste est l'objet **Application**.

Un ensemble d'objets de même nature constitue une **collection** (collection Workbooks : ensemble des classeurs ouverts dans Excel, collection Worksheets : ensemble des feuilles de calcul d'un classeur).

Un objet dispose d'un ensemble de caractéristiques appelées **propriétés** (par exemple pour l'objet **Application** : la propriété **UserName** représente le nom de l'utilisateur, la propriété **Version** renvoie le numéro de version de Microsoft Excel) et de comportements ou actions appelées **méthodes** (par exemple, toujours pour l'objet **Application**, la méthode **FindFile** affiche la boîte de dialogue **Ouvrir**, la méthode **Quit** quitte Excel...).

Un objet répond à des **événements** provoqués par l'utilisateur (ex : ouverture d'un classeur, clic sur un bouton de commande, changement de cellule active...) ou par le système.

Les **classes** sont des modèles permettant de créer des objets de même nature. Les objets issus d'une même classe héritent systématiquement de toutes les méthodes, propriétés et événements de leur classe d'origine. Il est possible de créer des classes d'objets avec VBA Excel en utilisant des modules de classe.

B. Le modèle objet d'Excel

1. Présentation

Cette représentation permet de distinguer les principaux objets et collections d'objets d'Excel.

Modèle Objet Excel

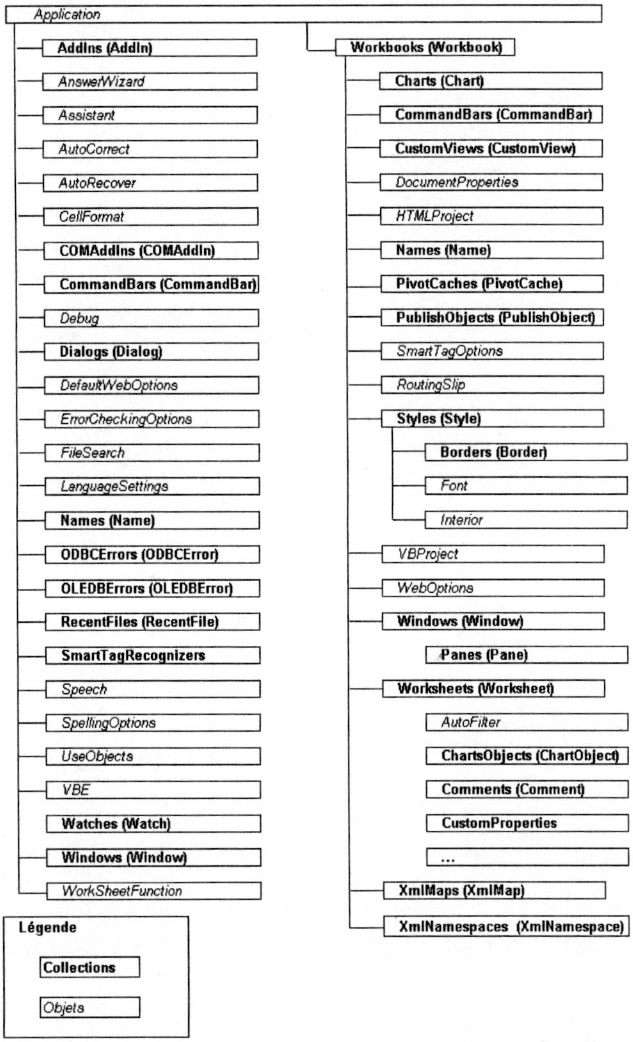

2. Objets et Collections

La liste suivante résume l'utilité des objets et collections du modèle.

Les objets

Application

Objet faisant référence à l'application Microsoft Excel active.

AnswerWizard

Objet représentant l'aide intuitive d'Excel.

Assistant

Objet représentant le Compagnon Office d'Excel. Utilisez la propriété **Visible** pour afficher le Compagnon et la propriété **On** pour activer le Compagnon.

AutoCorrect

Objet contenant les attributs de Correction automatique Microsoft Excel.

AutoRecover

Objet représentant les options de récupération automatique d'un classeur. Ces macros sont accessibles depuis Excel à partir de l'onglet **Enregistrer** du menu **Outils - Options**.

CellFormat

Objet représentant les critères de recherche sur le format des cellules (s'utilise avec les propriétés **FindFormat** et **ReplaceFormat** de l'objet Application).

Debug

Objet permettant d'afficher des données dans la fenêtre Exécution, au moment de l'exécution du code.

DefaultWebOptions

Objet contenant les attributs utilisés par Excel lors de l'ouverture ou l'enregistrement d'une page Web.

ErrorCheckingOptions

Objet contenant les options de vérification d'erreurs de l'application Excel.

LanguageSettings

Objet contenant des informations sur les paramètres de langue d'Excel.

Speech

Objet contenant des méthodes et des propriétés qui se rapportent aux fonctions vocales.

SpellingOptions

Objet représentant les options d'orthographe de l'application.

VBE

Objet VBE représentant Visual Basic Editor.

WorkSheetFunction

Objet contenant toutes les fonctions disponibles dans Excel. Cet objet permet d'obtenir le résultat d'une fonction appliquée à une plage de cellules.
Exemple :
Moy = Application.WorksheetFunction.Average(Selection)

Les collections

AddIns

Collection contenant toutes les macros complémentaires (objets AddIn). Ces macros sont accessibles depuis Excel à partir du menu **Outils - Macros complémentaires**.

COMAddIns

Représente les compléments COM actuellement installés dans Microsoft Excel.

CommandBars

Collection des barres de commandes de l'application active (objets CommandBar).

Dialogs

Collection des boîtes de dialogue intégrées d'Excel.

Names

Collection de tous les noms (cellules nommées) contenus dans le classeur actif.

ODBCErrors

Collection de toutes les erreurs ODBC générées par la dernière opération effectuée dans un rapport de tableau croisé dynamique ou dans une table de requête.

OLEDBErrors

Collection représentant les informations concernant l'erreur renvoyée par la requête OLE DB la plus récente.

RecentFiles

Collection des fichiers récemment utilisés.

SmartTagRecognizers

Collection des moteurs de reconnaissance qui renvoient des balises actives.
Cette liste est accessible depuis Excel à partir de l'onglet **Balises actives** du menu **Outils - Options de correction automatique**.

UsedObjects

Collection des objets utilisés dans Excel.

Watches

Collection d'objets représentant les plages qui sont suivies lorsque la feuille de calcul est recalculée.

Windows

Collection de toutes les fenêtres de l'application Excel ou d'un classeur.

Workbooks

Collection des classeurs (objet Workbook) ouverts.

Worksheets

Collection des feuilles de calcul (objet Worksheet) d'un classeur.

C. Principes d'utilisation des objets et collections

1. Les propriétés

Les propriétés servent à décrire un objet. Certaines propriétés sont en lecture seule et ne peuvent par conséquent pas être modifiées par du code VBA.

Syntaxe

```
{<objet> | <variable objet>}.<propriété>
```

Exemple

```
'   Modification du pointeur de la souris
Application.Cursor = xlWait

'   Affichage de la version de l'application Excel active
'   Cette propriété est en lecture seule
MsgBox Application.Version
Application.Cursor = xlDefault
```

2. Propriétés représentant des objets

Les objets globaux et les objets instanciés dans le code à partir de classes fournies par VBA possèdent des propriétés dont la valeur est mise à jour automatiquement par le système.

Ces **propriétés spécifiques** permettent d'accéder directement à certains objets : fenêtre active, classeur actif, cellules de la feuille active... Le tableau suivant présente les propriétés spécifiques les plus couramment utilisées.

Propriété	Objet Parent	Objet renvoyé
ActiveCell	Application Window	Objet **Range** représentant la première cellule active de la fenêtre active ou spécifiée.
ActiveChart	Application Window Workbook	Objet **Chart** représentant le graphique actif.
ActiveControl	Frame Page UserForm	Objet **Control** représentant le contrôle (ActiveX) actif.
ActiveMenuBar	CommandBars	Objet **CommandBar** représentant la barre de menu active sous Excel.
ActivePane	Window	Objet **Pane** représentant le volet actif de la fenêtre active.
ActiveSheet	Application Window Workbook	Objet **Worksheet** représentant la feuille active du classeur actif ou du classeur spécifié.
ActiveWindow	Application	Objet **Window** représentant la fenêtre active.
ActiveWork- Book	Application	Objet **Workbook** représentant le classeur de la fenêtre active.
Next Previous	Chart Range Worksheet	Renvoie respectivement le prochain (Next) ou le précédent (Previous) objet de même nature (Chart, Range ou Worksheet).
Parent	Objets multiples	Renvoie l'objet conteneur.
Selection	Application Windows	Objet **Range** représentant la ou les cellules sélectionnées.
ThisCell	Application	Renvoie la cellule à partir de laquelle la fonction définie par un utilisateur est appelée en tant qu'objet Range.

Propriété	Objet Parent	Objet renvoyé
ThisWorkbook	Application	Objet **Workbook** représentant le classeur dans lequel s'exécute le code de la macro en cours.

Les propriétés spécifiques renvoyant un objet Range (Cells, Offset, Columns, Rows...) sont décrites en détail dans le chapitre 4.

3. Les méthodes

Les méthodes permettent d'effectuer des actions liées aux objets.

Elles se présentent un peu comme des procédures :

- elles peuvent ou non utiliser des arguments,
- certaines méthodes peuvent renvoyer une valeur au même titre que les procédures **Function**, d'autres non au même titre que les procédures **Sub**.

Syntaxe de méthode ne renvoyant pas de valeur

```
{<objet> | <variable objet>}.<méthode> [<Liste d'arguments>]
```

Exemple

```
'   Active la 2ème feuille de calcul du classeur actif
Application.Goto ActiveWorkbook.Worksheets(2).Range("A1")
'   Sélectionne une plage de cellules
Range("A1:C12").Select
'   Efface les cellules sélectionnées
Selection.Clear
'   Enregistre le classeur actif sous un nouveau nom
ActiveWorkbook.SaveAs "C:\devis\devis2.xls"
```

Comme pour les procédures, les différents arguments d'une méthode doivent être séparés par des virgules. Si un argument facultatif n'est pas défini explicitement, la méthode utilisera une valeur par défaut.

Syntaxe de méthode renvoyant une valeur

```
<variable> = {<objet> | <variable objet>}.<méthode>
[<Liste d'arguments>]
```

Exemple

```
'   Affiche une boîte de dialogue Ouvrir
Dim strFileName as Variant= Application.GetOpenFilename _
      (FileFilter:="Classeurs Excel (*.xlsm), *.xlsm", _
      Title:="Sélectionnez le fichier à ouvrir")
'   Si un fichier a été sélectionné, celui-ci est ouvert
If strFileName <> False Then
   Workbooks.Open strFileName
End If
```

4. Les événements

Un événement est une **action spécifique** qui se produit sur ou avec un certain objet. Microsoft Excel est en mesure de répondre à plusieurs types d'événements : ouverture ou fermeture d'un classeur, sélection de cellules, ajout d'une feuille de calcul... Les événements résultent généralement d'une action de l'utilisateur.

L'utilisation d'une procédure événementielle vous permet d'associer votre propre code en réponse à un événement qui se produit dans un classeur, une feuille ou un formulaire.

Exemple

Lorsque l'utilisateur ajoute une nouvelle feuille de calcul au classeur, un message utilisateur est affiché.

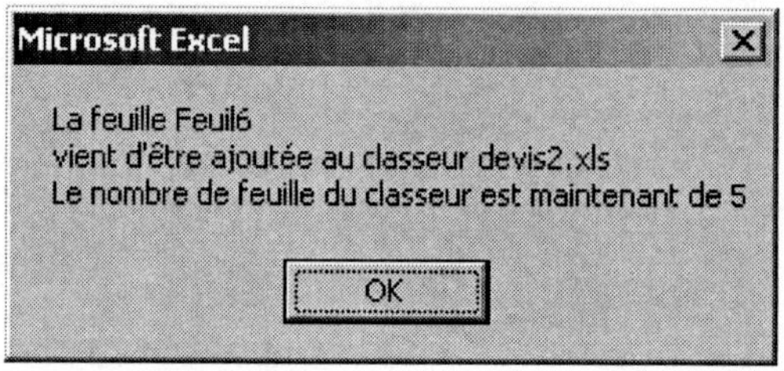

```
Private Sub Workbook_NewSheet(ByVal Sh As Object)

MsgBox "La feuille " & Sh.Name & Chr(13) & _
       "vient d'être ajoutée au classeur " & _
       ActiveWorkbook.Name & Chr(13) & _
       "Le nombre de feuille du classeur est maintenant de " & _
       ActiveWorkbook.Worksheets.Count

End Sub
```

La gestion des événements étant un des aspects importants dans le développement d'application Excel, le chapitre 8 est entièrement consacré à ce sujet.

5. Les collections

Pour faire référence à un objet appartenant à une collection, vous pouvez utiliser l'une des syntaxes suivantes :

```
NomCollection!NomObjet
NomCollection![NomObjet]
NomCollection("NomObjet")
NomCollection(var)
```

où `var` représente une variable de type String contenant le nom de l'objet.

```
NomCollection(index)
```

où `index` représente le numéro d'index de l'objet dans la collection.

Afin d'assurer une meilleure lisibilité du code, il est conseillé d'utiliser toujours la même syntaxe. Les 3ème et 5ème syntaxes sont recommandées car elles permettent d'activer l'assistant de l'éditeur de code. De plus, la syntaxe 5 est très utile pour parcourir les objets d'une collection.

Attention le premier élément de la plupart des collections a pour index 1. N'utilisez les index que pour parcourir une collection. Évitez par exemple d'utiliser ActiveWorkbook.ActiveSheet(3) pour faire référence à une feuille de calcul du classeur actif car l'index de la feuille peut changer (si les feuilles sont déplacées ou si une feuille est supprimée).

Exemple

Le code suivant active la feuille de calcul Feuil1 du classeur Devis.xls. Ce code utilise les collections Workbooks et Worksheets.

```
Workbooks("Devis.xls").Worksheets("Feuil1").Activate
```

ou

```
Workbooks![Devis.xls].Worksheets!Feuil1.Activate
```

ou

```
Workbooks![Devis.xls].Worksheets![Feuil1].Activate
```

Parcours d'une collection : ce code permet de renommer les feuilles de calcul du classeur actif.

```
Dim i As Integer
For i = 1 To ActiveWorkbook.Worksheets.Count
      ActiveWorkbook.Worksheets(i).Name = "Devis N° " & i
Next i
```

Une collection peut également être parcourue en utilisant l'instruction For Each Next.

```
Dim Feuille As Worksheet
For Each Feuille In ActiveWorkbook.Worksheets
      Feuille.Name = "Devis N° " & Feuille.Index
Next Feuille
```

6. Complément automatique des instructions

L'éditeur VBA dispose d'une technologie permettant de vous assister lors de l'utilisation d'objets. Dès que vous tapez un nom d'objet ou de collection reconnu par VBA suivi d'un point, la liste déroulante des méthodes et propriétés de cet objet est alors affichée. Si vous sélectionnez une méthode, l'assistant vous aide également à saisir les différents arguments qu'elle comporte.

Exemple

→ Tapez le nom de collection Workbooks suivi d'un point, la liste déroulante suivante est affichée.

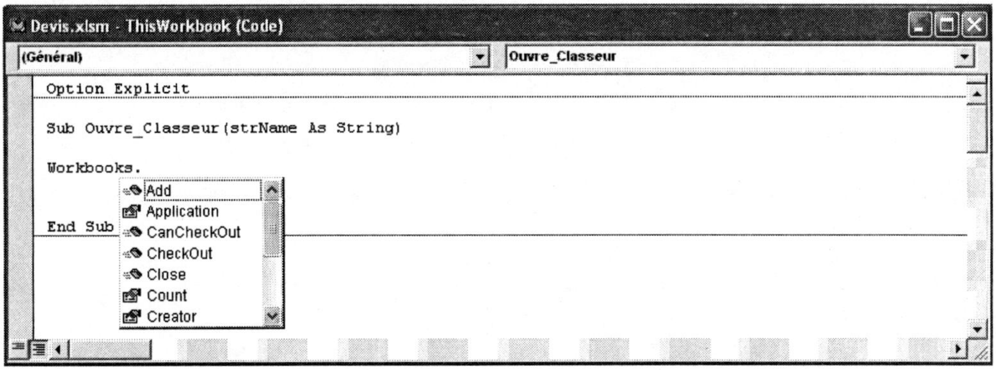

L'icône  représente les méthodes, l'icône  représente les propriétés et les collections.

→ Vous pouvez faire défiler les éléments de la liste déroulante en tapant les premières lettres de la méthode, propriété ou collection recherchée ou à l'aide de l'ascenseur. Pour sélectionner un élément de la liste, double cliquez dessus.

→ Tapez un point si vous venez de sélectionner un objet et que vous souhaitez voir la liste des propriétés et méthodes s'y rapportant. Si vous avez sélectionné une méthode, tapez un espace pour saisir la liste des paramètres de la méthode.

→ Pour poursuivre l'exemple, sélectionnez la méthode **Open**, puis tapez un espace.

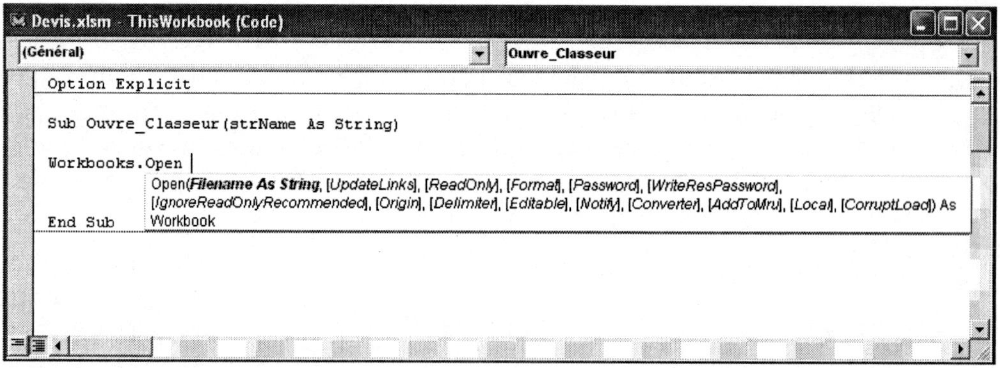

La liste des arguments de la méthode est alors affichée et s'adapte au fur et à mesure que vous les saisissez. Les arguments facultatifs sont entre crochets. L'argument courant est en gras. Si pour un argument donné, il existe une liste de valeurs prédéfinies, la liste déroulante des constantes correspondantes est alors affichée.

Vous pouvez également activer la liste des propriétés et méthodes de la façon suivante :

- Placez le curseur derrière le point situé après la méthode.
- Cliquez sur le bouton droit de la souris pour faire apparaître le menu contextuel.
- Sélectionnez l'option **Répertorier les propriétés/méthodes**.

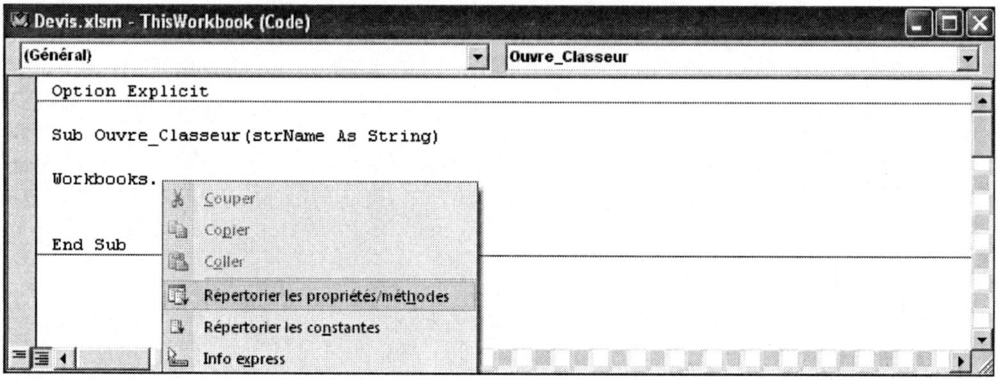

D. Instructions utilisées avec les objets

1. L'instruction With

L'instruction **With** permet d'accéder plusieurs fois au même objet en le nommant une seule fois.

Elle offre plusieurs avantages :

- optimisation du temps d'exécution du code,
- gain de temps sur le travail d'écriture,
- meilleure lisibilité du code.

Syntaxe

```
With <Objet>
    <code utilisant des méthodes et propriétés>
    <se rapportant à l'objet>
End With
```

Exemple

Ajout et modification d'une feuille de calcul.

```
With ActiveWorkbook
   '   Crée une feuille après la dernière feuille du classeur actif
   .Worksheets.Add , .Worksheets(.Worksheets.Count)
   '   Modifie le nom de la nouvelle feuille et renseigne la cellule A1
   With .ActiveSheet
      .Name = "Synthèse"
      .Range("A1") = "Récapitulatif des devis"
   End With
End With
```

2. L'instruction For each ...Next

L'instruction **For Each...Next** permet de passer en revue les objets d'une collection ou d'un tableau.

Syntaxe

```
For Each <élément > In <groupe>
    <séquence d'instructions>
    [Exit For]
    <séquence d'instructions>
Next <élément>
```

Exemple

Modification du contenu de la cellule A1 et du nom de toutes les feuilles du classeur actif.

```
Sub NumDevis()
   Dim Feuille As Worksheet

   For Each Feuille In ActiveWorkbook.Worksheets
         Feuille.Cells(1, 1) = "DEVIS N° " & Feuille.Index
      Feuille.Name = "Devis N° " & Feuille.Index
   Next Feuille
End Sub
```

3. L'instruction If TypeOf

L'instruction **If TypeOf** permet de tester le type d'un objet.

Syntaxe

```
If TypeOf <Objet> Is <TypeObjet> Then
    <code utilisant des méthodes et propriétés>
    <se rapportant à l'objet>
End If
```

Exemple

```
If TypeOf obj.Parent Is Worksheet Then_...
```

4. L'instruction Set

L'instruction **Set** permet d'attribuer une référence d'objet à une variable, appelée **variable objet**.

Cette instruction peut être utilisée pour **créer un nouvel objet** (en utilisant dans ce cas une méthode permettant de créer l'objet) ou pour **faire référence à un objet** déjà existant.

Syntaxe

```
Set <Objet> = [New] <expression objet>
Ou Set <Objet> = Nothing
```

`objet` : est une variable de type String, contenant le nom de l'objet à créer.

Le mot clé `New` : permet de créer une nouvelle instance de la classe. Si la variable <Objet> contient une référence à un objet, cette dernière est alors abandonnée.

`<expression objet>` : est soit le nom d'un objet ou d'une variable objet de même type, soit une fonction ou méthode renvoyant un objet de même type.

`Nothing` : permet de réinitialiser la variable objet et de libérer l'ensemble des ressources système et mémoire associées à cet objet.

Exemple

Création d'un classeur avec deux feuilles et affectation d'un nom à chacune d'elles.

```
Dim Classeur As Workbook
Dim i As Integer

'   Création d'un nouveau classeur
Set Classeur = Application.Workbooks.Add
'   Suppression des feuilles à partir de la troisième
With Classeur
   For i = 3 To .Worksheets.Count                          .../...
```

```
.../...
       .Worksheets(i).Delete

   Next i
'   Affectation des noms aux feuilles 1 et 2
   .Worksheets(1).Name = "Ventes Année 2006"
   .Worksheets(2).Name = "Ventes Année 2007"
   .SaveAs "C:\Ventes\Historique"
End With
```

Modification d'une feuille dans un classeur ouvert.

```
Dim Classeur As Workbook
Dim Feuille As Worksheet

Set Classeur = Application.Workbooks![Historique.xls]
Set Feuille = Classeur.Worksheets![Ventes Année 2007]
With Feuille
     .Name = "Ventes 2007"
     .Range("A2") = "Ventes de l'année 2007"
End With
Set Feuille = Nothing
```

E. L'explorateur d'objets

1. Présentation

Compte tenu du nombre important d'objets Excel et de leur diversité, il est parfois utile de pouvoir rechercher des informations se rapportant aux objets.

L'explorateur d'objets permet d'afficher des informations relatives aux objets, méthodes, propriétés, événements et constantes.

Vous pouvez l'afficher de différentes façons :

→ menu **Affichage Explorateur d'objets**  (barre d'outils **Standard**) [F2]

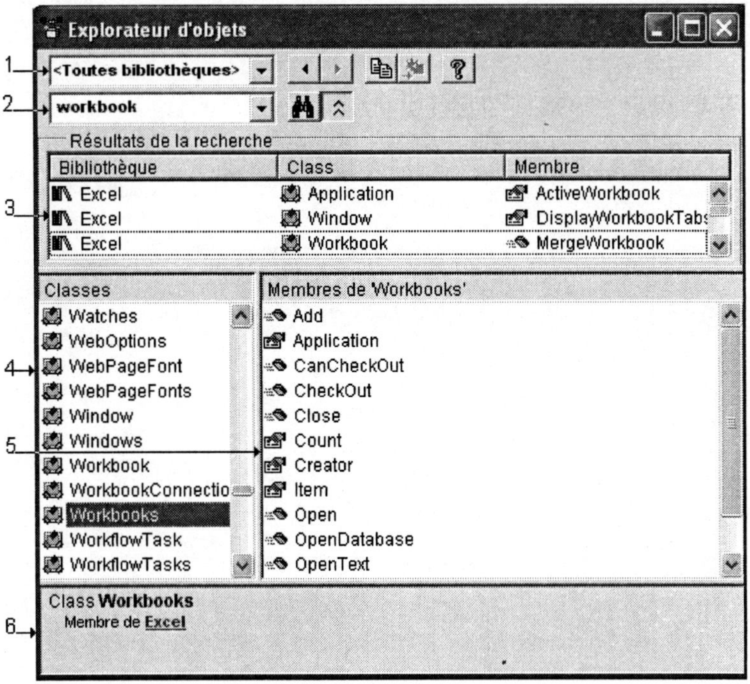

1. **Liste des bibliothèques** actuellement chargées.

2. **Texte recherché** : objet, propriété, collection, événement, méthode...

3. **Résultat de la recherche** : liste des classes d'objets (objets et collections) et des membres les composant (objet, collection, propriété, événement ou méthode). Le mot recherché peut être dans la liste des classes ou dans celle des membres.

4. **Classes d'objets de la bibliothèque** : la classe d'objet sélectionnée dans la liste **Résultat** est encadrée.

5. **Propriétés** (icône ), **méthodes**, (icône ), **événements** (icône ) et **constantes** (icône ) se rapportant à la classe d'objet sélectionnée ou encadrée dans la liste de gauche.

6. **Détail** de l'élément sélectionné.

2. Recherche dans l'Explorateur d'objets

Pour effectuer une recherche dans l'explorateur d'objets, procédez de la manière suivante :

- Saisissez le mot recherché dans la 2ème liste déroulante.
- Cliquez sur l'icône . Si la fenêtre **Résultats** affiche plusieurs lignes, déplacez-vous sur celle qui vous intéresse, la partie basse de la fenêtre est alors réactualisée.

Chapitre 4 : Les objets d'Excel

A. L'objet Application

L'objet **Application** représente l'application Microsoft Excel active. Cet objet étant l'objet par défaut, il est souvent facultatif (exemple : *Version* équivaut à *Application.Version*).

Cet objet contient :

- des **propriétés relatives à l'environnement Excel** (options d'Excel...) et à la **présentation de l'interface** (pointeur de la souris, texte de la barre d'état, état et taille de la fenêtre de l'application...),
- différentes **méthodes** permettant d'effectuer des actions dans l'environnement Excel,
- des **propriétés** renvoyant les objets et collections de premier niveau (objets et collections du modèle d'objets Excel : Workbooks, Charts...),
- des **propriétés spécifiques** faisant directement référence à des objets : ActiveCell, ActiveSheet, ActiveWindow...

Les propriétés faisant référence aux objets sont détaillées dans le chapitre précédent.

---

1. Propriétés représentant les options d'Excel

Les principales options d'Excel peuvent être renvoyées ou définies à partir de propriétés de l'objet **Application**. La plupart des ces propriétés sont en lecture et écriture.

Pour accéder aux options Excel depuis Excel 2007, cliquez sur le bouton **Microsoft Office**, puis sur le bouton **Options Excel** (situé en bas de la boîte de dialogue).

---

a. Options de la catégorie Standard

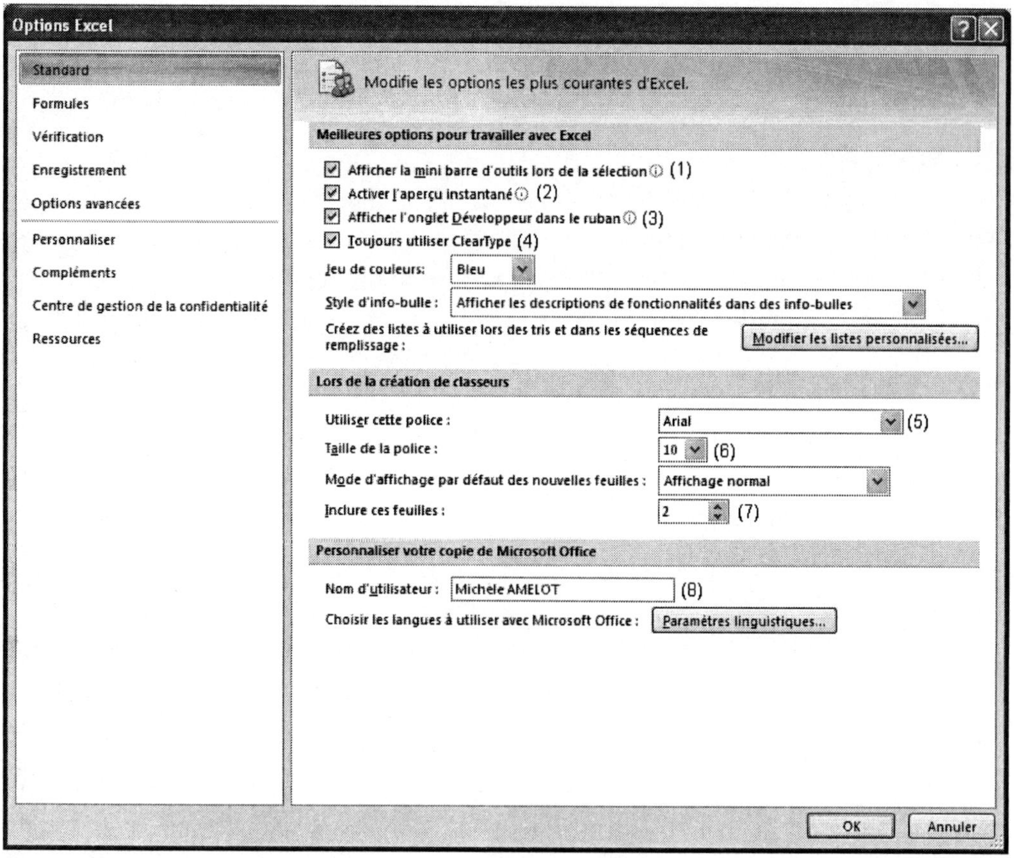

N°	Propriétés	Valeurs retournées
1	ShowSelectionFloaties	Booléen
2	EnableLivePreview	Booléen
3	ShowDevTools	Booléen
4	AlwaysUseClearType	Booléen
5	StandardFont.	Entier long
6	StandardFontSize	Entier long
7	SheetsInNewWorkbook	Entier long
8	UserName	Chaîne de caractères

b. Options de la catégorie Formules

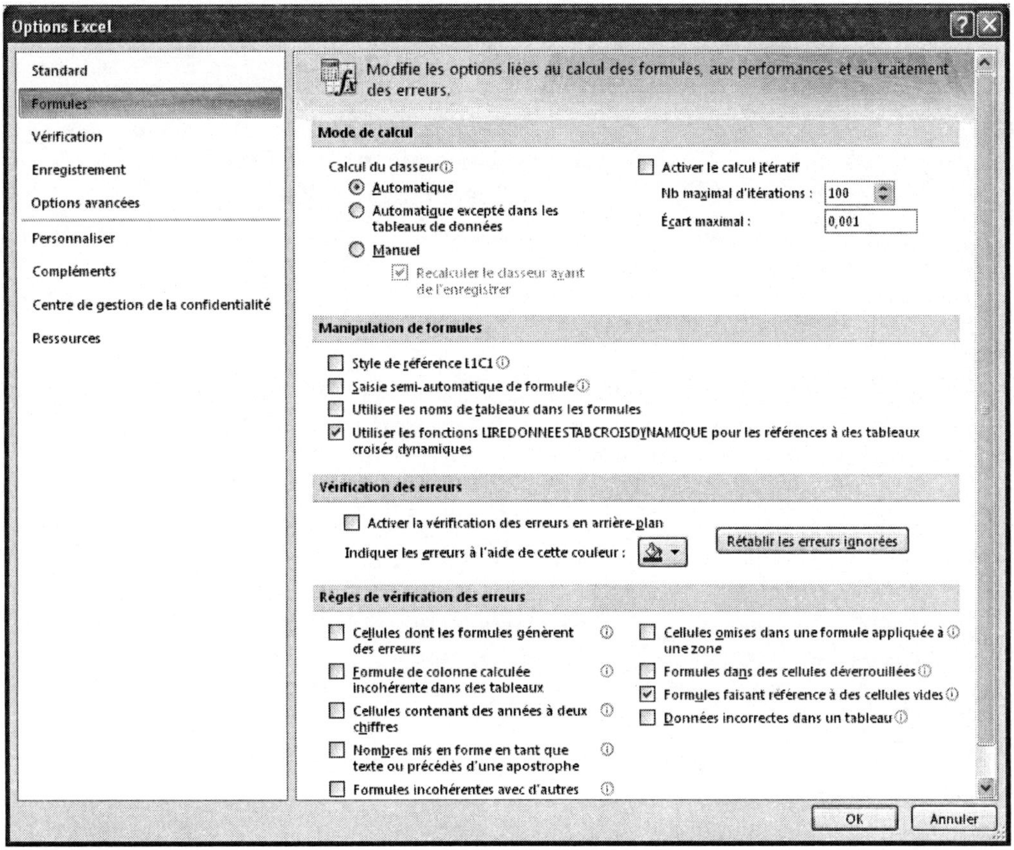

N°	Propriétés	Valeurs retournées
1	Calculation	Constante
	Constantes :	**xlCalculationAutomatic** **xlCalculationManual** **xlCalculationSemiautomatic**
2	CalculateBeforeSave	Booléen
3	Iteration	Booléen
4	MaxIterations	Entier long
5	MaxChange	Double
6	ReferenceStyle	

N°	Propriétés	Valeurs retournées
		Constantes : **xlA1** **xlR1C1**
7	DisplayFormulaAutoComplete	Booléen
8	GenerateTableRefs	Constantes : **xlGenerateTableRefStruct** **xlGenerateTableRefA1**
9	GenerateGetPivotData	Booléen

Options de vérification d'erreurs

Les propriétés suivantes dépendent de la propriété **ErrorCheckingOptions** de l'objet Application. Cette propriété renvoie un objet **ErrorCheckingOptions**, qui représente les options de vérification d'erreurs pour une application.

N°	Propriétés	Valeurs retournées
10	BackgroundChecking	Booléen
11	IndicatorColorIndex	Constante XlColorIndex
12	EvaluateToError	Booléen
13	InconsistentTableFormula	Booléen
14	TextDate	Booléen
15	NumberAsText	Booléen
16	InconsistentFormula	Booléen
17	OmittedCells	Booléen
18	UnlockedFormulaCells	Booléen
19	EmptyCellReferences	Boolée
20	ListDataValidation	Booléen

c. Options de la catégorie "Vérification"

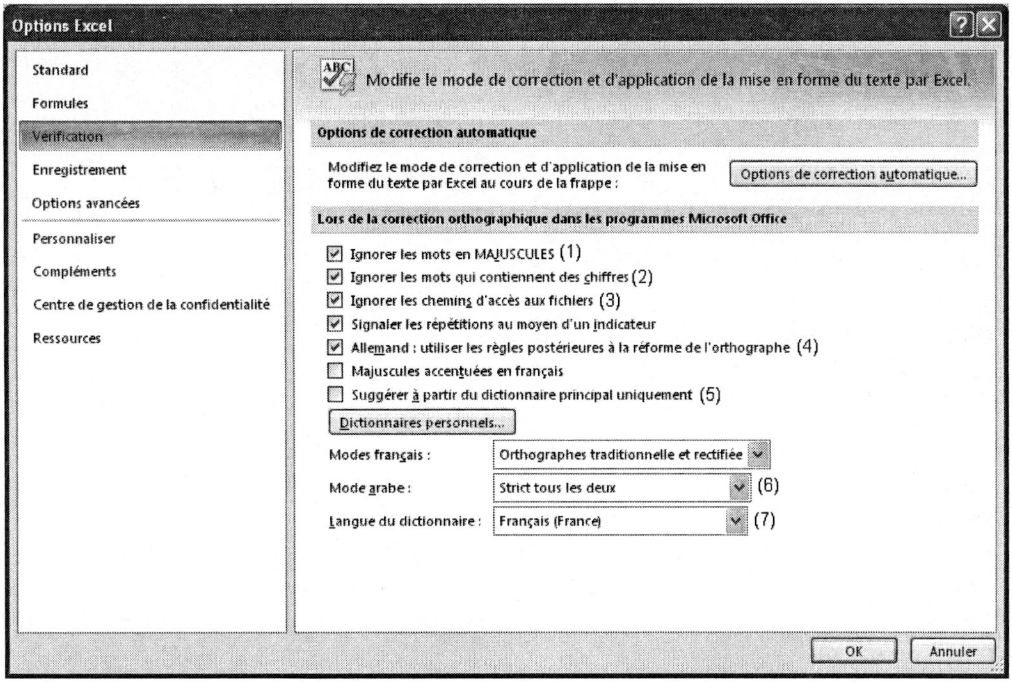

Options de vérification orthographique

Les propriétés suivantes dépendent de la propriété **SpellingOptions** de l'objet **Application**. Cette propriété renvoie un objet **SpellingOptions**, qui représente les options de vérification orthographique pour une application.

N°	Propriétés	Valeurs retournées
1	IgnoreCaps	Booléen
2	IgnoreMixedDigits	Booléen
3	IgnoreFileNames	Booléen
4	GermanPostReform	Booléen
5	SuggestMainOnly	Booléen
6	ArabicModes	Constante XlArabicModes
7	DictLang	Entier long

d. Options de la catégorie "Enregistrement"

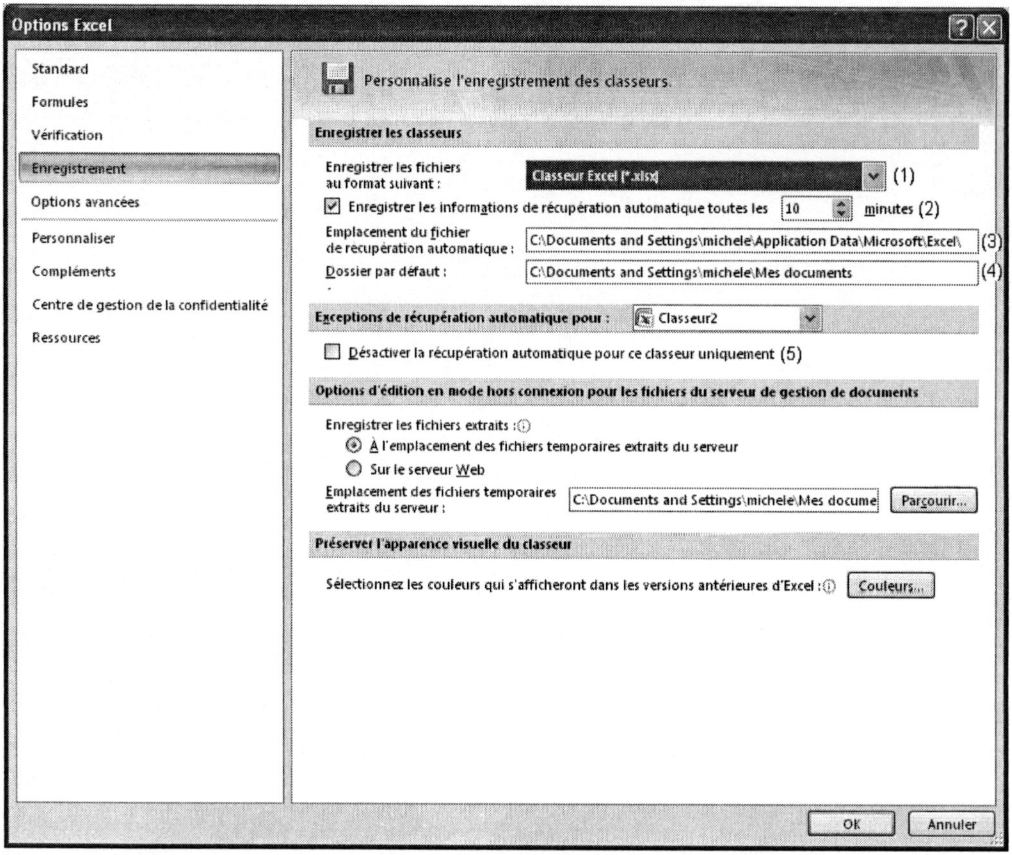

N°	Propriétés	Valeurs retournées
1	DefaultSaveFormat	Constante xlFileFormat
2	AutoRecover.Time	Entier long
3	AutoRecover.Path	Chaîne de caractères
4	DefaultFilePath	Chaîne de caractères
5	EnableAutoRecover	Booléen

L'option 5 s'applique au classeur actif (Application.ActiveWorkbook).

e. Options de la catégorie "Options avancées"

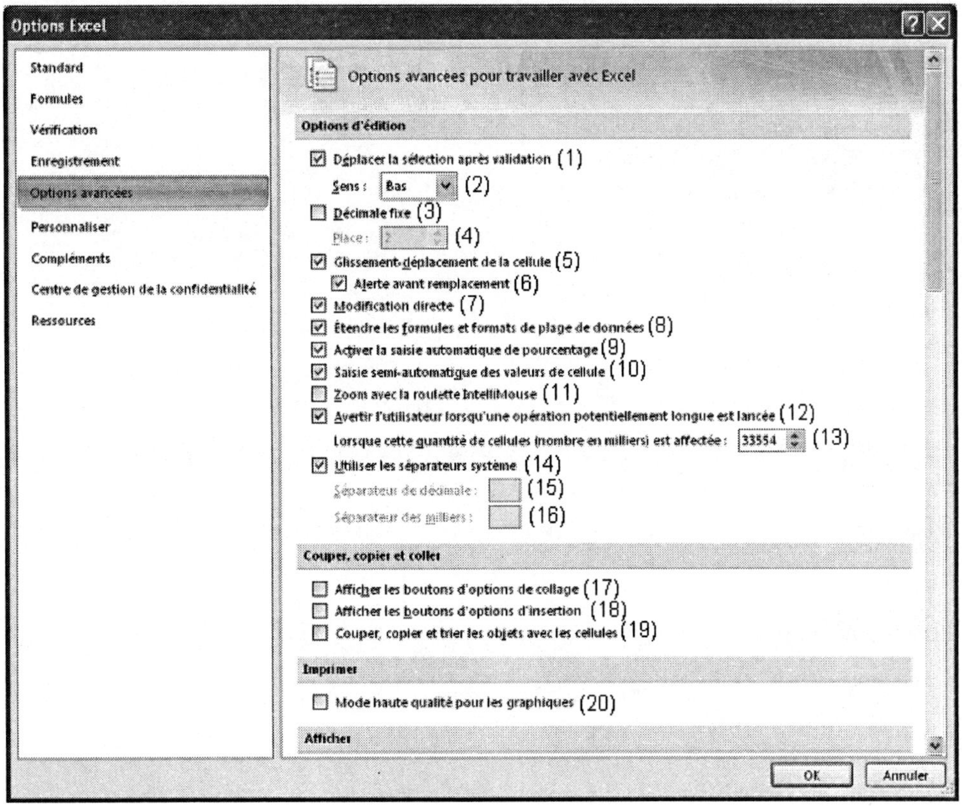

N°	Propriétés	Valeurs retournées
1	MoveAfterReturn	Booléen
2	MoveAfterReturnDirection	Constante
	Constantes :	**xlDown**
		xlUp
		xltoRight
		xltoLeft
3	FixedDecimal	Booléen
4	FixedDecimalPlaces	Entier long
5	CellDragAndDrop	Booléen
6	AlertBeforeOverwriting	Booléen
7	EditDirectlyInCell	Booléen

N°	Propriétés	Valeurs retournées
8	ExtendList	Booléen
9	AutoPercentEntry	Booléen
10	EnableAutoComplete	Booléen
11	RollZoom	Booléen
12	EnableLargeOperationAlert	Booléen
13	LargeOperationCellThousandCount	Entier long
14	UseSystemSeparators	Booléen
15	DecimalSeparator	Chaîne de caractères
16	ThousandsSeparator	Chaîne de caractères
17	DisplayPasteOptions	Booléen
18	DisplayInsertOptions	Booléen
19	CopyObjectsWithCells	Booléen
20	HighQualityModeForGraphics	Booléen

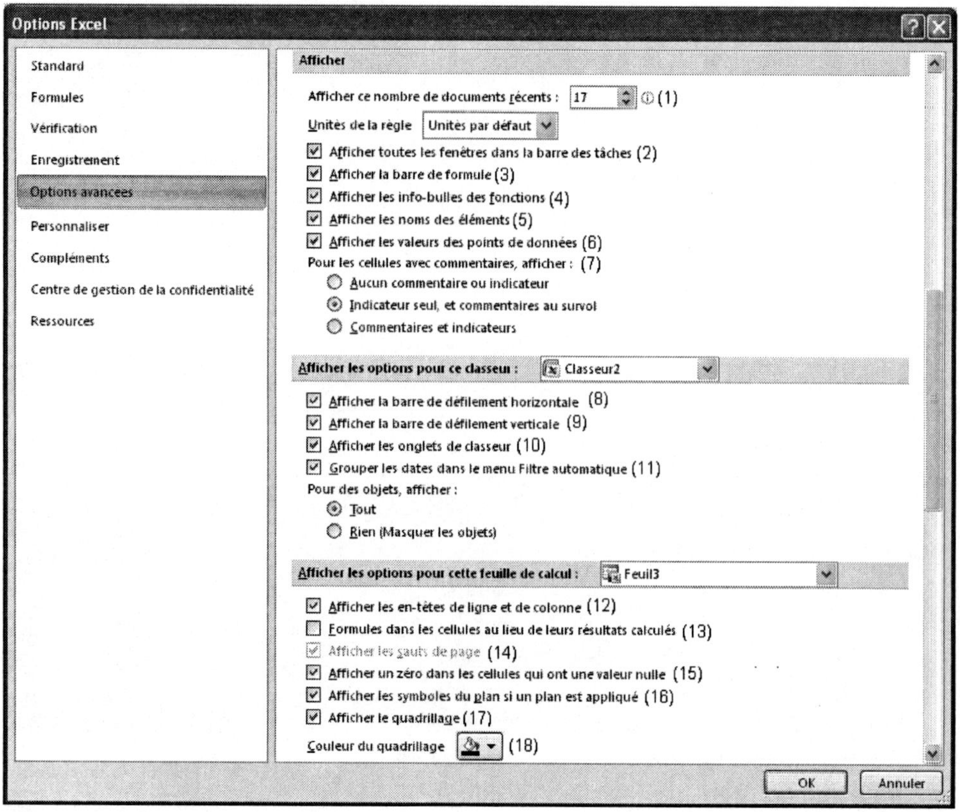

N°	Propriétés	Valeurs retournées
1	RecentFiles.Maximum	Entier long
2	DisplayFormulaBar	Booléen
3	ShowWindowsInTaskbar	Booléen
4	DisplayFunctionToolTips	Booléen
5	ShowChartTipNames	Booléen
6	ShowChartTipValues	Booléen
7	DisplayCommentIndicator	Constante
	Constantes :	**xlNoIndicator** **xlIndicatorOnly** **xlCommentAndIndicator**

Les propriétés suivantes dépendent de la propriété **ActiveWindow** de l'objet **Application**. Cette propriété renvoie un objet **Window** qui représente la fenêtre active.

N°	Propriétés	Valeurs retournées
8	DisplayHorizontalScrollBar	Booléen
9	DisplayVerticalScrollBar	Booléen
10	DisplayWorkbookTabs	Booléen
11	AutoFilterDateGrouping	Booléen
12	DisplayHeadings	Booléen
13	DisplayFormulas	Booléen
14	DisplayPageBreaks	Booléen
15	DisplayZeros	Booléen
16	DisplayOutline	Booléen
17	DisplayGridlines	Booléen
18	GridlineColorIndex	Constante XlColorIndex

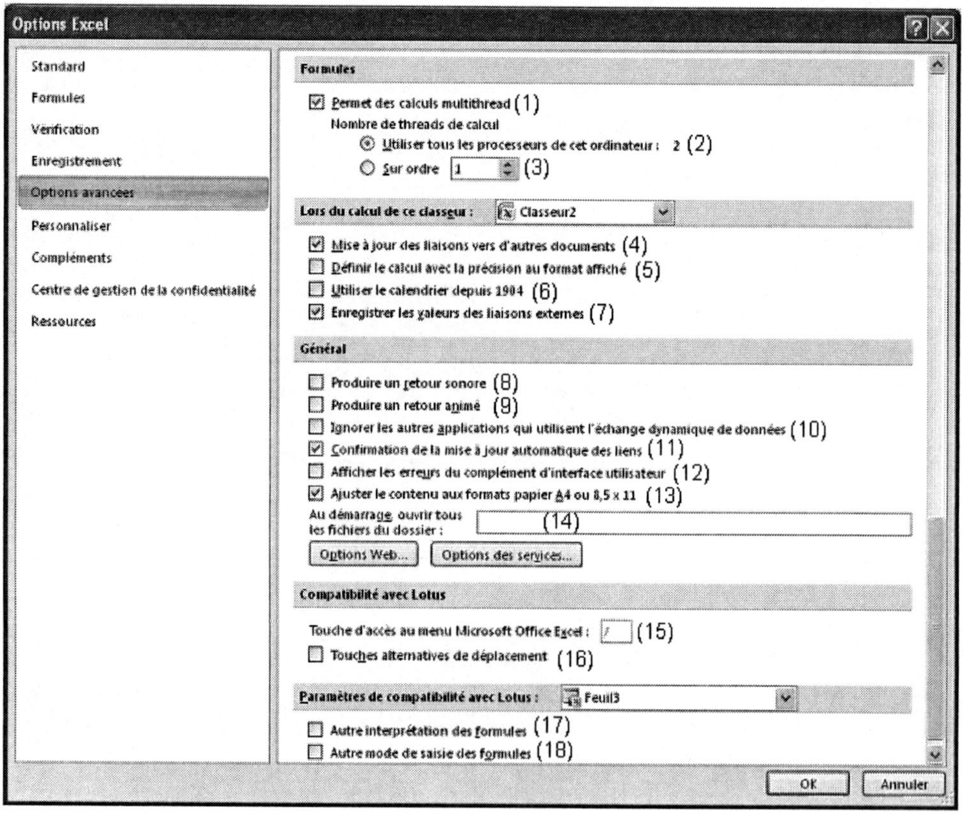

N°	Propriétés	Valeurs retournées
1	MultiThreadedCalculation.Enabled	Booléen
2	MultiThreadedCalculation.ThreadMode	Constante
	Constantes :	**xlThreadModeAutomatic** **xlThreadModeManual**
3	MultiThreadedCalculation.ThreadCount	Entier
4	SaveLinkValues	Booléen
5	PrecisionAsDisplayed	Booléen
6	Date1904	Booléen
7	UpdateRemoteReferences	Booléen
8	EnableSound	Booléen
9	EnableAnimations	Booléen
10	IgnoreRemoteRequests	Booléen

N°	Propriétés	Valeurs retournées
11	AskToUpdateLinks	Booléen
12	WarnOnFunctionNameConflict	Booléen
13	MapPaperSize	Booléen
14	AltStartupPath	Chaîne de caractères
15	TransitionMenuKey	Chaîne de caractères
16	TransitionNavigKeys	Booléen
17	TransitionExpEval	Booléen
18	TransitionFormEntry	Booléen

Les options 4 à 7 s'appliquent au classeur actif (Application.ActiveWorkbook) et les options 17 et 18 à la feuille active (Application.ActiveSheet).

2. Propriétés relatives à la présentation de l'application

Height

Réel double. Hauteur de la fenêtre.

Left

Réel double. Distance entre le bord gauche de l'écran et le bord gauche de la fenêtre principale de Microsoft Excel.

Top

Réel double. Distance entre le bord supérieur de l'écran et le bord supérieur de la fenêtre principale de Microsoft Excel.

Width

Réel double. Distance entre le bord gauche et le bord droit de la fenêtre d'application.

Caption

Chaîne de caractères. Nom affiché dans la barre de titre de la fenêtre Microsoft Excel.

Cursor

Constante. Apparence du pointeur de la souris dans Excel.

Constantes **xlDefault** : Pointeur par défaut
xlIBeam : Pointeur en I
xlNorthwestArrow : Flèche Nord-Ouest
xlWait : Sablier

DisplayFullScreen

Booléen. Indique si Excel fonctionne en mode plein écran.

FormulaBarHeight

Entier long. Hauteur en nombre de lignes de la barre de formule.

ShowMenuFloaties

Booléen. Indique si les mini barres d'outils doivent s'afficher lorsque l'utilisateur clique avec le bouton droit de la souris dans la fenêtre du classeur.

StatusBar

Chaîne de caractères. Texte de la barre d'état.

Visible

Booléen. Indique si la fenêtre principale de l'application est visible.

3. Propriétés diverses

AutoFormatAsYouTypeReplaceHyperlinks

Booléen. Indique si Excel met en forme automatiquement des liens hypertextes au fur et à mesure que vous tapez un texte.

AutomationSecurity

Constante. Mode de sécurité qu'utilise Microsoft Excel en ouvrant des fichiers par programmation.

Constantes **msoAutomationSecurityByUI**
msoAutomationSecurityForceDisable
msoAutomationSecurityLow

ActivePrinter

Chaîne de caractères. Nom de l'imprimante active.

CalculationInterruptKey

Constante. Indique la touche qui peut interrompre Microsoft Excel lors de l'exécution de calculs.

Constantes	**xlAnyKey**
	xlEscKey
	xlNoKey

CalculationState

Constante. Indique l'état de calcul de l'application, pour les calculs en cours dans Microsoft Excel.

Constantes	**xlCalculating**
	xlDone
	xlPending

ClipboardFormats

Variant. Renvoie un tableau contenant les formats actuellement présents dans le presse-papiers.

CutCopyMode

Constante. Cette propriété renvoie ou définit l'état du mode Couper ou Copier.

Constantes	**False**	N'est ni en mode Couper, ni en mode Copier
	xlCopy	Est en mode Copier
	xlCut	Est en mode Coller

DataEntryMode

Constante. Cette propriété renvoie ou définit le mode saisie de données.

Constantes	**xlOn**	Mode saisie de données activé
	xlOff	Mode saisie de données désactivé
	xlStrict	Mode de saisie de données activé et touche [Echap] désactivée.

DisplayAlerts

Booléen. Affiche (True) ou masque les messages, notamment d'alerte, lorsqu'une macro est exécutée.

EnableCancelKey

Constante. Contrôle la façon dont Microsoft Excel traite la manière dont l'utilisateur interrompt la procédure en cours en appuyant sur [Ctrl][Pause].

Constantes	**xlDisabled**	pas d'interruption
	xlInterrupt	interruption de la procédure en cours et passage en mode Débogage
	xlErrorHandler	interruption transmise à la procédure en cours en tant qu'erreur (code erreur 18)

EnableEvents

Booléen. Permet de désactiver (False) les événements de l'objet Application.

FindFormat

Renvoie ou définit les critères de recherche pour le type de format de cellule à trouver.

GenerateGetPivotData

Booléen. Indique si Excel peut obtenir des données de rapport de tableau croisé dynamique.

Hinstance

Entier long. Renvoie le descripteur d'instances de l'instance qui appelle Microsoft Excel.

Hwnd

Entier long. Renvoie un objet désignant le handle de fenêtre supérieure de la fenêtre Microsoft Excel.

MapPaperSize

Booléen. Indique si les documents sont ajustés automatiquement lors du changement de la taille du papier.

MouseAvailable

Booléen. Indique si une souris est disponible.

OrganizationName

Chaîne de caractères. Nom de la Société.

PreviousSelections

Variant. Renvoie un tableau d'objets Range contenant les quatre dernières plages sélectionnées.

RecordRelative

Booléen. True si les macros sont enregistrées en utilisant des références relatives.

ReplaceFormat

Booléen. Définit les critères de remplacement à utiliser lors du remplacement des formats de cellule (à utiliser avec la propriété **FindFormat**).

TemplatesPath

Chaîne de caractères. Chemin d'accès local de l'emplacement où sont stockés les modèles.

Version

Chaîne de caractères. Numéro de version de l'application Excel active.

4. Méthodes de l'objet Application

a. Méthodes agissant sur les formules et calculs

Calculate

Provoque un calcul des données pour tous les classeurs ouverts.

CalculateFull

Provoque un calcul intégral des données dans tous les classeurs ouverts.

CalculateFullRebuild

Provoque un calcul intégral des données et recrée les dépendances pour tous les classeurs ouverts.

CheckAbort

Arrête le recalcul.

ConvertFormula

Permet de convertir les références de cellule dans une formule en passant du style de référence A1 au style R1C1.

Evaluate

Calcule l'expression passée en argument et renvoie le résultat. L'expression doit correspondre à une formule en anglais.

b. Méthodes agissant sur les cellules

DoubleClick

Équivaut à double cliquer sur la cellule active.

GoTo

Sélectionne une plage ou une procédure Visual Basic quelconque dans n'importe quel classeur et active celui-ci s'il ne l'est pas.

Intersect

Renvoie un objet **Range** qui représente l'intersection rectangulaire de deux plages ou plus.

Union

Renvoie l'union d'au moins deux plages.

c. Méthodes agissant sur les listes personnalisées

AddCustomList

Ajoute une liste personnalisée.

DeleteCustomList

Supprime une liste personnalisée.

GetCustomListContents

Renvoie une liste personnalisée (tableau de chaînes de caractères).

GetCustomListNum

Renvoie le numéro de la liste personnalisée correspondant à un tableau de chaînes de caractères.

d. Méthodes affichant des boîtes de dialogue

Les méthodes **GetOpenFileName**, **GetSaveAsFileName**, **FindFile** et **InputBox** sont décrites dans le chapitre 5 intitulé "Les boîtes de dialogue".

e. Méthodes se rapportant aux actions dans Excel

ExecuteExcel4Macro

Exécute une fonction macro Microsoft Excel 4.0, puis renvoie le résultat de la fonction.

OnKey

Exécute une procédure spécifiée lorsque l'utilisateur appuie sur une touche ou une combinaison de touches.

OnRepeat

Définit la commande de menu **Répéter** et le nom de la procédure exécutée lorsque vous sélectionnez la commande **Répéter** (menu **Edition**) après l'exécution de la procédure qui définit cette propriété.

OnTime

Programme l'exécution d'une procédure à un moment précis.

OnUndo

Définit le texte de la commande de menu **Annuler** et le nom de la procédure exécutée lorsque vous sélectionnez la commande **Annuler** (menu **Edition**) après l'exécution de la procédure qui définit cette propriété.

Quit

Quitte Microsoft Excel.

Repeat

Répète la dernière opération exécutée à partir de l'interface utilisateur.

SaveWorkspace

Enregistre l'espace de travail en cours.

SendKeys

Envoie des touches à l'application active.

Undo

Annule la dernière opération commandée à partir de l'interface utilisateur.

RecordMacro

Enregistre le code si l'enregistreur de macro est activé.

Run

Exécute une procédure ou appelle une fonction.

Wait

Marque une pause dans l'exécution de la macro jusqu'à une heure spécifiée. Renvoie la valeur **Wait** si l'heure spécifiée est atteinte.

f. Méthodes relatives à la messagerie

MailLogon

Se connecte et ouvre une session de messagerie MAPI ou Microsoft Exchange. Si Microsoft Mail n'est pas déjà démarré, vous devez utiliser cette méthode pour établir une session de messagerie afin de permettre l'utilisation de fonctions de distribution de documents ou de messages.

MailLogoff

Ferme une session de messagerie MAPI ouverte par Microsoft Excel.

g. Méthodes relatives au protocole DDE

Ces méthodes (**DDEExecute**, **DDEInitiate**...) sont décrites dans le chapitre 10 "Liens entre applications".

h. Autres méthodes

ActivateMicrosoftApp

Active une application Microsoft. Si celle-ci est déjà en cours d'exécution, cette méthode l'active. Si tel n'est pas le cas, la méthode démarre une nouvelle instance de l'application.

CentimetersToPoints

Convertit des centimètres en points (un point est égal à 0,035 centimètres).

CheckingSpelling

Vérifie l'orthographe d'un mot et renvoie **True** si le mot a été trouvé dans l'un des dictionnaires.

DisplayXMLSourcePane

Ouvre le volet Office XML Source et affiche le mappage XML spécifié par l'argument MappageXml.

Help

Affiche une rubrique d'aide.

InchesToPoints

Convertit une mesure en pouces en une mesure en points.

MacroOptions

Correspond aux options de la boîte de dialogue **Options de macro**.

RegisterXLL

Charge une ressource de code XLL et enregistre automatiquement les fonctions et les commandes contenues dans la ressource.

Volatile

Marque comme volatile une fonction personnalisée. Une fonction volatile doit être recalculée chaque fois qu'un calcul est effectué dans une cellule quelconque de la feuille de calcul.

5. Exemples de codes utilisant l'objet Application

a. Modification de l'interface d'Excel

```
Private Sub Interface()

   With Application
      '   Titre de la fenêtre de l'application
      .Caption = "Application " & .Name _
                 & " Version " & .Version
      '   Texte de la barre d'état
      .StatusBar = "Exemples VBA Excel 2007"
      '   Style de référence L1C1
     .ReferenceStyle = xlR1C1
      '   Agrandit la fenêtre de l'application
      .WindowState = xlMaximized
      '   Modifie la police par défaut
      .StandardFont = "Verdana"
      .StandardFontSize = 11
      '   Masque la barre d'outils Mise en forme
      '   Utilisation de la collection CommandBars
      .CommandBars("Formatting").Visible = False
      '   Affiche la barre d'outils Visual Basic
      .CommandBars("Visual Basic").Visible = True
   End With

End Sub
```

b. Création d'une liste personnalisée

```
Dim i As Integer
Dim NumList As Integer
Dim TabList As Variant

With Application
   '   Sélectionne les colonnes 1, 3 et 5
   .AddCustomList Array("Est", "Nord", "Ouest", "Sud", "Centre")
   '   Copie le contenu de la liste dans un tableau
   NumList = .GetCustomListNum(Array("Est", "Nord", _
   "Ouest",  "Sud", "Centre"))
   TabList = .GetCustomListContents(NumList)
   '   Affiche le contenu de la liste en colonne
   For i = LBound(TabList, 1) To UBound(TabList, 1)
```

.../...

```
.../...
       Cells(i, 1) = TabList(i)
   Next i
End With
```

c. Sélection de colonnes disjointes

```
Dim MultipleRange As Range
'   Crée un objet range comportant les colonnes 1,3 et 5
Set MultipleRange = Application.Union(Cells(1, 1), _
     Cells(1, 3), Cells(1, 5)).EntireColumn
'   Met en gras les cellules et les sélectionne
MultipleRange.Font.Bold = True
MultipleRange.Select
```

d. Évaluation du résultat d'une formule

*Cet exemple permet de **calculer la moyenne et la valeur maximale d'une plage de cellules** contenant des notes. Les notes sont ensuite comparées à ces valeurs afin d'affecter un commentaire à chacune d'elles.*

```
Sub Evaluation()
   Dim dMoy As Double
   Dim dMax As Double
   Dim Notes As Name
   Dim Cellule As Range
   '   Sélection de la plage de cellules nommée Notes
   Set Notes = ThisWorkbook.Names("Notes")
   Notes.RefersToRange.Select
   '   Suppression des commentaires
   Selection.ClearComments
   '   Calcul de la moyenne et de la valeur maxi
   dMoy = Evaluate("Average(notes)")
   dMax = Evaluate("Max(notes)")
   '   Affectation d'un commentaire à chaque note
   For Each Cellule In Selection
       With Cellule
             Select Case .Value
                Case Is = dMax
                   .AddComment "Le meilleur"
                Case Is < dMoy
                   .AddComment "Inférieur à la moyenne"          .../...
```

```
.../...
                    Case Else
                    .AddComment "Supérieure ou égale à la moyenne"
              End Select
        End With
    Next Cellule

End Sub
```

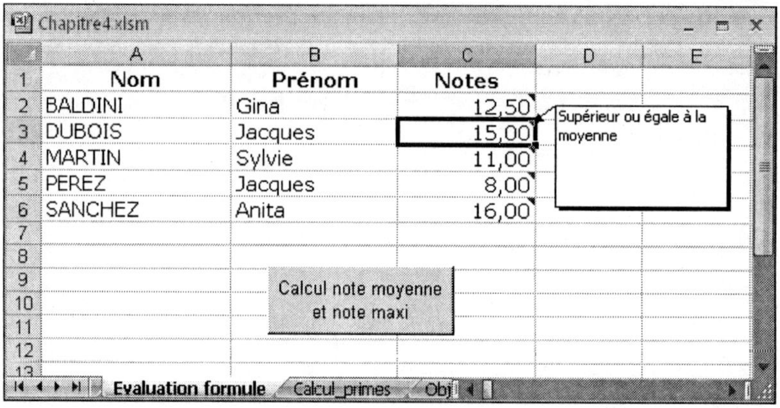

B. L'objet Workbook

Cet objet représente un classeur Microsoft Excel. L'objet Workbook est un membre de la collection **Workbooks**.

Cet objet est renvoyé par les propriétés suivantes de l'objet **Application** :

- Workbooks
- ActiveWorkbook
- ThisWorkbook

Extrait du modèle Objet d'Excel - l'objet Workbook

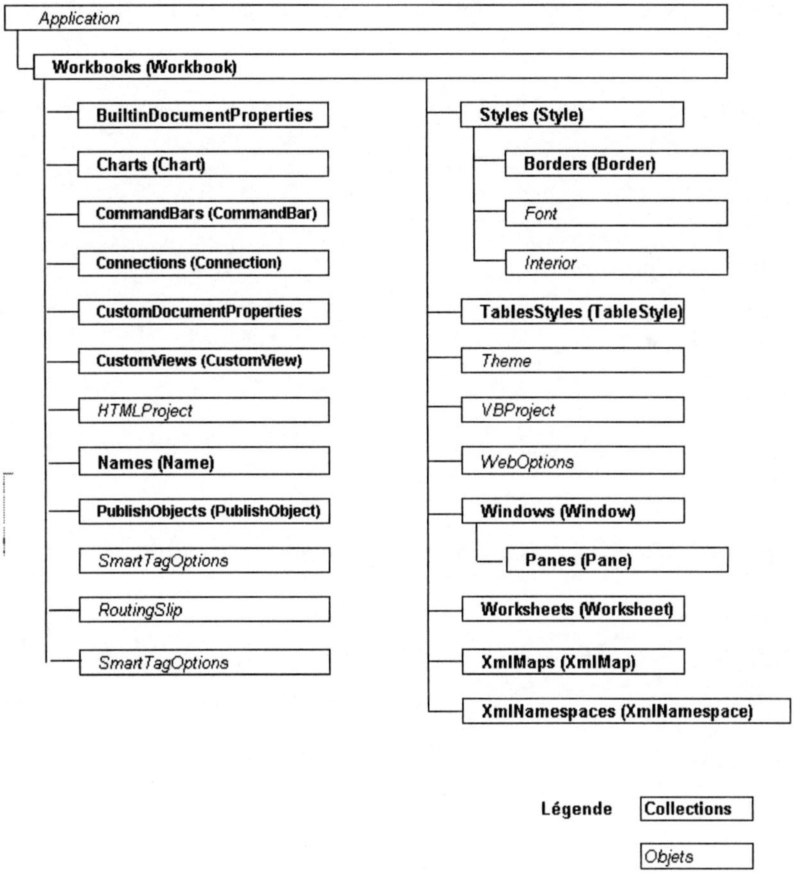

1. Objets et collections

Les objets

SmartTagOptions

Objet représentant les options relatives aux balises actives.

Theme

Objet représentant le thème appliqué au classeur.

VBProject

Objet représentant le projet Visual Basic associé à un classeur.

WebOptions

Options relatives à l'enregistrement ou l'ouverture d'une page Web.

Les collections

BuiltinDocumentProperties

Collection de toutes les propriétés de document (auteur, titre, objet, mots clés...) du classeur.

Charts

Collection de tous les graphiques d'un classeur.

Connections

Collection de toutes les connexions à des sources de données pour le classeur.

CustomDocumentProperties

Collection des propriétés d'un classeur (titre, auteur, commentaires...).

CustomViews

Collection des vues personnalisées d'un classeur.

Names

Collection des plages de cellules nommées d'un classeur.

PublishObjects

Collection des éléments d'un classeur qui ont été enregistrés dans une page Web et pouvant être actualisés.

Styles

Collection des styles d'un classeur.

TableStyles

Collection des différents styles applicables à un tableau.

Windows

Collection de toutes les fenêtres de l'application Excel.

Worksheets

Collection des feuilles de calcul d'un classeur.

XmlMaps

Collection des différents mappages XML d'un classeur. Les mappages sont utilisés pour gérer la relation entre les plages de liste et les éléments d'un schéma XML.

XmlNamespaces

Collection des espaces de noms XML contenus dans le classeur spécifié.

2. Propriétés

a. Propriétés relatives à la mise à jour et l'enregistrement de classeurs

CreateBackup

Booléen. Indique si une copie de sauvegarde est créée lorsque ce fichier est enregistré.

EnableAutoRecover

Booléen. Permet d'activer ou de désactiver l'option **Récupération automatique**.

Saved

Booléen. Indique si le classeur spécifié n'a pas été modifié depuis son dernier enregistrement.

SaveLinkValues

Booléen. Indique si Microsoft Excel enregistre les valeurs des liaisons externes avec le classeur.

UpdateLinks

Constante. Paramètre du classeur pour la mise à jour de liaisons OLE incorporées.

UpdateRemoteReferences

Booléen. Indique si Microsoft Excel met à jour les références hors programme pour le classeur.

b. Propriétés relatives aux classeurs partagés

AutoUpDateFrequency

Entier long. Renvoie ou définit le nombre de minutes séparant deux mises à jour automatiques dans le classeur partagé. Si cette propriété reçoit la valeur 0, la mise à jour n'intervient que lors de l'enregistrement du classeur.

AutoUpDateSaveChanges

Booléen. Indique si les modifications actuelles apportées au classeur partagé sont transmises aux autres utilisateurs dès que le classeur est mis à jour automatiquement.

ChangeHistoryDuration

Entier long. Renvoie ou définit le nombre de jours affichés dans l'historique des modifications du classeur partagé.

ConflictResolution

Constante. Renvoie ou définit la façon dont les conflits sont résolus dès qu'un classeur partagé est mis à jour.

HighlightChangesOnScreen

Booléen. Indique si les modifications dans le classeur en mode partagé sont mises en surbrillance à l'écran.

KeepChangeHistory

Booléen. Indique si le suivi des modifications est activé pour le classeur partagé.

ListChangesOnNewsheet

Booléen. Indique si les modifications dans le classeur partagé s'affichent sur une feuille de calcul distincte.

MultiUserEditing

Booléen. Indique si le classeur est ouvert en tant que liste partagée.

RevisionNumber

Entier long. Renvoie le nombre de fois où le classeur a été enregistré pendant qu'il était ouvert en tant que liste partagée.

ShowConflictHistory

Booléen. Indique si la feuille de calcul **Historique des conflits** est visible dans le classeur ouvert en tant que liste partagée.

UserStatus

Variant. Renvoie un tableau à deux dimensions indexé à partir de 1, qui fournit des informations sur chaque utilisateur ayant ouvert le classeur en tant que liste partagée.

HasPassword

Booléen. Indique si le classeur est protégé par un mot de passe.

Password

Chaîne de caractères. Renvoie ou définit le mot de passe qui doit être fourni pour ouvrir le classeur.

PasswordEncryptionAlgorithm

Chaîne de caractères. Renvoie l'algorithme que Microsoft Excel utilise pour chiffrer les mots de passe du classeur.

PasswordEncryptionProvider

Chaîne de caractères. Renvoie le nom du fournisseur de l'algorithme que Microsoft Excel utilise pour chiffrer les mots de passe du classeur.

PasswordEncryptionKeyLength

Entier long. Longueur de la clé de l'algorithme que Microsoft Excel utilise lors du chiffrement des mots de passe pour le classeur.

PasswordEncryptionFileProperties

Booléen. Indique si Microsoft Excel chiffre les propriétés de fichier du classeur.

ProtectStructure

Booléen. Indique si l'ordre des feuilles de calcul dans le classeur est protégé.

ProtectWindows

Booléen. Indique si les fenêtres du classeur sont protégées.

ReadOnly

Booléen. Indique si le classeur a été ouvert en lecture seule.

ReadOnlyRecommanded

Booléen. Indique si le classeur a été enregistré en lecture seule recommandée.

RemovePersonalInformation

Booléen. Indique si des informations personnelles peuvent être supprimées du classeur.

VBASigned

Booléen. Indique si le projet VBA du classeur a été signé numériquement.

WritePassword

Chaîne de caractères. Renvoie ou définit le mot de passe en écriture pour le classeur.

WriteReserved

Booléen. Indique si le classeur est protégé en écriture.

WriteReservedBy

Chaîne de caractères. Indique le nom de l'utilisateur qui a actuellement l'autorisation d'écriture sur le classeur.

c. Autres propriétés

Colors

Variant. Renvoie ou définit les couleurs dans la palette du classeur. La palette comporte 56 entrées, chacune représentée par une valeur RGB.

Date1904

Booléen. Indique si le classeur utilise le calendrier depuis 1904.

DefaultPivotTableStyle

Variant. Spécifie le style de tableau de la collection **TableStyles** qui est utilisé comme style par défaut pour les tableaux croisés dynamiques.

DefaultTableStyle

Variant. Spécifie le style de tableau de la collection **TableStyles** qui est utilisé par défaut.

DisplayDrawingObjects

Constante. Renvoie ou définit la manière dont les formes sont affichées.

EnvelopeVisible

Booléen. Indique si l'en-tête de composition de message électronique et la barre d'outils d'enveloppe sont visibles.

FullNameURLEncoded

Chaîne de caractères. Nom du classeur, incluant son chemin sur le disque.

HasVBProject

Booléen. Indique si un classeur contient du code VBA. Cette propriété est surtout utile pour déterminer si un classeur doit être enregistré dans un format acceptant les macros.

IsAddin

Booléen. Indique si le classeur s'exécute comme une macro complémentaire.

PrecisionAsDisplayed

Booléen. Indisque si les calculs dans ce classeur sont réalisés en utilisant uniquement la précision des nombres tels qu'ils sont affichés.

ShowPivotChartActiveFields

Booléen. Indique ou définit si le volet de filtre de graphique croisé dynamique est visible.

ShowPivotTableFieldList

Booléen. Indique si la liste de champs de tableau croisé dynamique peut être affichée.

TemplateRemoveExtData

Booléen. Indique si les références de données externes sont supprimées quand le classeur est enregistré en tant que modèle.

3. Liste des méthodes

a. Méthodes agissant directement sur les classeurs

AddToFavorites

Ajoute le classeur spécifié à la liste des favoris de la barre d'outils Web.

ApplyTheme

Applique le thème spécifié au classeur.

Close

Ferme le classeur spécifié.

DeleteNumberFormat

Supprime du classeur un format numérique personnalisé.

ExportAsFixedFormat

Permet de publier un classeur au format PDF ou XPS.

MergeWorkbook

Fusionne, dans un classeur ouvert, les modifications effectuées dans un autre classeur.

NewWindows

Crée une copie de la fenêtre spécifiée.

OpenDatabase

Ouvre une base de données et affiche les informations dans un nouveau classeur. Renvoie un objet **Workbook**.

Post

Envoie le classeur spécifié dans un dossier public. Cette méthode ne fonctionne qu'avec un client Microsoft Exchange connecté à un serveur Microsoft Exchange.

PrintOut

Imprime le classeur spécifié.

PrintPreview

Affiche l'aperçu avant impression du classeur spécifié.

PurgeChangeHistoryNow

Supprime des entrées du journal de suivi des modifications du classeur spécifié.

RefreshAll

Actualise toutes les plages de données externes et les rapports de tableaux croisés dynamiques du classeur spécifié.

Route

Route le classeur à l'aide du bordereau de routage en cours du classeur.

Save

Enregistre les modifications apportées au classeur spécifié.

SaveAs

Enregistre le classeur spécifié dans un autre fichier (équivaut à l'option **Enregistrer sous** du menu **Fichier**).

SaveAsCopy

Enregistre une copie du classeur dans un fichier sans modifier le classeur ouvert en mémoire.

UpdateFromFile

Met à jour un classeur en lecture seule à partir de la version du classeur enregistrée sur disque, si cette version est plus récente que la copie du classeur chargée en mémoire. Si la copie du disque n'a pas été modifiée depuis que le classeur a été chargé en mémoire, la copie du classeur résidant en mémoire n'est pas rechargée.

b. Méthodes relatives à la sécurité

ChangeFileAccess

Modifie les autorisations d'accès au classeur ce qui peut impliquer la nécessité de charger, à partir du disque, une version mise à jour.

LockServerFile

Verrouille le classeur sur le serveur pour en empêcher la modification.

Protect

Protège le classeur spécifié de sorte qu'il ne puisse pas être modifié.

ProtectSharing

Enregistre le classeur et le protège contre le partage.

UnProtect

Supprime la protection du classeur spécifié...

UnprotectSharing

Désactive la protection contre le partage et enregistre le classeur.

c. Méthodes relatives aux classeurs partagés

AcceptAllChanges

Accepte toutes les modifications apportées au classeur partagé spécifié.

CanCheckIn

Renvoie un booléen indiquant si Excel peut extraire un classeur spécifié à partir d'un serveur.

ExclusiveAccess

Attribue à l'utilisateur actuel un accès exclusif au classeur ouvert en tant que liste partagée.

HighlightChangesOptions

Permet d'agir sur l'affichage des modifications effectuées dans un classeur en mode partagé.

RejectAllChanges

Interdit toutes les modifications apportées au classeur partagé spécifié.

RemoveUser

Déconnecte l'utilisateur spécifié du classeur partagé.

d. Méthodes se rapportant aux données liées

BreakLink

Convertit des formules liées à d'autres sources Microsoft Excel ou sources OLE en valeurs.

ChangeLink

Modifie une liaison entre deux documents.

EnableConnections

Permet d'activer les connexions de données au sein du classeur.

FollowHyperlink

Affiche un document mis en mémoire cache, s'il a déjà été téléchargé. Sinon, cette méthode résout le lien hypertexte, télécharge le document cible et affiche le document dans l'application appropriée.

LinkInfo

Renvoie la date de liaison et l'état de mise à jour.

LinkSources

Renvoie un tableau de liaisons dans le classeur. Les noms qui figurent dans le tableau sont les noms des documents liés, des éditions ou des serveurs DDE ou OLE. Cette méthode renvoie la valeur **Empty** s'il n'existe aucune liaison.

OpenLinks

Ouvre les documents sources d'une ou plusieurs liaisons.

OpenXml

Ouvre un fichier XML dans un nouveau classeur. Renvoie un objet **Workbook**.

ReloadAs

Recharge un classeur en fonction d'un document HTML, à l'aide du type d'encodage de document spécifié.

SetLinkOnDate

Définit le nom d'une procédure exécutée à chaque mise à jour d'un lien DDE.

UpdateLink

Met à jour une ou plusieurs liaisons Microsoft Excel, DDE ou OLE.

WebPagePreview

Affiche un aperçu du classeur spécifié, tel qu'il s'afficherait s'il était enregistré sous la forme d'une page Web.

e. Méthodes relatives à l'envoi de classeur

SendFaxOverInternet

Envoie une feuille de calcul sous forme de télécopie aux destinataires spécifiés.

SendMail

Envoie un message électronique contenant le classeur spécifié.

SendForReview

Envoie un message électronique contenant le classeur à réviser aux destinataires spécifiés.

EndReview

Termine la révision d'un fichier qui a été envoyé dans ce but à l'aide de la méthode **SendForReview**.

ReplyWithChanges

Envoie un message électronique à l'auteur d'un classeur envoyé pour être révisé, lui notifiant que la révision du classeur a été effectuée.

f. Autres méthodes

Les méthodes relatives aux imports et export de fichiers au format XML (SaveAsXMLData, XmlImport...) sont décrites dans le chapitre 11.

4. Exemples de codes utilisant l'objet Workbook

Pour tester ces exemples, vous devez créer un répertoire c:\Ventes contenant la base exemple d'Access Comptoir.mdb.

a. Création d'un classeur Excel

L'exemple ci-après permet de :

- Fermer tous les classeurs ouverts sauf le classeur actif.
- Créer un nouveau classeur.
- Protéger le classeur par des mots de passe.
- Ajouter le classeur à la liste des Favoris.
- Enregistrer le classeur et le fermer.

```
Private Sub NouveauClasseur()
Dim Classeur As Workbook
Dim i As Integer
Dim j As Integer

'   Fermeture des classeurs (sauf le classeur actif)
'   en enregistrant les modifications

For Each Classeur In Workbooks
    If Classeur.Name <> ThisWorkbook.Name Then
       Classeur.Close True
    End If
Next Classeur

'   Création d'un nouveau classeur
Set Classeur = Application.Workbooks.Add
With Classeur
                                                    .../...
```

```
.../...
'   Protège le classeur par des mots de passe
    .Password = "Ventes"
    .WritePassword = "W_Ventes"
'   Enregistre le classeur
    .SaveAs "C:\Ventes\Ventes par région"
'   Ajoute le classeur aux favoris de la barre de menu Web
    .AddToFavorites
'   Ferme le classeur
    .Close
End With

End Sub
```

b. Import d'une base de données et export au format HTML

L'exemple suivant montre comment :

- Ouvrir la table Clients du fichier "Northwind 2007.accdb" dans un nouveau classeur,
- Exporter ces informations dans un fichier HTML,
- Ouvrir le fichier HTML.

```
Sub CreeHTMLFile()
Dim Classeur As Workbook

'   Import de la table Clients de la base Access Northwind 2007
'   dans un nouveau classeur
Set Classeur = Workbooks.OpenDatabase _
          (Filename:=ThisWorkbook.Path & "\Northwind 2007.accdb", _
          CommandText:="SELECT * FROM CLIENTS")
'   Export des clients dans un fichier Html
ActiveWorkbook.SaveAs Filename:=ThisWorkbook.Path & "\Clients.htm", _
FileFormat :=xlHtml, ReadOnlyRecommended:=False, CreateBackup:=False
 '   Ouverture du fichier Html
Workbooks.Open Filename:=ThisWorkbook.Path & "\Clients.htm"
End Sub
```

c. Affichage des propriétés d'un classeur

Cet exemple permet d'afficher les noms et valeurs des différentes propriétés du classeur. Certaines de ces propriétés sont accessibles en cliquant sur le bouton **Microsoft Office**, puis en sélectionnant **Préparer**, puis **Propriétés**.

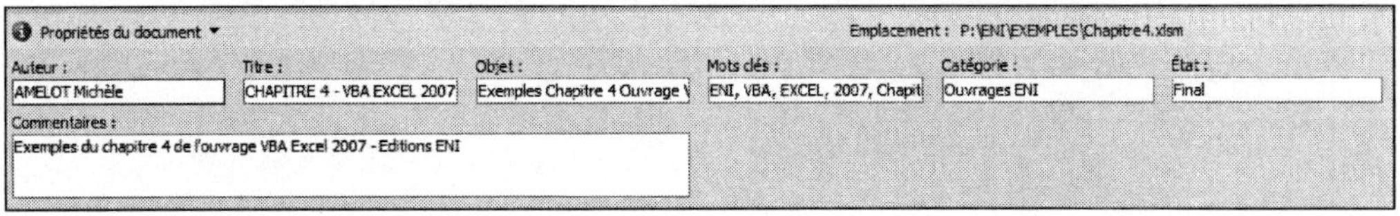


```
Sub Proprietes()
   Dim i As Integer
   Dim m_ObjProp As Object
   '   Affichage de la liste des propriétés du classeur
   i = 1
   For Each m_ObjProp In ThisWorkbook.BuiltinDocumentProperties
      On Error Resume Next
      ActiveSheet.Cells(i, 2) = m_ObjProp.Value
      ActiveSheet.Cells(i, 1) = m_ObjProp.Name
      i = i + 1
   Next
End Sub
```

d. Export du classeur au format pdf

Pour exécuter ce code, vous devez auparavant exécuter le programme d'installation du complément Excel SaveAsPDFandXPS.exe (ce programme est livré avec les exemples).

```
Sub Export_Pdf()
   '   Exporte le fichier au format Pdf et l'ouvre dans Acrobat Reader
   ThisWorkbook.ExportAsFixedFormat Type:=xlTypePDF, _
                              Filename:="Chapitre4", _
                              IncludeDocProperties:=True, _
                              OpenAfterPublish:=True
End Sub
```

C. L'objet Worksheet

Cet objet représente une feuille de calcul Excel. L'objet **Worksheet** est un membre de la collection **WorkSheets** de l'objet **Workbook.**

Cet objet est renvoyé par les propriétés suivantes de l'objet **Application** :

- Worksheets
- ActiveSheet

1. Liste des objets et collections

Extrait du modèle Objet d'Excel - L'objet Worksheet

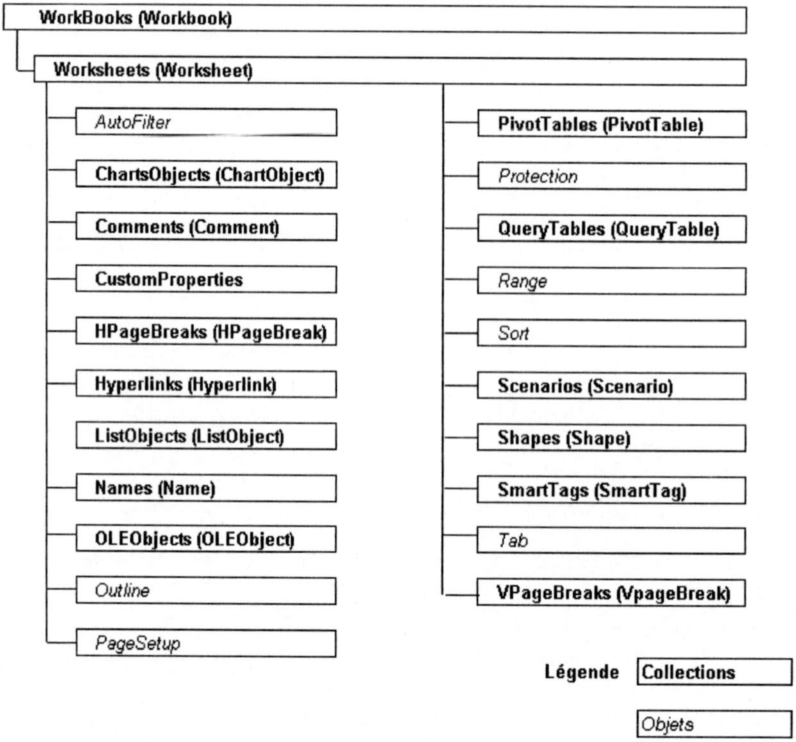

2. Objets et collections

Les objets

AutoFilter

Objet représentant le filtre automatique de la feuille de calcul spécifiée.

Cells

Objet **Range** représentant toutes les cellules contenues dans la feuille de calcul spécifiée.

OutLine

Objet représentant le plan de la feuille de calcul spécifiée.

PageSetup

Objet représentant les options de mise en page de la feuille de calcul spécifiée.

Protection

Objet représentant les options de protection pour la feuille de calcul spécifiée. Ces options sont accessibles depuis Excel à partir du menu **Outils - Protection - Protéger la feuille**.

Range

Objet représentant une cellule ou une plage de cellules (une ligne, une colonne...).

Sort

Objet représentant le tri d'une plage de données.

Tab

Objet représentant l'onglet de la feuille de calcul spécifiée.

Les collections

ChartObjects

Collection de tous les graphiques incorporés dans la feuille de calcul spécifiée.

Comments

Collection de tous les commentaires de cellule de la feuille de calcul spécifiée.

CustomProperties

Collection d'objets **CustomProperty** représentant les informations supplémentaires (métadonnées pour XML ou balises actives).

HPageBreaks

Collection des sauts de page horizontaux au sein de la zone d'impression de la feuille spécifiée.

Hyperlinks

Collection des liens hypertextes de la feuille de calcul spécifiée.

ListObjects

Collection de toutes les listes de la feuille de calcul spécifiée.

Names

Collection des plages de cellules nommées de la feuille de calcul spécifiée.

OLEObjects

Collection des objets ActiveX et des objets OLE liés ou incorporés de la feuille de calcul spécifiée.

PivotTables

Collection des rapports de tableau croisé dynamique de la feuille de calcul spécifiée.

QueryTables

Collection des tableaux de feuille de calcul établis à partir de données renvoyées d'une source de données externe.

Scenarios

Collection de tous les scénarios de la feuille de calcul spécifiée.

SmartTags

Collection des balises actives associées aux cellules de la feuille de calcul.

VPageBreaks

Collection des sauts de page verticaux au sein de la zone d'impression de la feuille spécifiée.

3. Propriétés

AutoFilterMode

Booléen. Indique si les flèches du menu déroulant du filtre automatique sont actuellement affichées dans la feuille de calcul spécifiée.

ConsolidationFunction

Constante (**xlMax**, **xlMin**, **xlSum**...). Renvoie la fonction utilisée pour la consolidation en cours.

ConsolidationOptions

Tableau de booléens représentant les options relatives à la consolidation (étiquettes dans la ligne du haut, étiquettes dans la colonne de gauche, liaisons vers les données sources).

ConsolidationSources

Tableau de chaînes de caractères contenant les noms des feuilles sources pour la consolidation en cours de la feuille de calcul spécifiée.

DisplayPageBreaks

Booléen. Indique si les sauts de page (automatiques et manuels) de la feuille spécifiée sont affichés.

DisplayRightToLeft

Booléen. Correspond à l'option **Afficher la feuille active de droite à gauche** de la boîte de dialogue **Outils - Options** - onglet **International**.

EnabledAutofilter

Booléen. Indique si les flèches du Filtre Automatique sont activées lorsque la protection Interface utilisateur seulement est activée.

EnableCalculation

Booléen. Indique si Excel recalcule automatiquement la feuille de calcul quand cela est nécessaire.

EnableFormatConditionsCalculation

Booléen. Renvoie ou définit si les formats conditionnels seront appliqués automatiquement si nécessaire.

EnableOutLining

Booléen. Indique si les symboles du plan sont activés lorsque la protection Interface utilisateur seulement est activée.

EnablePivotTable

Booléen. Indique si les contrôles et les actions du tableau croisé dynamique sont activés lorsque la protection Interface utilisateur seulement est activée.

EnableSelection

Constante. Renvoie ou définit les éléments qui peuvent être sélectionnés dans la feuille (xlNoRestrictions, xlNoSelection, xlUnlockedCells).

FilterMode

Booléen. Indique si un filtre est appliqué sur la feuille spécifiée.

MailEnvelope

Représente l'en-tête de message électronique pour la feuille spécifiée.

Name

Chaîne de caractères contenant le nom de la feuille de calcul.

ProtectContents

Booléen. Indique si le contenu de la feuille spécifiée est protégé.

ProtectDrawingObjects

Booléen. Indique si les formes sont protégées.

ProtectionMode

Booléen. Indique si la protection Interface utilisateur seulement est activée.

ProtectScenarios

Booléen. Indique si les scénarios de feuille de calcul sont protégés.

ScrollArea

Chaîne de caractères. Renvoie ou définit la zone de défilement (plage) de la feuille de calcul spécifiée.

StandardHeight

Réel double. Renvoie la hauteur standard (valeur par défaut) de toutes les lignes de la feuille de calcul spécifiée.

StandardWidth

Réel double. Renvoie la largeur standard (valeur par défaut) de toutes les lignes de la feuille de calcul spécifiée.

Type

Constante. Renvoie ou définit le type de la feuille de calcul spécifiée (xlChart, xlDialogSheet...).

Visible

Booléen. Indique si la feuille de calcul spécifiée est visible.

4. Méthodes

Activate

Active la feuille de calcul spécifiée. Cette méthode équivaut à cliquer sur l'onglet de la feuille.

Calculate

Provoque le calcul des cellules de la feuille de calcul spécifiée.

CheckSpelling

Lance la vérification orthographique de la feuille de calcul spécifiée (équivaut à l'option **Orthographe** du menu **Outils**).

CircleInvalid

Encercle les entrées incorrectes dans la feuille de calcul spécifiée.

ClearArrows

Efface les flèches d'audit de la feuille de calcul spécifiée.

ClearCircles

Supprime les cercles des entrées incorrectes de la feuille de calcul.

Copy

Effectue une copie de la feuille de calcul spécifiée à un endroit donné (avant ou après l'une des feuilles du classeur).

Delete

Supprime la feuille de calcul spécifiée.

Evaluate

Calcule l'expression passée en argument et renvoie le résultat. L'expression doit correspondre à une formule de calcul en anglais.

ExportAsFixedFormat

Permet de publier une feuille de calcul au format PDF ou XPS.

Move

Déplace la feuille de calcul spécifiée à un endroit donné (avant ou après l'une des feuilles du classeur).

Paste

Colle le contenu du Presse-papiers dans la feuille de calcul spécifiée.

PasteSpecial

Colle le contenu du Presse-papiers dans la feuille de calcul spécifiée en respectant le format spécifié (collage spécial).

PrintOut

Imprime la feuille de calcul spécifiée.

PrintPreview

Affiche l'aperçu avant impression de la feuille de calcul spécifiée.

Protect

Protège la feuille de calcul spécifiée.

ResetAllPageBreaks

Redéfinit tous les sauts de page de la feuille de calcul spécifiée.

SaveAs

Enregistre la feuille de calcul dans un nouveau classeur.

Select

Sélectionne la feuille de calcul.

SetBackgroundPicture

Définit le graphique de l'arrière-plan de la feuille de calcul spécifiée.

ShowAllData

Affiche toutes les lignes de la liste actuellement filtrée.

ShowDataForm

Affiche les données de la feuille de calcul spécifiée sous forme de formulaire (correspond à l'option **Formulaire** du menu **Données**).

UnProtect

Désactive la protection de la feuille de calcul spécifiée.

Les méthodes relatives au mappage des données au format XML (**XmlDataQuery, XmlMapQuery**...) sont décrites dans le chapitre 11.

5. Exemples de codes utilisant l'objet Worksheet

a. Tri des feuilles de calcul d'un classeur

L'exemple ci-après permet de :

- *Trier les feuilles d'un classeur,*
- *Modifier la couleur des onglets de chacune des feuilles.*

```
Sub OrganiseFeuilles()
   Dim Feuille As Worksheet
   Dim i As Integer

   '   Tri des feuilles du classeur actif
   TriFeuilles ActiveWorkbook

   '   Parcours des feuilles de calcul
   For i = 1 To ActiveWorkbook.Worksheets.Count
       Set Feuille = ActiveWorkbook.Worksheets(i)
       With Feuille
           '   Modification de la couleur de l'onglet
           .Tab.Color = vbRed
       End With
   Next i

   End Sub

   Private Sub TriFeuilles(Classeur1 As Workbook)
   Dim i As Integer
   Dim j As Integer
   '   Procédure permettant de trier les feuilles de calcul
   '   d'un classeur par ordre alphabétique
   With Classeur1
       For i = 1 To .Worksheets.Count
           For j = 1 To i - 1
               If .Worksheets(i).Name < .Worksheets(j).Name Then
                   .Worksheets(i).Move before:=.Worksheets(j)
               End If
           Next j
       Next i
   End With

End Sub
```

b. Protection des feuilles de calcul d'un classeur

L'exemple suivant permet de protéger les feuilles de calcul d'un classeur en précisant les autorisations suivantes : mise en forme des cellules, ajout de colonnes et de lignes, tri et filtre automatique. Les autres opérations (suppression de lignes, suppression de colonnes, modification des scénarios...) sont interdites.

```
Sub ProtegeFeuilles()
   Dim shtCurrent As Worksheet

   For Each shtCurrent In ActiveWorkbook.Worksheets
        shtCurrent.Protect Password:="MotdePasse", _
          contents:=True, AllowFormattingCells:=True, _
          AllowInsertingColumns:=True, AllowInsertingRows:=True, _
          AllowSorting:=True, AllowFiltering:=True
   Next shtCurrent

End Sub
```

c. Tri d'un tableau

L'exemple suivant permet de trier un tableau sur trois colonnes : ville, nom et prénom.

```
Sub Tri_Clients()

    '   Trie le tableau des clients par ville, nom et prénom
    Application.Goto Reference:="Clients"
    With ActiveWorkbook.Worksheets("Clients").Sort
         .SortFields.Clear
         .SortFields.Add Key:=Range("C2:C30"), SortOn:=xlSortOnValues, _
          Order:=xlAscending, DataOption:=xlSortNormal
         .SortFields.Add Key:=Range("B2:B30"), SortOn:=xlSortOnValues, _
          Order:=xlAscending, DataOption:=xlSortNormal
         .SortFields.Add Key:=Range("D2:D30"), SortOn:=xlSortOnValues, _
          Order:=xlAscending, DataOption:=xlSortNormal
          .SetRange Range("A1:G30")
          .Header = xlYes
          .MatchCase = False
          .Orientation = xlTopToBottom
          .Apply
    End With
End Sub
```

D. L'objet Range

L'objet Range représente une plage de cellules pouvant être constituée :

- d'une cellule,
- d'une ligne,
- d'une colonne,
- d'une plage de cellules contiguës,
- d'une plage de cellules disjointes,
- d'une plage 3D.

1. Propriétés et méthodes renvoyant un objet Range

Propriétés renvoyant un objet Range

Propriété	Objet conteneur	Objet renvoyé
ActiveCell	Application Window	Objet Range représentant la **première cellule** active de la fenêtre active ou spécifiée.
Areas	Range	Collection qui englobe **toutes les plages** dans une sélection multiple.
Cells	Application Range WorkSheet	Objet Range représentant **une cellule ou une collection de cellules** : - de la feuille active si l'objet conteneur est Application - de la plage spécifiée si l'objet conteneur est Range - de la feuille de calcul spécifiée si l'objet conteneur est Worksheet.

Propriété	Objet conteneur	Objet renvoyé
Columns	Application Range WorkSheet	Objet Range représentant **toutes les colon- nes** : - de la feuille active si l'objet conteneur est Application - de la plage spécifiée si l'objet conteneur est Range - de la feuille spécifiée si l'objet conteneur est Worksheet.
CurrentRegion	Range	Objet Range représentant l'objet Range spécifié, limité par toute combinaison de lignes et de colonnes vides.
EntireColumn		Objet Range représentant **une ou plusieurs colonnes entières** de la plage spécifiée.
EntireRow		Objet Range représentant **une ou plusieurs lignes entières** de la plage spécifiée.
End	Range	Objet Range représentant **la cellule située à la fin de la zone** de plage spécifiée. Elle correspond aux combinaisons de touches [Fin][Flèche en haut], [Fin][Flèche en bas], [Fin][Flèche à gauche] ou [Fin][Flèche à droite].
Offset	Range	Objet Range spécifié décalé d'une ou plusieurs lignes ou colonnes.
Range	Application Worksheet Range	Objet Range représentant **une plage de cellules** : - de la feuille active si l'objet conteneur est Application - de la plage spécifiée si l'objet conteneur est Range - de la feuille spécifiée si l'objet conteneur est Worksheet.

Propriété	Objet conteneur	Objet renvoyé
Rows	Application Range WorkSheet	Objet Range représentant **toutes les lignes** : - de la feuille active si l'objet conteneur est Application - de la plage spécifiée si l'objet conteneur est Range - de la feuille spécifiée si l'objet conteneur est Worksheet.
UsedRange	Worksheet	Objet Range représentant la plage utilisée dans sa totalité pour la feuille de calcul spécifiée.

Méthodes renvoyant un objet Range

Méthode	Objet conteneur	Objet renvoyé
Intersect	Application	Objet Range représentant **l'intersection** rectangulaire de plusieurs plages.
Union	Application	Objet Range représentant **l'union** de plusieurs plages contiguës ou disjointes.

2. Syntaxes des propriétés renvoyant un objet Range

Cells

```
Objet.Cells ([RowIndex],[ColumnIndex])
```

`RowIndex` numéro de ligne de la cellule

`ColumnIndex` numéro de colonne de la cellule

Si aucun argument n'est précisé, Cells renvoie la collection de cellules de la plage spécifiée.

Exemple

L'exemple suivant permet de modifier le contenu et la couleur de cellules.

```
Sub RemplitFeuille()
   Dim Cell As Range

   '   Modifie le contenu de la cellule B1 de la feuille active
   Application.Cells(1, 2) = "Janvier"
   '   Modifie le contenu de la cellule B2 de la feuille active
   ActiveSheet.Range("A1:G10").Cells(2, 2) = "Février"
   '   Modifie le contenu de la cellule B3 de la feuille active
   ActiveSheet.Cells(3, 2) = "Mars"
   '   Modifie la couleur des cellules C1, C2, D1, D2
   For Each Cell In Range("C1:D2")
         Cell.Interior.Color = vbRed
   Next Cell
End Sub
```

Range

`Objet.Range  (Cell1,[Cell2])`

Où `Cell1` et `Cell2` peuvent être :

– une cellule (ex :"A1")

– une plage de cellules (ex : "A1:B7")

– un nom de cellule (ex : "Totaux")

Si `Cell2` est spécifié, `Range` renvoie une plage de cellules contiguë incluant les deux plages spécifiées.

Exemple

L'exemple ci-dessous permet de créer le tableau suivant dans une feuille de calcul.

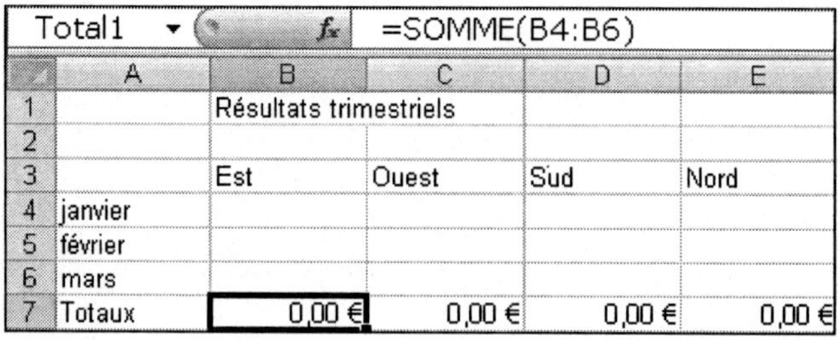

Total1 =SOMME(B4:B6)

	A	B	C	D	E
1		Résultats trimestriels			
2					
3		Est	Ouest	Sud	Nord
4	janvier				
5	février				
6	mars				
7	Totaux	0,00 €	0,00 €	0,00 €	0,00 €

```
Sub FeuilleResult()
   Dim i As Integer
   Dim Regions

   With Application.ActiveSheet
      .Range("B1").Value = "Résultats trimestriels"

      '   Mois en colonne
      For i = 1 To 3
         .Range("A" & i + 3).Value = _
         Format((DateValue("01/" & i & "/01")), "MMMM")
      Next i

      '   Régions en ligne
      Range("B3:E3").Value = Array("Est", "Ouest", "Sud", "Nord")
      '   Format des cellules
      Range("B4:E7").NumberFormat = "# ##0.00 €"
      Range("A7").Value = "Totaux"

      '   Nomme les cellules contenant les totaux
      '   Affecte une formule aux cellules nommées
      Range("B7").Name = "Total1"
      Range("Total1").Formula = "=SUM(B4:B6)"
      Range("C7").Name = "Total2"
      Range("Total2").Formula = "=SUM(C4:C6)"
      Range("D7").Name = "Total3"
      Range("Total3").Formula = "=SUM(D4:D6)"
      Range("E7").Name = "Total4"
      Range("Total4").Formula = "=SUM(E4:E6)"
   End With

End Sub
```

OffSet

`Objet.OffSet ([rowOffset],[columnOffset])`

`rowOffset`	Nombre de lignes de décalage.
`colOffset`	Nombre de colonnes de décalage.

`colOffset` et `rowOffset` peuvent contenir des valeurs négatives.

Exemple

L'exemple suivant renvoie l'adresse de la plage après décalage de lignes et colonnes.

```
Sub RenvoieOffset()

   With Range("B5:C7")
      '   Décalage d'une ligne vers le haut
      '   Renvoie $A$5:$B$7
      MsgBox .Offset(0, -1).Address
      '   Décalage de 2 colonnes vers la droite
      '   Renvoie $B$7:$C$9
      MsgBox .Offset(2, 0).Address
   End With

End Sub
```

Areas

`Objet.Areas ([Index])`

`Index`	Numéro de la plage au sein des différentes plages de l'objet.

Si aucun argument n'est précisé, `Areas` renvoie la collection des plages spécifiées.

Exemple

L'exemple suivant permet :

- *de créer une zone constituée de plusieurs plages de cellules disjointes,*
- *de remplir la première plage à partir d'un tableau,*
- *de mettre en gras la police pour toutes les plages.*

```
Sub PlusieursPlages()
   Dim ZoneTot As Range
   Dim i As Integer

   '   Union de plusieurs plages disjointes
   Set ZoneTot = Union(Range("B3:E3"), Range("B1:B5"),  _
         Range("J2:F6"))

   With ZoneTot
   '   Première plage remplie à partir d'un tableau
      .Areas(1).Value = Array("Est", "Ouest", "Sud", "Nord")
   '   Mise en gras de caractères de toutes les plages
      For i = 1 To 3
          .Areas(i).Font.Bold = True
      Next i
      .Select
   End With

End Sub
```

3. Liste des objets et collections

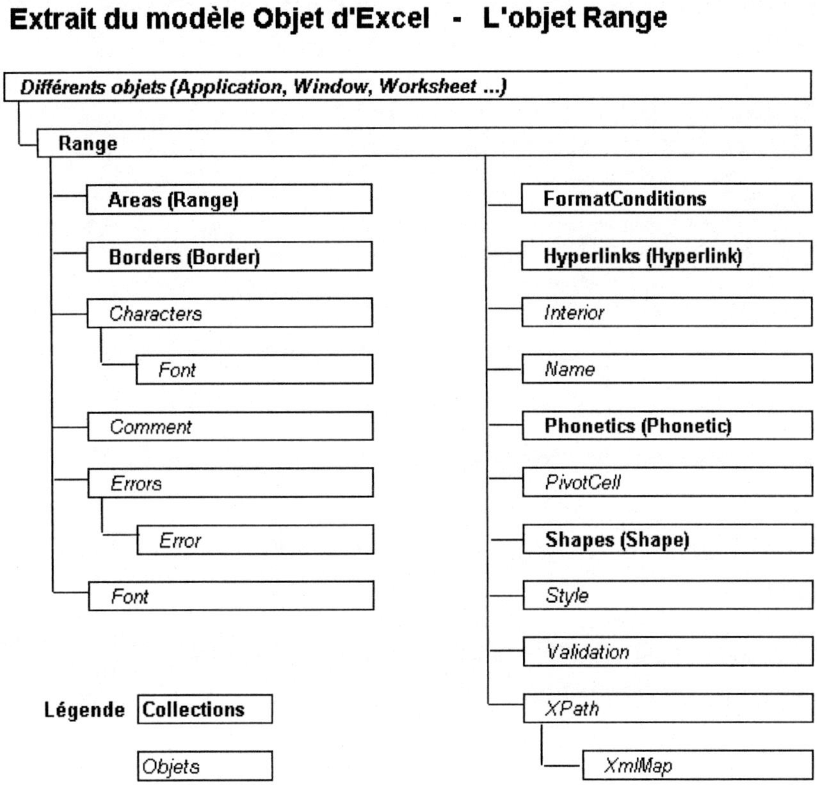

Les objets

Characters

Objet représentant les caractères du texte de la cellule spécifiée.

Comment

Objet représentant le commentaire associé à la cellule.

Errors

Objets représentant les erreurs de la plage spécifiée.

Font

Objet contenant les attributs de police (nom, taille, couleur, etc.) de la plage spécifiée.

Interior

Objet représentant l'intérieur des cellules de la plage spécifiée.

PivotCell

Objet représentant une cellule dans un rapport de tableau croisé dynamique.

Validation

Objet représentant la validation de données appliquée à la plage spécifiée.

XPath

Objet représentant un XPath (chemin XML) mappé dans la plage de cellules spécifiée.

Les collections

Areas

Collection de toutes les plages dans une sélection de plusieurs zones.

Borders

Collection de toutes les bordures de la plage de cellules spécifiée.

FormatConditions

Collection des mises en forme conditionnelles de la plage spécifiée.

HyperLinks

Collection des liens hypertextes de la plage spécifiée.

Phonetics

Collection d'objets contenant des informations à propos d'une chaîne de texte phonétique spécifique contenue dans une cellule.

QueryTables

Collection d'objets représentant les tableaux de feuille de calcul établis à partir de données renvoyées d'une Source de données externes.

SmartTags

Collection d'objets représentant les identificateurs (balises actives) assignés à chaque cellule de la plage spécifiée.

4. Propriétés

a. Propriétés se rapportant à la position et au format des cellules

AllowEdit

True si la plage peut être modifiée dans une feuille de calcul protégée.

AddressLocal

Renvoie la référence de la plage spécifiée en langage utilisateur.

Address

Renvoie la référence de la plage en langage macro.

Column

Renvoie le numéro de la première colonne de la première zone de la plage spécifiée.

ColumnWidth

Renvoie ou définit la largeur de toutes les colonnes de la plage spécifiée.

HorizontalAlignment

Constante. Définit ou renvoie le type d'alignement vertical.

IndentLevel

Renvoie ou définit le niveau de retrait effectif.

Row

Renvoie le numéro de la première ligne de la première zone de la plage.

RowHeight

Renvoie la hauteur, mesurée en points, de toutes les lignes de la plage spécifiée.

UseStandardHeight

True si la hauteur de ligne de l'objet **Range** est égale à la hauteur standard de la feuille.

UseStandardWidth

True si la largeur de colonne de l'objet **Range** est égale à la largeur standard de la feuille.

VerticalAlignment

Constante. Définit ou renvoie le type d'alignement vertical.

b. Propriétés se rapportant au contenu des cellules et aux formules

CountLarge

Détermine la valeur maximale dans la plage.

Formula

Renvoie ou définit la formule dans le style de référence A1.

FormulaLocal

Renvoie ou définit la formule de l'objet en utilisant les références du style A1 dans le langage de l'utilisateur.

FormulaR1C1

Renvoie ou définit la formule en utilisant les notations de style R1C1.

FormulaR1C1Local

Renvoie ou définit la formule en utilisant les notations de style R1C1 dans le langage de l'utilisateur.

PrefixCharacter

Renvoie le caractère préfixe de la cellule.

Text

Valeur de la cellule spécifiée avec le format spécifié (contenu visible de la cellule).

Value

Valeur de la cellule spécifiée. Si la cellule est vide, la propriété **Value** renvoie la valeur **Empty** (utilisez la fonction **IsEmpty** pour tester ce cas). Si l'objet **Range** contient plusieurs cellules, il renvoie un tableau de valeurs (utilisez la fonction **IsArray** pour tester ce cas).

WrapText

Booléen. **True** si Microsoft Excel renvoie automatiquement à la ligne le texte de l'objet.

c. Autres propriétés

MergeCells

True si la plage ou le style contient des cellules fusionnées.

ListHeaderRows

Renvoie le nombre de lignes d'en-tête de la plage spécifiée.

5. Méthodes

a. Méthodes renvoyant un objet

ColumnDifferences

Renvoie un objet **Range** qui représente toutes les cellules dont le contenu est différent de celui de la cellule de comparaison dans chaque colonne.

Find

Recherche une information spécifique dans une plage et renvoie un objet **Range** qui représente la première cellule où cette information apparaît.

FindNext

Poursuit une recherche (cellule suivante) débutée avec la méthode **Find**.

FindPrevious

Poursuit une recherche (cellule précédente) débutée avec la méthode **Find**.

RowDifferences

Renvoie un objet **Range** qui représente toutes les cellules dont le contenu est différent de celui de la cellule de comparaison dans chaque ligne.

SpecialCells

Renvoie un objet **Range** qui représente toutes les cellules correspondant au type et à la valeur spécifiés.

SetPhonetic

Crée un objet **Phonetic** pour toutes les cellules de l'objet **Range** spécifié.

b. Méthodes se rapportant à la présentation des cellules

AddComment

Ajoute un commentaire à la plage.

AutoFit

Modifie la largeur des colonnes de la plage ou la hauteur des lignes de la plage pour l'ajuster au mieux.

BorderAround

Ajoute une bordure à une plage et définit les propriétés **Color**, **LineStyle** et **Weight** de la nouvelle bordure.

ClearComments

Supprime tous les commentaires de cellule de la plage spécifiée.

ClearFormats

Supprime la mise en forme des cellules

ClearNotes

Efface les annotations écrites et sonores de toutes les cellules de la plage spécifiée.

InsertIndent

Ajoute un retrait dans les cellules de la plage spécifiée.

Justify

Réorganise le texte dans une plage de façon à ce qu'il la remplisse de manière uniforme.

Merge

Fusionne les cellules.

NoteText

Renvoie ou définit l'annotation de cellule associée à la cellule située dans le coin supérieur gauche de la plage.

Sort

Trie la plage de valeurs.

TextToColumns

Redistribue sur plusieurs colonnes une colonne de cellules qui comportent du texte.

UnMerge

Scinde une zone fusionnée en cellules individuelles.

c. Méthodes se rapportant au contenu des cellules

AutoFill

Exécute une recopie incrémentée sur les cellules de la plage spécifiée.

AutoComplete

Renvoie une correspondance trouvée par la fonctionnalité saisie semi-automatique de la liste.

ClearContents

Supprime le contenu des cellules.

Consolidate

Consolide les données provenant de plusieurs plages situées dans différentes feuilles de calcul au sein d'une seule plage située dans une seule feuille de calcul.

Copy

Copie l'objet **Range** dans la plage spécifiée ou dans le Presse-papiers.

CopyFromRecordSet

Copie le contenu d'un objet **Recordset** DAO ou ADO sur une feuille de calcul, en commençant dans le coin supérieur gauche de la plage spécifiée.

CopyPicture

Copie l'objet sélectionné dans le Presse-papiers sous la forme d'une image.

Cut

Coupe l'objet et le place dans le Presse-papiers ou colle l'objet à l'emplacement spécifié.

Delete

Supprime les cellules et indique comment remplacer les cellules supprimées.

FillDown

Effectue une recopie vers le bas.

FillLeft

Effectue une recopie vers la gauche.

FillRight

Effectue une recopie vers la droite.

FillUp

Effectue une recopie vers le haut.

FunctionWizard

Démarre l'Assistant Fonction pour la cellule située dans le coin supérieur gauche de la plage.

Insert

Insère des cellules et indique comment décaler les cellules.

Parse

Redistribue une plage de données et la divise en plusieurs cellules. Distribue le contenu de la plage pour remplir plusieurs colonnes adjacentes ; la plage ne peut pas comprendre plus d'une colonne.

PasteSpecial

Effectue le collage spécial d'un objet **Range** provenant du Presse-papiers dans la plage spécifiée.

RemoveDuplicates

Supprime les doublons d'une plage de valeurs.

Replace

Recherche et remplace des caractères dans les cellules de la plage spécifiée. L'utilisation de cette méthode n'affecte ni la sélection ni la cellule active.

d. Méthodes se rapportant aux noms de cellules

ApplyNames

Attribue des noms aux cellules de la plage spécifiée.

CreateNames

Crée des noms dans la plage spécifiée en fonction des étiquettes de texte de la feuille.

ListNames

Colle la liste de tous les noms de la feuille de calcul qui ne sont pas masqués, en commençant au niveau de la première cellule de la plage.

e. Méthodes se rapportant aux filtres

AdvancedFilter

Filtre ou copie des données d'une liste en fonction d'une zone de critères.

AutoFilter

Permet de filtrer une liste.

f. Méthodes se rapportant au mode plan

ApplyOutlineStyles

Applique les styles du plan à la plage spécifiée.

AutoOutline

Crée automatiquement un plan pour la plage spécifiée. Si celle-ci n'est constituée que d'une seule cellule, Microsoft Excel crée un plan pour la totalité de la feuille.

Group

Dans un plan, augmente le niveau de la plage dans le plan. La plage doit être une ligne ou une colonne entière ou une plage de lignes ou de colonnes.
Pour une plage discontinue d'un rapport de tableau croisé dynamique, regroupe la plage.
Pour une seule cellule de la plage de données d'un champ de tableau croisé dynamique, effectue un regroupement numérique ou chronologique dans ce champ.

Ungroup

Hausse une plage dans un plan (c'est-à-dire réduit son niveau de plan). La plage spécifiée doit être une ligne ou une colonne ou une plage de lignes ou de colonnes. Si la plage fait partie d'un rapport de tableau croisé dynamique, cette méthode dissocie les éléments de la plage.

g. Méthodes se rapportant à l'outil d'Audit

NavigateArrow

Déplace une flèche d'audit de la plage spécifiée vers la ou les cellules antécédentes, dépendantes ou ayant provoqué l'erreur.

ShowDependents

Affiche les flèches d'audit signalant les dépendants directs de la plage.

ShowPrecedents

Affiche les flèches d'audit signalant les antécédents directs de la plage.

ShowErrors

Affiche les flèches d'audit qui passent par les antécédents en partant de la cellule source de l'erreur et renvoie la plage contenant cette cellule.

h. Autres méthodes

Calculate

Calcule les formules de tous les classeurs ouverts.

CalculateRowMajorOrder

Calcule la plage de cellules indiquée depuis son coin supérieur gauche jusqu'au bas du coin droit dans l'ordre ligne-champ.

Dirty

Indique que la plage spécifiée doit être recalculée lors du prochain recalcul.

ExportAsFixedFormat

Permet de publier les données d'une plage de valeurs au format PDF ou XPS.

PrintOut

Imprime la plage de cellules.

Run

Exécute une macro.

Table

Crée une table de données à partir des valeurs d'entrée et des formules que vous définissez dans une feuille de calcul.

E. Exemples d'utilisation des objets

1. Calcul du montant d'une prime

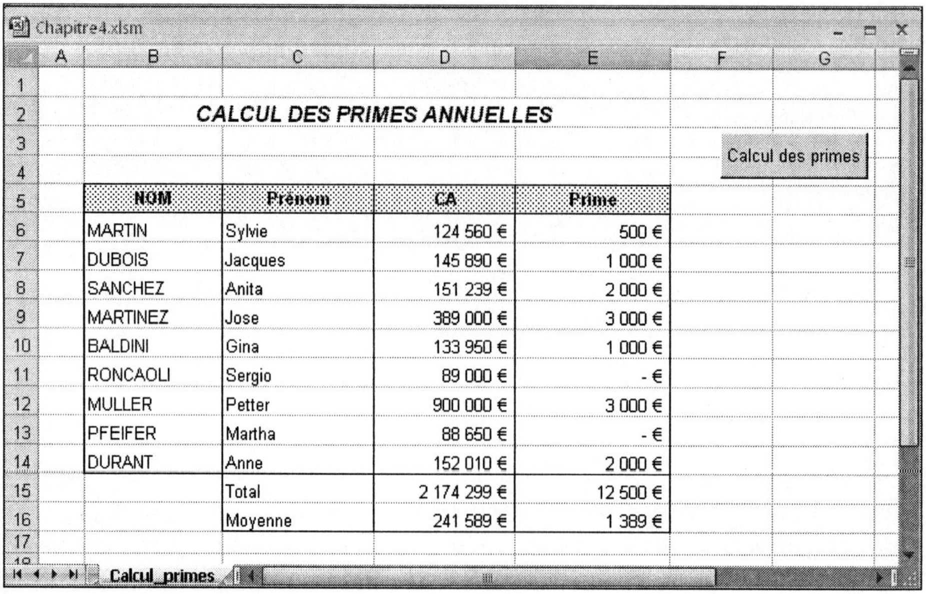

NOM	Prénom	CA	Prime
MARTIN	Sylvie	124 560 €	500 €
DUBOIS	Jacques	145 890 €	1 000 €
SANCHEZ	Anita	151 239 €	2 000 €
MARTINEZ	Jose	389 000 €	3 000 €
BALDINI	Gina	133 950 €	1 000 €
RONCAOLI	Sergio	89 000 €	- €
MULLER	Petter	900 000 €	3 000 €
PFEIFER	Martha	88 650 €	- €
DURANT	Anne	152 010 €	2 000 €
	Total	2 174 299 €	12 500 €
	Moyenne	241 589 €	1 389 €

La plage de cellules "D6:D14" doit être nommée CA.

Lorsque l'utilisateur clique sur le bouton de commande **Calcul des primes** la procédure **Calc_primes** est exécutée. Cette procédure sélectionne la plage de cellules nommée CA (cellules "D6:D14") et fait appel à la fonction **Prime** pour calculer la prime et l'affecter à la cellule de droite.

```
Sub Calc_Primes()
   Dim dblCaMoyen As Double
   Dim cellule As Range

   '   Sélection de la plage nommée CA
   ThisWorkbook.Names("CA").RefersToRange.Select
   '   Calcul de la moyenne de la sélection
   dblCaMoyen = Evaluate("AVERAGE(CA)")                    .../...
```

```
.../...
   '   Parcours des cellules de la sélection
   '   La prime calculée est affectée à la cellule de droite
   For Each cellule In Selection
       Cells(cellule.Row, cellule.Column + 1) = _
       Prime(cellule.Value, dblCaMoyen)
   Next cellule
End Sub
```

La fonction **Prime** permet de calculer la prime en fonction du CA (chiffre d'affaire) réalisé et de la moyenne des autres CA.

```
Function Prime(dblCA As Double, dblCaMoyen As Double) As Double

   '   Prime en fontion du montant du CA
   Select Case dblCA
      Case Is < 100000
           Prime = 0
      Case Is < 125000
           Prime = 500
      Case Is < 150000
           Prime = 1000
      Case Else
           Prime = 2000
   End Select

   '   Si le CA est supérieur à la moyenne
   '   prime supplémentaire de 1000
   If dblCA > dblCaMoyen Then
      Prime = Prime + 1000
   End If

End Function
```

2. Affectation de commentaires à des cellules

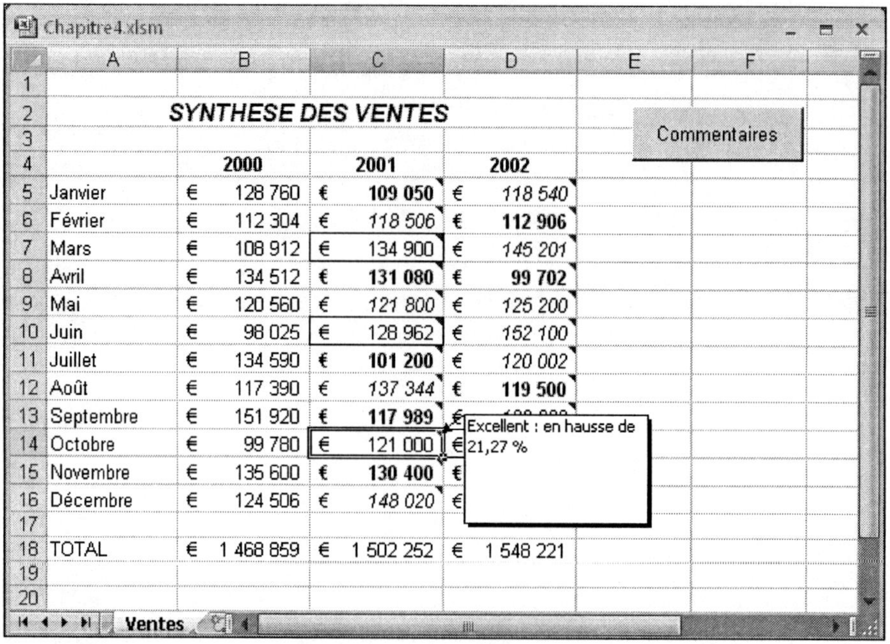

Lorsque l'utilisateur clique sur le bouton de commande **Commentaires** la procédure **Affiche_Comment** est exécutée. Cette procédure appelle la procédure **Compare_Valeur** pour comparer chacune des cellules sélectionnées avec la cellule située à sa gauche.

```
Sub Affiche_Comment()
   Dim rng1 As Range
   Dim rng2 As Range
   Dim rngCurrent As Range
   Dim col As Object
   Dim i As Integer
   Dim j As Integer
   '   Efface les commentaires et les styles de la sélection en cours
   Set rngCurrent = ThisWorkbook.Worksheets("Ventes").Range("C5:D16")
   With rngCurrent
       .ClearComments
       .Font.Bold = False
       .Font.Italic = False
       .Borders.LineStyle = xlLineStyleNone                      .../...
```

```
.../...
   '    Parcours les colonnes sélectionnées
   '    Compare la valeur de chaque cellule de la colonne
   '    avec celle de la celulle située à sa gauche
        For i = 1 To .Columns.Count
            Set col = .Columns(i)
            For j = 1 To col.Cells.Count
               Set rng1 = col.Cells(j)
               Set rng2 = Cells(rng1.Row, rng1.Column - 1)
               Compare_Valeur rng1, rng2
           Next j
       Next i
   End With

End Sub
```

La fonction **Compare_Valeur** est appelée avec comme arguments les cellules à comparer. En fonction du pourcentage d'évolution (négatif, < 20%, > 20%), un commentaire et un format est affecté à la première cellule.

```
Sub Compare_Valeur(rng1 As Range, rng2 As Range)
   Dim dbl1, dbl2, dbl3 As Double
   Dim strEvol As String

   '    Compare les valeurs des deux cellules et affecte un commentaire
   With rng1
      dbl1 = rng2.Value
      dbl2 = .Value
   dbl3 = (dbl2 - dbl1) / dbl1
      strEvol = Format(Abs(dbl3), "0.00 %")
      Select Case dbl3
         Case Is < 0
             .Font.Bold = True
             .AddComment "Attention : en baisse de " & strEvol
         Case Is < 0.2
             .Font.Italic = True
             .AddComment "Bien : en hausse de " & strEvol
         Case Else
             .Borders.LineStyle = xlContinuous
             .AddComment "Excellent : en hausse de " & strEvol
        End Select
   End With

End Sub
```

Chapitre 5 : Les boîtes de dialogue

A. Présentation

Les boîtes de dialogue ont pour principal objectif de gérer les échanges d'informations avec l'utilisateur : affichage de messages, demande d'informations, affichage ou saisie de données...

Trois types de boîtes de dialogue peuvent être utilisés :

- les boîtes de dialogue d'Excel appelées **boîtes de dialogue intégrées** permettant, par exemple, d'ouvrir ou d'enregistrer un fichier, de définir les options d'Excel, d'imprimer des feuilles de calcul, de trier des données...
- les **boîtes de dialogue prédéfinies** permettant d'afficher un message, de poser une question à l'utilisateur ou de l'inviter à saisir une information,
- les **boîtes de dialogues personnalisées** ou **formulaires** permettant d'afficher ou de saisir des données dans une interface conviviale. La création de formulaires personnalisés est décrite dans le chapitre suivant.

B. Les boîtes de dialogue intégrées

1. L'objet Dialog

Les boîtes de dialogues intégrées sont des objets **Dialog** appartenant à la collection **Dialogs** de l'objet **Application**.

Syntaxe

→ Pour afficher une boîte de dialogue, utilisez la méthode **Show** selon la syntaxe suivante : `Application.Dialogs(xlDialog).Show`

où `xlDialog` est une constante Excel indiquant la boîte de dialogue à afficher.

Exemples de constantes xlDialog

Constante	**Boîte de dialogue**
xlDialogBorder	Bordures
xlDialogFontProperties	Police
xlDialogDisplay	Options d'affichage
xlDialogDefineName	Définir un nom
xlDialogFormulaGoto	Atteindre
xlDialogOpen	Ouvrir
xlDialogSaveAs	Enregistrer sous ...
xlDialogSort	Trier

2. Les méthodes GetOpenFileName et GetSaveAsFileName

Les méthodes **GetOpenFileName** et **GetSaveAsFileName** de l'objet **Application** permettent respectivement d'afficher les boîtes de dialogue **Ouvrir...** et **Enregistrer sous** du menu **Fichier**.

À la différence des objets **Dialogs** correspondants (constantes xlOpen et xlSaveAs), ces méthodes n'effectuent aucune action ; elles permettent uniquement de récupérer le nom du fichier saisi ou sélectionné par l'utilisateur.

Syntaxe de la méthode GetOpenFileName

```
Application.GetOpenFileName(FileFilter, FilterIndex, Title,
ButtonText, MultiSelect)
```

Tous les arguments sont facultatifs.

`FileFilter`	Critères de filtrage : nom de filtre suivi des extensions. Ex : "PageWeb (*.htm;*.html) ,*.htm;*.html".
`FileIndex`	Index du critère de filtrage par défaut.
`Title`	Titre de la boîte de dialogue.
`ButtonText`	Libellé du bouton **Ouvrir** (sur Macintosh uniquement).
`MultiSelect`	Indique si l'utilisateur peut sélectionner plusieurs fichiers.

Syntaxe de la méthode GetSaveAsFileName

```
Application.GetSaveAsFileName(InitialeFile, FileFilter,
FilterIndex, Title, ButtonText)
```

Tous les arguments sont facultatifs.

`InitialeFile` Nom de fichier apparaissant dans la zone de texte **Nom**. Si cet argument est omis, Excel utilise le nom du classeur actif.

Les autres arguments sont identiques à ceux de la méthode **GetOpenFileName**.

Exemple

L'exemple suivant permet :

- d'afficher la boîte de dialogue **Ouvrir** avec la possibilité de sélectionner plusieurs fichiers,
- de stocker dans un tableau les fichiers sélectionnés dont l'extension est xls et qui ne sont pas déjà ouverts,
- d'afficher un message indiquant les fichiers à ouvrir,
- d'ouvrir ces fichiers après demande de confirmation.

```
Sub OuvreClasseurs()
   Dim strFiles
   Dim xlFiles
   Dim blnOuvert As Boolean
   Dim strMessage As String
   Dim wbk As Workbook
   Dim i As Integer
Dim j As Integer

   '   Affiche la boîte de dialogue Ouvrir
   strFiles = Application.GetOpenFilename _
            (filefilter:="Fichiers Excel (*.xlsm),*.xlsm", _
            Title:="Sélectionnez les fichiers à ouvrir", _
            MultiSelect:=True)                              .../...
```

```
.../...
   '   Teste si des fichiers ont été sélectionnés
   If TypeName(strFiles) = "Variant()" Then
      ReDim xlFiles(UBound(strFiles))
      For i = 1 To UBound(strFiles)
          '   Contrôle l'extension du fichier
          If Right(strFiles(i), 3) = "xls" Then
             '   Teste si le fichier est déjà ouvert
             blnOuvert = False
             For Each wbk In Workbooks
                If wbk.Path & "\" & wbk.Name = strFiles(i) Then
                    blnOuvert = True
                 End If
             Next wbk
             '   Stocke le nom de fichier dans un tableau
             If Not blnOuvert Then
                j = j + 1
                xlFiles(j) = strFiles(i)
                strMessage = strMessage & strFiles(i) & vbCr
             End If
          End If
      Next i

      '   Ouvre tous les fichiers Excel après confirmation
      If j > 1 Then
       strMessage = "Confirmez-vous l'ouverture des fichiers  : " _
                    & vbCr & strMessage
         If MsgBox(strMessage, vbYesNo + vbQuestion) = vbYes Then
            For i = 1 To j
                Workbooks.Open Filename:=xlFiles(i)
            Next i
         End If
      End If
   Else
      MsgBox "Aucun fichier sélectionné"
   End If
End Sub
```

C. Les boîtes de dialogue prédéfinies

1. La fonction InputBox

Affiche une invite et renvoie le texte tapé par l'utilisateur.

InputBox(prompt,title,default,xpos,ypos,helpfile,context)

prompt	Chaîne qui sera affichée comme message.
title	Chaîne affichée dans la barre de titre.
default	Valeur proposée par défaut.
xpos	Position horizontale de la boîte de dialogue (valeur exprimée en twips).
ypos	Position verticale de la boîte de dialogue (valeur exprimée en twips).
helpfile	Nom du fichier d'aide contextuelle.
context	Numéro de contexte dans l'aide.

Exemple

Affichage d'une boîte de dialogue demandant le nom des cellules à effacer (les cellules sont nommées avec des noms de mois).

```
Sub Effacement_Cellules_Nommées()
   Dim choix As String
   '   Demande de saisir le mois à effacer
   '   Si le mois est reconnu, effacement des cellules nommées
   '   Sinon, envoi d'un message d'erreur
   choix = InputBox( _
           Prompt:="Quel mois effacer ?", _
           Title:="Effacement de cellules")
   On Error GoTo 1
   Application.Goto reference:=choix
   Selection.Clear
   Exit Sub
   1 MsgBox "Impossible d'effacer, nom de cellules inexistant"
End Sub
```

2. La méthode InputBox

Agit comme la fonction `InputBox` mais permet de contrôler le type de données à saisir.

```
objet.InputBox(prompt,title,default,left,top,helpfile,
helpContextID,type)
```

L'objet est requis, il s'agit obligatoirement de l'objet **Application**.

`prompt`	Message affiché.
`title`	Titre de la boîte de dialogue.
`default`	Valeur proposée par défaut.
`left`	Position horizontale de la boîte de dialogue (en points).
`top`	Position verticale de la boîte de dialogue (en points).
`helpfile`	Nom du fichier d'aide en ligne.
`help ContextID`	Numéro de contexte dans l'aide.
`type`	Type de données qui devra être renvoyé :
`0`	Formule
`1`	Nombre
`2`	Chaîne
`4`	Valeur Booléenne
`8`	Référence de cellule
`16`	Pour Valeur d'erreur
`64`	Tableau de valeurs issues d'une sélection de cellules.

> Si plusieurs types de données peuvent être acceptés, faites la somme des valeurs. Par exemple, si la zone de saisie peut accepter du texte ou un nombre, affectez la valeur 3 (1 + 2) à type.

Exemple

Demande à l'utilisateur de sélectionner la ou les cellule(s) à colorier.

```
Sub Cellules_A_Colorier()
   Dim strRep as Range
   '   Si l'utilisateur sélectionne des cellules,
   '   celles-ci sont coloriées en rouge
   '   S'il clique sur Annuler,  fin de la procédure
   On Error GoTo 1
   Set strRep = Application.InputBox( _
        Prompt:="Sélectionnez la ou les cellule(s) à colorier", _
        Title:="Cellule à colorier", Default:="A1",  Type:=8)
       strRep.Interior.ColorIndex = 3
1 End Sub
```

3. La fonction MsgBox

Cette fonction affiche un message dans une boîte de dialogue, éventuellement accompagné d'une icône et de un à trois boutons.

Syntaxe de l'instruction

Utilisée lorsqu'il n'y a qu'un seul bouton.

```
MsgBox <message> [, [<type>][, <titre>]]
```

Syntaxe de la fonction

Utilisée lorsqu'il y a plus d'un bouton. Elle permet de savoir quel bouton a été activé grâce à sa valeur de retour.

```
MsgBox (<message> , [<boutons>][, <titre>]
[,helpfile, context])
```

`message` Texte du message dans la boîte de dialogue.

`boutons`	Expression numérique qui représente la somme des valeurs spécifiant les boutons à afficher, le style d'icône à utiliser, l'identité du bouton par défaut, ainsi que la modalité.
`titre`	Texte dans la barre de titre.
`helpfile`	Fichier d'aide à utiliser.
`Context`	Rubrique de l'aide concernée.

Valeurs de l'argument Boutons

Constante symbolique	Valeur	Signification
Nombre et type de boutons		
vbOKOnly	0	Affiche le bouton **OK** uniquement.
vbOKCancel	1	Affiche les boutons **OK** et **Annuler**.
vbAbortRetryIgnore	2	Affiche les boutons **Abandonner**, **Répéter** et **Ignorer**.
vbYesNoCancel	3	Affiche les boutons **Oui**, **Non** et **Annuler**.
vbYesNo	4	Affiche les boutons **Oui** et **Non**.
vbRetryCancel	5	Affiche les boutons **Répéter** et **Annuler**.
vbMsgBoxHelpButton	16384	Affiche un bouton d'aide.
Type d'icône		
vbCritical	16	Affiche l'icône .
vbQuestion	32	Affiche l'icône .
vbExclamation	48	Affiche l'icône .
vbInformation	64	Affiche l'icône .
Bouton par défaut		
vbDefaultButton1	0	Premier bouton.

Constante symbolique	Valeur	Signification
vbDefaultButton2	256	Deuxième bouton.
vbDefaultButton3	512	Troisième bouton.
vbDefaultButton4	768	Quatrième bouton.
Modalité		
vbApplicationModal	0	Application modale. L'utilisateur doit répondre au message affiché dans la zone de message avant de pouvoir continuer à travailler dans l'application en cours.
vbSystemModal	4 096	Système modal. Toutes les applications sont interrompues jusqu'à ce que l'utilisateur réponde au message affiché dans la zone de message.
Présentation		
vbMsgBoxSetForeground	65536	Affiche la fenêtre message au premier plan.
vbMsgBoxRight	524288	Aligne le texte à droite.
vbMsgBoxRtlReading	1048576	Définit un ordre de lecture de droite à gauche pour les systèmes hébreux et arabes.

Les valeurs de retour possibles sont également définies par des constantes :

Constante	Valeur de retour	Bouton choisi
vbOK	1	**OK**
vbCancel	2	**Annuler**
vbAbort	3	**Abandonner**
vbRetry	4	**Répéter**
vbIgnore	5	**Ignorer**

Constante	Valeur de retour	Bouton choisi
vbYes	6	**Oui**
vbNO	7	**Non**

Exemples : utilisation de la fonction MsgBox

```
StrRep = MsgBox ("Voulez-vous confirmer ?", 292, _
"Confirmation")
```

ou

```
StrRep = MsgBox ("Voulez-vous enregistrer les modifications ?", _
vbYesNo + vbQuestion + vbDefaultButton2, _
"Confirmation")
```

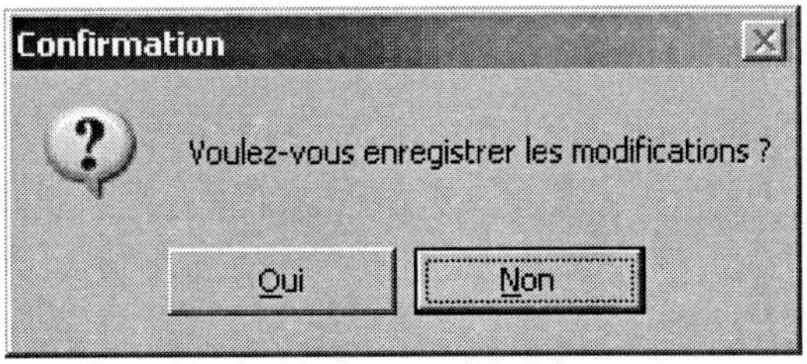

Utilisation de l'instruction MsgBox

```
MsgBox "Résultat faux",vbCritical,"Erreur"
```

Exemple

Demande à l'utilisateur de sélectionner les colonnes à supprimer (la sélection des colonnes peut se faire à partir d'une ou de plusieurs cellules de la colonne), puis de confirmer l'effacement.

```
Sub Confirmation()
   Dim ChoixCol As Range
   Dim AConfirmer
   '   Choix des colonnes
   Set ChoixCol = Application.InputBox( _
       Prompt:="Sélectionnez les colonnes à supprimer", _
       Title:="Choix des colonnes", _
       Type:=8)
   Set ChoixCol = ChoixCol.EntireColumn
   '   Sélection des colonnes et demande de confirmation
   ChoixCol.Select
   AConfirmer = MsgBox( _
          Prompt:="Confirmez la suppression des colonnes", _
          Title:="Suppression des colonnes", _
          Buttons:=vbYesNo + vbExclamation + vbDefaultButton2)
   If AConfirmer = vbYes Then ChoixCol.Delete
End Sub
```

4. Constantes utilisées dans les boîtes de dialogue

Dans les messages des boîtes de dialogue, vous pouvez utiliser les constantes suivantes afin d'insérer quelques caractères particuliers.

Caractères à insérer	Constantes	Equivalents
Retour chariot et saut de ligne	vbCrLf	Chr(13) + Chr(10)
Saut de paragraphe	vbCr	Chr(13)
Saut de ligne	vbLf	Chr(10)
Caractère ayant la valeur 0	vbNullChar	Chr(0)
Différent d'une chaîne de longueur nulle	vbNullString	Chaîne ayant la valeur zéro
Tabulation	vbTab	Chr(9)
Retour Arrière	vbBack	Chr(8)

➲ Ces constantes peuvent être utilisées dans d'autres codes que ceux des boîtes de dialogue.

Exemple

Pour afficher cette boîte de dialogue :

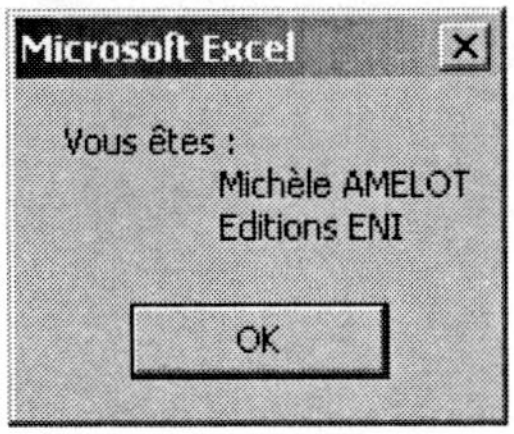

la procédure suivante a été saisie :

```
Sub Identification()
   MsgBox Prompt:="Vous êtes :" & vbCr & vbTab _
               & Application.UserName _
               & vbCrLf & vbTab & Application.OrganizationName
End Sub
```

Chapitre 6 : Les formulaires

A. Présentation

Les formulaires (également appelés boîtes de dialogue personnalisées, formulaires personnalisés, feuilles utilisateur ou UserForm) permettent de réaliser des **interfaces utilisateur simples et conviviales** pour la saisie, la modification ou la visualisation de données.

Les formulaires personnalisés sont des boîtes de dialogue sur lesquels vous pouvez :

- **Placer des contrôles ActiveX** tels que des zones de texte, des listes déroulantes, des boutons de commande...
- **Associer du code VBA** permettant de répondre aux différents événements utilisateurs (clic sur un bouton de commande, saisie d'une zone de texte, sélection dans une liste déroulante...).

B. Créer un formulaire

Un formulaire est créé dans une feuille **UserForm**.

→ Pour insérer une feuille UserForm, accédez à Microsoft Visual Basic, puis faites **Insertion - UserForm**.

Une feuille appelée **UserForm n** (ex. : UserForm1) est insérée, un formulaire vide est affiché et la boîte à outils apparaît.

→ Pour afficher la fenêtre des propriétés, faites :

Affichage
Fenêtre propriétés

[F4]

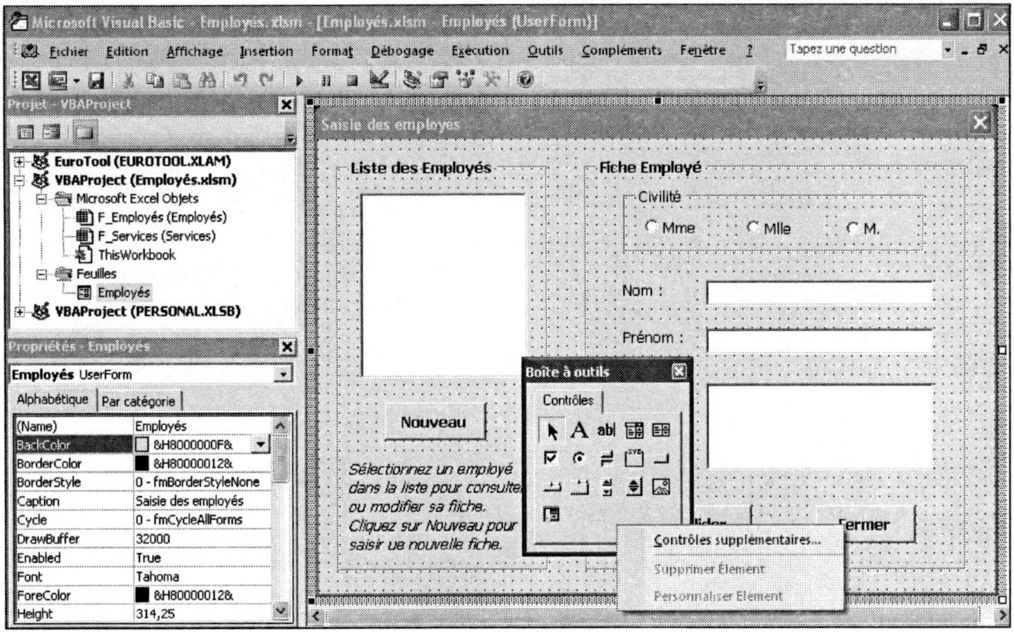

(Name)

Nomme le formulaire.

Caption

Renseigne la barre de titre.

→ Pour dimensionner le formulaire, sélectionnez-le et faites glisser les poignées de dimensionnement ou renseignez les propriétés **Height** et **Width** du formulaire.

L'option **Contrôles complémentaires** permet d'ajouter d'autres contrôles au niveau de la barre d'outils.

Liste des différents contrôles

Outils	Noms	Objets
	Intitulé	Label
	Zone de texte	TextBox
	Zone de liste modifiable	ComboBox
	Zone de liste	ListBox
	Case à cocher	CheckBox
	Bouton d'option	OptionButton
	Bouton bascule	ToggleButton
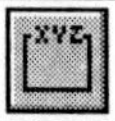	Cadre	Frame
	Bouton de commande	CommandButton
	Contrôle onglet	TabStrip
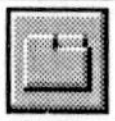	Multipage (sélection de pages)	Multipage
	Défilement	ScrollBar
	Toupie (sélection de valeurs)	SpinButton
	Image	Image
	RefEdit (sélection de plages)	RefEdit

Dessiner un contrôle

→ Sélectionnez le contrôle à créer et réalisez un cliqué-glissé pour tracer son cadre d'apparition.

→ Dès que le bouton de la souris est relâché, le contrôle s'affiche et l'outil **Sélectionner les objets** () redevient l'outil actif.

Pour tracer à la suite plusieurs contrôles de même type, réalisez un double clic sur l'outil correspondant.

Découvrir quelques propriétés

(Name)

Spécifie le nom du contrôle.

Caption

Indique le texte d'un libellé.

ControlTipText

Crée une info-bulle.

Visible

Spécifie si un contrôle est masqué ou affiché.

Enabled

Détermine si un contrôle peut recevoir le focus.

Value

Définit l'état ou le contenu d'un contrôle.

ControlSource

Lie un contrôle à une cellule (zone de texte) ou une plage de cellules (zone de liste).

Déterminer l'accès à un contrôle

- Pour définir l'ordre de tabulation, faites :

  Affichage
  Ordre de tabulation

- Pour désactiver la possibilité d'utiliser la touche [Tab] pour accéder à un contrôle, sélectionnez le contrôle et indiquez **False** à la propriété **TabStop**.

- Pour affecter une touche d'accès rapide, sélectionnez le contrôle concerné et renseignez la touche d'accès dans la propriété **Accelerator**.

Si l'accès rapide s'applique à un contrôle **Label**, c'est le contrôle qui suit le **Label** dans l'ordre de tabulation qui recevra le focus plutôt que le contrôle **Label** lui-même.

Dimensionner un contrôle

- Pour modifier la taille d'un contrôle, sélectionnez les contrôles à dimensionner et faites glisser une poignée de dimensionnement ou sélectionnez le contrôle concerné et intervenez sur les propriétés **Height** et **Width** qui indiquent la hauteur et la largeur du contrôle en points.

- Pour uniformiser les tailles, sélectionnez les contrôles à dimensionner.

  Format
  Uniformiser la taille

  En fonction de la dimension attendue, choisissez **Longueur**, **Hauteur** ou **Les deux**.

- Pour ajuster la taille, sélectionnez les contrôles à ajuster puis utilisez le menu **Format - Ajuster la taille** ou **Ajuster à la grille**.

Positionner un contrôle

- Pour définir la position d'un contrôle, sélectionnez le contrôle à déplacer et réalisez un cliqué-glissé ou sélectionnez le contrôle et renseignez les propriétés **Left** et **Top** qui indiquent la distance entre le contrôle et le bord gauche et supérieur du formulaire.

→) Pour aligner des contrôles entre eux, sélectionnez les contrôles à aligner.

Format
Aligner

En fonction du contrôle de référence, choisissez : **Gauche**, **Centre**, **Droite**, **Haut**, **Milieu**, **Bas** ou **Grille**.

→) Pour gérer l'espacement entre les contrôles, sélectionnez les contrôles concernés.

Format
Espacement horizontal ou **Espacement vertical**

En fonction de l'espacement souhaité, choisissez **Egaliser**, **Augmenter**, **Diminuer** ou **Supprimer**.

→) Pour centrer dans le formulaire, sélectionnez les contrôles à centrer.

Format
Centrer sur la feuille Horizontalement ou **Verticalement**

Effectuer des mises en forme

Renseignez les propriétés suivantes :

Font

Définit la police de caractères.

BackColor

Spécifie la couleur de fond.

ForeColor

Spécifie la couleur du premier plan.

BorderColor

Spécifie la couleur de la bordure.

BorderStyle

Spécifie le type de bordure.

SpecialEffect

Spécifie l'aspect à l'écran de l'objet.

Gérer les futures saisies

PasswordChar

Indique le caractère à afficher à la place des caractères réels saisis par l'utilisateur.

MaxLength

Spécifie la longueur maximale d'une saisie.

AutoTab

Force une tabulation automatique lorsqu'une saisie atteint le nombre maximum autorisé de caractères.

AutoSize

Redimensionne automatiquement un contrôle pour afficher la totalité de son contenu.

AutoWordSelect

Spécifie si un mot ou un caractère est l'unité de base utilisée pour étendre une sélection.

DragBehavior

Indique si le système valide la fonction glisser-déplacer.

EnterKeyBehavior

Définit l'effet de l'utilisation de la touche [Entrée].

HideSelection

Indique si le texte sélectionné reste en surbrillance lorsqu'un contrôle n'a pas le focus.

IntegralHeight

Indique si le contrôle affiche des lignes entières de texte dans une liste ou des lignes partielles dans le sens de la hauteur.

Locked

Indique si un contrôle peut être modifié.

MultiLine

Définit si un contrôle peut accepter et afficher plusieurs lignes de texte.

SelectionMargin

Spécifie si l'utilisateur peut sélectionner une ligne de texte en cliquant dans la zone à gauche du texte.

TabKeyBehavior

Détermine si les tabulations sont autorisées dans la zone d'édition.

TextAlign

Indique l'alignement du texte dans un contrôle.

WordWrap

Indique si un retour à la ligne s'ajoute automatiquement au contenu d'un contrôle à la fin d'une ligne.

Récapitulatif des propriétés par objet

	CheckBox	ComboBox	Command Button	Frame	Image	Label	ListBox	MultiPage	OptionButton	ScrollBar	SpinButton	TabStrip	TextBox	Toggle Button	RefEdit
(Name)	X	X	X	X	X	X	X	X	X	X	X	X	X	X	X
Accelerator	X		X			X			X					X	
AutoSize	X	X	X		X	X			X				X	X	X
AutoTab		X											X		X
AutoWordSelect		X											X		X
BackColor	X	X	X	X	X	X	X	X	X	X	X	X	X	X	X
BorderColor		X		X	X	X	X						X		X
BorderStyle		X		X	X	X	X						X		X
Caption	X		X	X		X			X				X		
ControlSource	X	X					X		X	X	X		X	X	
ControlTipText	X	X	X		X	X	X	X	X	X	X	X	X	X	X
DragBehavior		X											X		X
Enabled	X	X	X	X	X	X	X	X	X	X	X	X	X	X	X
EnterKeyBehavior													X		X
Font	X	X	X	X		X	X	X	X			X	X	X	X
ForeColor	X	X	X	X		X	X	X	X	X	X	X	X	X	X
Height	X	X	X		X	X	X	X	X	X	X	X	X	X	X
HideSelection		X											X		X
IntegralHeight							X						X		X
Left	X	X	X		X	X	X	X	X	X	X	X	X	X	X
Locked	X	X	X				X		X				X	X	X

	CheckBox	ComboBox	Command Button	Frame	Image	Label	ListBox	MultiPage	OptionButton	ScrollBar	SpinButton	TabStrip	TextBox	Toggle Button	RefEdit
MaxLength		X											X		X
MultiLine													X		X
PassWordChar													X		X
SelectionMargin		X											X		X
SpecialEffect	X	X		X	X	X	X		X				X	X	X
TabKeyBehavior													X		X
TabStop	X	X	X	X			X	X	X	X	X	X	X	X	X
TextAlign		X					X						X		X
Top	X	X	X		X	X	X	X	X	X	X	X	X	X	X
Value	X	X	X				X	X	X	X	X	X	X	X	X
Visible	X	X	X	X	X	X	X	X	X	X	X	X	X	X	X
Width	X	X	X		X	X	X	X	X	X	X	X	X	X	X
WordWrap	X		X			X			X				X	X	X

C. Personnaliser un formulaire

1. Écrire des procédures

→ Pour afficher la fenêtre de code d'un contrôle :

réalisez un double clic sur le contrôle auquel vous souhaitez affecter un code, ou sélectionnez le contrôle, puis faites :

Affichage [F7]
Code

→ Pour insérer un nouvel événement, ouvrez la liste de droite et sélectionnez l'événement attendu.

Sans cette manipulation, l'événement proposé pour la majorité des contrôles est l'événement **Click**.

→ Pour revenir en affichage du contrôle, faites :

Affichage [Maj] [F7]
Objet

2. Liste des événements

Activate

Survient lorsque la feuille devient active.

AddControl

Survient lors de l'insertion d'un contrôle dans une feuille.

AfterUpDate

Survient après la modification des données.

BeforeDragOver

Survient lorsqu'une opération glisser-déplacer est en cours.

BeforeDropOrPaste

Survient lorsque l'utilisateur est sur le point de déplacer ou coller des données sur un objet.

BeforeUpDate

Survient avant la modification des données.

Change

Survient lors de la modification de la propriété **Value**.

Click

Survient lorsque l'utilisateur clique sur un contrôle ou lorsqu'il sélectionne de façon définitive une valeur parmi d'autres.

DblClick

Survient lorsque l'utilisateur double clique.

DeActivate

Survient lorsque la feuille cesse d'être la fenêtre active.

DropButtonClick

Survient chaque fois qu'une liste déroulante modifiable apparaît et disparaît.

Enter

Survient avant qu'un contrôle ne reçoive réellement le focus d'un contrôle d'une même feuille.

Error

Survient lorsqu'un contrôle détecte une erreur ou ne peut renvoyer des informations sur l'erreur à un programme d'appel.

Exit

Survient immédiatement avant qu'un contrôle ne perde le focus au profit d'un autre contrôle de la même feuille.

Initialize

Survient lorsque la feuille est chargée, avant qu'elle ne s'affiche.

KeyDown

Survient lorsque l'utilisateur appuie sur une touche.

KeyPress

Survient lorsque l'utilisateur appuie sur une touche ANSI.

KeyUp

Survient lorsque l'utilisateur relâche une touche.

Layout

Survient lorsque le contrôle change de taille.

MouseDown

Survient lorsque l'utilisateur appuie sur le bouton de la souris.

MouseMove

Survient lorsque l'utilisateur déplace la souris.

MouseUp

Survient lorsque l'utilisateur relâche le bouton de la souris.

QueryClose

Se produit avant la fermeture de la feuille.

RemoveControl

Survient lorsque le contrôle est supprimé du conteneur.

Resize

Se produit lorsque la feuille est redimensionnée.

Scroll

Survient lorsque la zone de défilement est repositionnée.

SpinDown

Survient lorsque l'utilisateur clique sur la flèche inférieure ou gauche du compteur.

SpinUp

Survient lorsque l'utilisateur clique sur la flèche supérieure ou droite du compteur.

Terminate

Survient après le déchargement de la feuille.

Zoom

Survient lorsque la valeur de la propriété **Zoom** change.

Récapitulatif des événements par objet

	CheckBox	ComboBox	Command Button	Frame	Image	Label	ListBox	Multipage	OptionButton	ScrollBar	SpinButton	TabStrip	TextBox	ToggleButton	UserForm	RefEdit
Activate															X	
AddControl				X				X							X	
AfterUpDate	X	X					X		X	X	X		X	X	X	X
BeforeDragOver	X	X	X	X	X	X	X	X	X	X	X	X	X	X	X	X
BeforeDropOrPaste	X	X	X	X	X	X	X	X	X	X	X	X	X	X	X	X
BeforeUpDate	X	X					X		X	X	X		X	X		X
Change	X	X					X	X	X	X	X	X	X	X		X
Click	X	X	X	X	X	X	X	X	X			X		X	X	
DblClick	X	X	X	X	X	X	X	X	X			X	X	X	X	X
DeActivate															X	
DropButtonClick		X											X			X
Enter	X	X	X	X			X	X	X	X	X	X	X	X		X
Error	X	X	X	X	X	X	X	X	X	X	X	X	X	X	X	X

	CheckBox	ComboBox	Command Button	Frame	Image	Label	ListBox	Multipage	OptionButton	ScrollBar	SpinButton	TabStrip	TextBox	ToggleButton	UserForm	RefEdit
Exit	X	X	X	X			X	X	X	X	X	X	X	X		X
Initialize															X	X
KeyDown	X	X	X	X			X	X	X	X	X	X	X	X	X	
KeyPress	X	X	X	X			X	X	X	X	X	X	X	X	X	X
KeyUp	X	X	X	X			X	X	X	X	X	X	X	X	X	X
Layout				X				X							X	X
MouseDown	X	X	X	X	X	X	X	X	X			X	X	X	X	
MouseMove	X	X	X	X	X	X	X	X	X			X	X	X	X	X
MouseUp	X	X	X	X	X	X	X	X	X			X	X	X	X	X
RemoveControl				X				X							X	X
Terminate															X	
Scroll				X				X		X					X	
SpinDown											X					
SpinUp											X					
Zoom				X				X							X	
QueryCLose															X	
Resize															X	

Annulation d'un événement

Dans certains cas, il est souhaitable de pouvoir annuler un événement.

Pour cela, vous devez affecter la valeur **True** à l'argument **Cancel** de la procédure événementielle.

Exemple

Si la date saisie est incorrecte, l'événement Exit est annulé : le curseur reste positionné sur la zone de texte.

```
Private Sub txtDateFin_Exit(ByVal Cancel As _
MSForms.ReturnBoolean)

If IsNull(txtDateFin) Then Exit Sub
'  La date doit être correcte
If Not IsDate(txtDateFin) Then
   MsgBox "Date incorrecte", vbCritical
   Cancel = True
   Exit Sub
End If

'  La date de fin doit être >= date de début
If DateValue(txtDateFin) < DateValue(txtDateDeb) Then
   MsgBox "Date de fin antérieure à la date de début", vbCritical
   Cancel = True
   Exit Sub
End If
End Sub
```

Seuls les événements BeforeDragOver, BeforeDropOrPaste, BeforeUpdate, DblClick, Exit, Error et QueryClose possèdent un argument Cancel. Les autres événements ne peuvent être annulés.

3. Exécution et fermeture d'un formulaire

→ Pour exécuter un formulaire à partir de la feuille UserForm, faites :

Exécution  [F5]
Exécuter Sub/ UserForm

→ Pour exécuter un formulaire à partir d'un module, utilisez la méthode **Show** ou l'instruction **Load**.

➔ Show (méthode)

Syntaxe

```
ObjetUserForm.Show
```

Affiche l'objet **UserForm** indiqué.

➔ Load (instruction)

Syntaxe

```
Load ObjetUserForm
```

Charge l'objet sans l'afficher.

→ Pour fermer un formulaire, utilisez la méthode **Hide** ou l'instruction **Unload**.

➔ Hide (méthode)

Syntaxe

```
ObjetUserForm.Hide
```

Masque le formulaire sans le décharger.

➔ Unload (instruction)

Syntaxe

```
Unload ObjetUserForm
```

Supprime le formulaire de la mémoire.

Événements invoqués

Les méthodes et instructions d'exécution et de fermeture de formulaire déclenchent les événements suivants :

Méthode ou instruction	**Événements**
Show	Initialize
	Activate
Load	Initialize
Hide	Pas d'événement
Unload	QueryClose
	Terminate

D. Exemple de formulaire personnalisé

1. Présentation

Cet exemple montre comment réaliser un formulaire personnalisé destiné à saisir ou modifier les fiches "employés".
Le classeur Employés.xls contient 2 feuilles de calcul et un formulaire.

La feuille "Employés" contient la liste des employés :

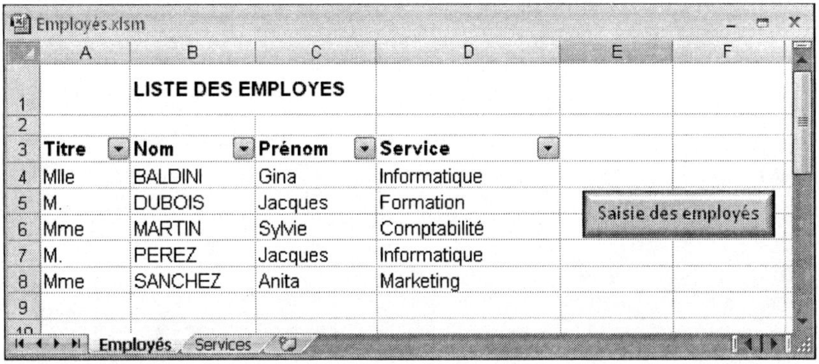

La feuille "Services" contient la liste des services :

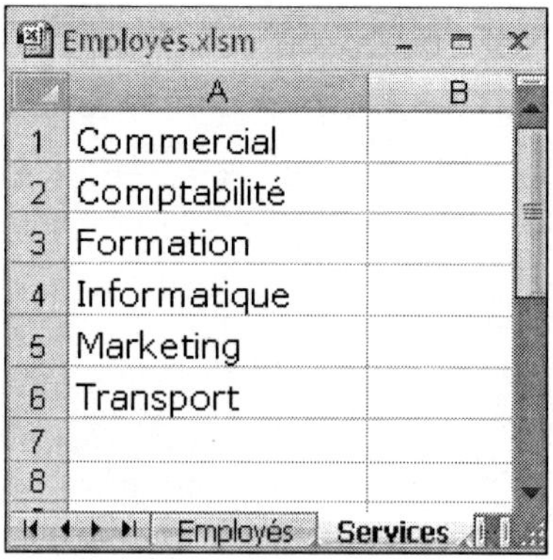

Le formulaire Employés permet :

– de modifier les informations d'un employé et de mettre à jour la feuille Excel Employés,

– de créer un nouvel employé et de l'ajouter dans la liste de la feuille Excel Employés.

La liste des services est renseignée à partir de la feuille Services.

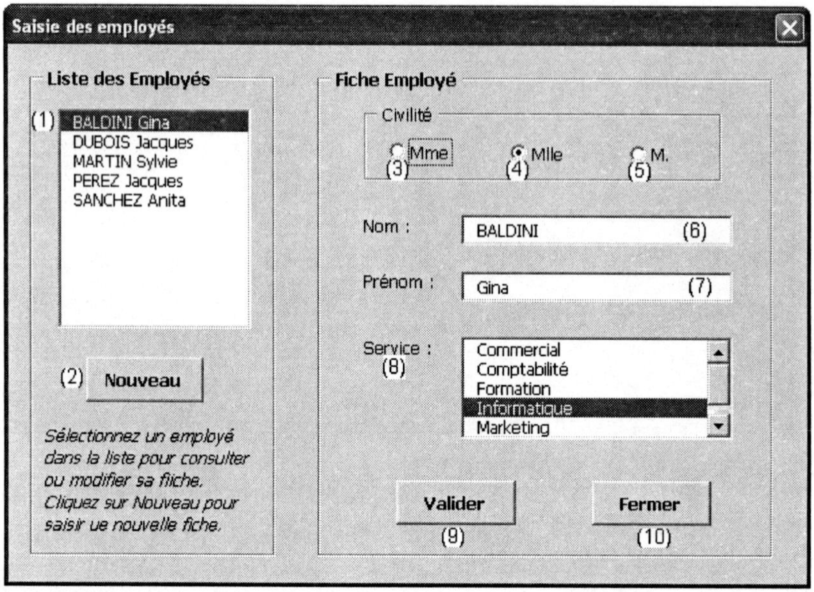

Liste des contrôles du formulaire Employés :

N°	Type de contrôle	Nom
1	Zone de liste	lstEmployes
2	Bouton de commande	cmdNouveau
3	Bouton option	optMme
4	Bouton option	optMlle
5	Bouton option	optM
6	Zone de texte	txtNom
7	Zone de texte	txtPrénom
8	Zone de liste	lstServices
9	Bouton de commande	cmdValider
10	Bouton de commande	cmdFermer

2. Code associé au bouton macro de la fiche Employés

Ce code est contenu dans le module de classe ThisWorkbook.

```
Sub Affiche_Formulaire()
'   Affichage du formulaire Employés
Employés.Show
End Sub
```

3. Code VBA associé au formulaire

```
Option Explicit
' Nom de l'application
Const strAppName = "Saisie des employés"
Dim bNouveau As Boolean
```

```
Private Sub UserForm_Initialize()
   Dim rng As Range
   Dim cell As Range
   ' Affichage de la liste des services
   With ThisWorkbook.Worksheets("Services")
        .Activate
         Set rng = .Range("A1").CurrentRegion
        ' Tri des services par ordre alphabétique
         rng.Sort Key1:=Range("A1")
         lstServices.Clear
         For Each cell In rng                              .../...
```

```
.../...
            If cell.Text <> "" Then
               lstServices.AddItem cell.Text
            Else
               Exit For
            End If
        Next cell
   End With
   ' Affichage de la liste des employés
   Affiche_Employes
   lstEmployes.ListIndex = 0
   '  Nouvel employé par défaut
   bNouveau = True
End Sub
```

```
Private Sub Affiche_Employes()
   Dim rng As Range
   Dim ligne As Range
   ' Affichage de la liste des employés
   With ThisWorkbook.Worksheets("Employés")
        .Activate
        Set rng = .Range("A3").CurrentRegion
        Set rng = .Range("A4:D" & rng.Rows.Count + 3)
        lstEmployes.Clear
        For Each ligne In rng.Rows
            If Cells(ligne.row, 2) <> "" Then
               lstEmployes.AddItem Cells(ligne.row, 2) & " " & _
               Cells(ligne.row, 3)
            Else
               Exit For
            End If
        Next ligne
   End With
End Sub
```

```
Private Sub cmdValider_Click()
   Dim rng As Range
   Dim i As Integer
    ' Contrôle des données saisies
   If txtPrenom = "" Or txtNom = "" _
      Or IsNull(lstServices) Then
      MsgBox "Prénom, nom et service obligatoire", _
             vbExclamation, strAppName
      txtPrenom.SetFocus
      Exit Sub
   End If                                                    .../...
```

```
.../...
   If Not (optM Or optMme Or optMelle) Then
      MsgBox "Civilité obligatoire", vbExclamation, strAppName
      optM.SetFocus
      Exit Sub
   End If
   With ThisWorkbook.Worksheets("Employés")
       '  Ajout de l'employé sur la première ligne vide
       If bNouveau Then
          Set rng = .Range("A3").CurrentRegion
          i = rng.Rows.Count + 3
       Else
       '  Modification de l'employé sélectionné
          i = lstEmployes.ListIndex + 4
       End If
       If optM Then
          .Cells(i, 1) = "M."
       ElseIf optMme Then
           .Cells(i, 1) = "Mme"
       Else
           .Cells(i, 1) = "Melle"
       End If
       .Cells(i, 3) = Employés.txtPrenom
       .Cells(i, 2) = Employés.txtNom
       .Cells(i, 4) = Employés.lstServices
       '   Tri des employés
       Tri_Employes
   End With
   '   Réaffichage de la liste des employés
      If bNouveau Then Affiche_Employes
      Init_Employes
End Sub
```

```
Private Sub cmdFermer_Click()
   '   Fermeture du formulaire après demande de confirmation
   If MsgBox("Confirmez-vous la fin de la saisie ?", _
      vbQuestion + vbYesNo, strAppName) = vbYes Then
   Unload Me
   End If
End Sub
```

```
Private Sub cmdNouveau_Click()
   '   Initialisation de la fiche Employés
   Init_Employes
   bNouveau = True
End Sub                                                    .../...
```

```
.../...
_______________________________________________________________________________
Private Sub Tri_Employes()
   Dim rng As Range
   '   Tri de la liste des employés sur le nom et le prénom
   Set rng = Worksheets("Employés").Range("A3").CurrentRegion
   rng.Sort Key1:=Range("B3"), Order1:=xlAscending, _
            Key2:=Range("C3"), Order2:=xlAscending, _
            Header:=xlYes
End Sub
_______________________________________________________________________________
Private Sub Init_Employes()
   Dim i As Integer
   '   Initialisation du formulaire pour la saisie suivante
    With Employés
        txtPrenom = ""
        txtNom = ""
        optM = False
        optMme = False
        optMelle = False
        For i = 0 To lstServices.ListCount - 1
            lstServices.Selected(i) = False
        Next i
   End With
End Sub
_______________________________________________________________________________
Private Sub lstEmployes_Click()
   Dim i As Integer
   Dim j As Integer
   '   Affichage de l'employé sélectionné
   bNouveau = False
   i = lstEmployes.ListIndex + 4
   With ThisWorkbook.Worksheets("Employés")
       Select Case .Cells(i, 1)
           Case "M.": optM = True
           Case "Mme": optMme = True
           Case "Mlle": optMelle = True
       End Select
       Employés.txtPrenom = .Cells(i, 3)
       Employés.txtNom = .Cells(i, 2)
       For j = 0 To Employés.lstServices.ListCount - 1
           If Employés.lstServices.List(j) = .Cells(i, 4) Then
              Employés.lstServices.ListIndex = j
           End If
       Next j
   End With
End Sub
```

Chapitre 7 : Amélioration de l'interface utilisateur

A. Présentation

Dans Microsoft Office 2007, l'interface utilisateur des versions précédentes d'Excel (constituée de barre d'outils et de menus) a été remplacée par le **Ruban** composé de différents onglets.

Toutefois la collection **Commandbars** (collection des barres d'outils et barres de menus d'Excel) fonctionne toujours avec Excel 2007. Elle permet d'accéder à l'ensemble des barres, volets et menus d'Excel (barres de commandes, barre d'état, barre de formule, menus contextuels, volets Office...).

L'accès à cette collection permet de réaliser les opérations suivantes à l'aide du langage VBA :

- créer des barres d'outils personnalisées : celles-ci se placent automatiquement dans le groupe **Barres d'outils personnalisées** de l'onglet **Compléments** (dernier onglet à droite) et se présentent sous la forme des barres d'outils des versions précédentes d'Excel,
- créer des barres de menus personnalisées : celles-ci peuvent se placer soit dans l'onglet **Compléments**, soit dans une feuille Excel sous la forme de menus contextuels (menus "popup"),
- créer une barre de commandes personnalisée au format Office 2007,
- personnaliser les commandes en leur affectant des macros.

Toutes les barres créées sont insérées dans l'onglet **Compléments** du ruban. Il est impossible, dans la version 2007, de masquer ou de réorganiser les commandes des onglets du ruban.

B. Exemples de barres de commandes

1. Barres d'outils personnalisées

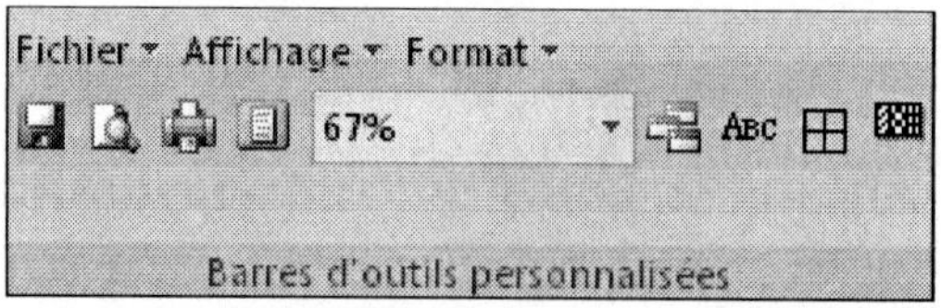

Deux barres de commandes sont affichées : une barre d'outils et une barre de menus.

2. Groupe "Commandes de menus" au format Office 2007

3. Ajout d'une commande à la barre d'outils Accès rapide

Les barres de commandes ainsi créées peuvent devenir accessibles depuis la barre d'outils **Accès rapide** de la façon suivante :

- Positionnez le curseur en bas de la barre de commandes et cliquez sur le bouton droit de la souris,
- Sélectionnez l'option **Ajouter à la barre d'outils Accès rapide**.

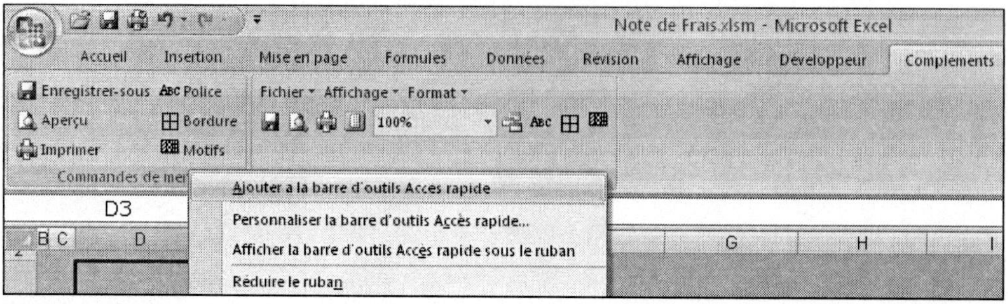

Les barres de commandes sont désormais accessibles à partir de boutons de commandes ajoutés à la barre d'outils **Accès Rapide** :

Barres d'outils personnalisées

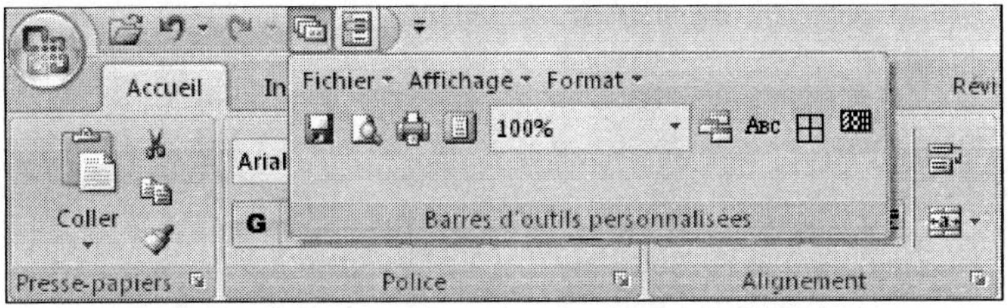

Commandes de menus

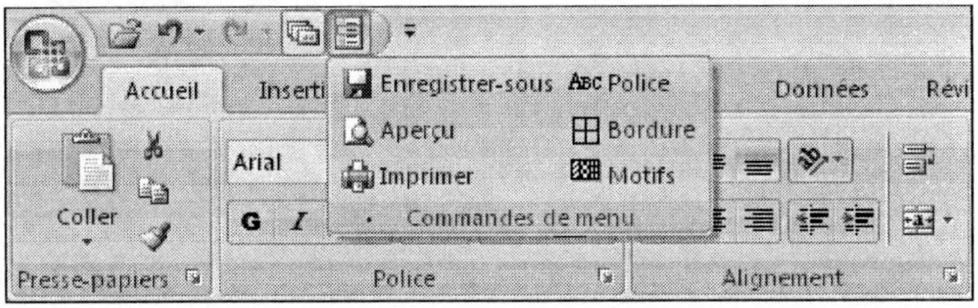

C. Les barres de commandes

1. Terminologie

a. Barre de commandes

Représente les barres d'outils d'Excel, les barres d'outils personnalisées et les barres de menus.

b. Contrôle

Représente une commande (bouton de commande, option de menu...) d'une barre de commandes.

2. Créer une barre de commandes

`CommandBars.`**`Add`**`(Name, Position, MenuBar, Temporary)`

Cette méthode renvoie un objet **CommandBar**.

`Name`	Nom de la nouvelle barre de commandes.
`Position`	Position de la nouvelle barre ; il peut s'agir de l'une des constantes suivantes :
	msoBarLeft à gauche **msoBarTop** en haut **msoBarRight** à droite **msoBarBottom** en bas **msoBarFloating** non ancrée **msoBarPopup** menu contextuel
`MenuBar`	Affecter la valeur **True** si la nouvelle barre doit remplacer la barre active (ce paramètre est inactif dans la version 2007).
`Temporary`	Affecter la valeur **True** s'il s'agit d'une barre temporaire ; les barres temporaires sont supprimées lors de la fermeture de l'application.

Création d'une barre de menu et d'une barre d'outils. Ces barres ne seront visibles qu'après ajouts des contrôles associés.

```
Dim Barre1 As CommandBar
Dim Barre2 As CommandBar

Sub Creation_Barres()

    '    Création d'une Barre de menu appelée "Menu1"
    Set Barre1 = CommandBars.Add(Name:="Menu1", _
        Position:=msoBarTop)
    '   Affichage de la barre de menu créée
    Barre1.Visible = True
                                                    .../...
```

```
.../...
   '    Création d'une Barre d'outils appelée "Menu2"
   Set Barre2 = CommandBars.Add(Name:="Menu2", _
       Position:=msoBarTop)
End Sub
```

Attention, si le code est situé dans le module de classe ThisWorkbook, l'objet **Application** est nécessaire (Application.CommandBars...).

3. Supprimer une barre de commandes

`Expression.`**`Delete`**

`Expression`	Expression qui renvoie l'objet **CommandBar** à supprimer.

Exemple

Suppression de la barre de menu et de la barre d'outils (indispensable avant de créer à nouveau les barres).

```
Sub Suppression_Barres()
   'Suppression des barres de commandes personnalisées
   Application.CommandBars("Menu1").Delete
   Application.CommandBars("Menu2").Delete
End Sub
```

Les barres de commandes peuvent également être référencées par leur nom de variable objet.

```
Sub Suppression_Barres()
'   Suppression des barres de commandes personnalisées
      Barre1.Delete
      Barre2.Delete
End Sub
```

4. Afficher une barre de commandes

La propriété **Visible** permet d'afficher ou de masquer une barre de commandes. Après la création d'une barre de commandes, la propriété **Visible** a la valeur **False**.

La propriété **Enabled** permet d'activer ou de désactiver une barre de commandes. Si une barre de commandes est désactivée (Enabled = False), elle est supprimée de la liste des barres d'outils ; la propriété **Visible** n'est alors plus disponible.

Exemple

Affiche la barre de commandes Menu2 après avoir vérifié qu'elle était disponible.

```
Sub Affichage_Barres()

   '   Affichage de la barre d'outils Menu2
   if Application.CommandBars("Menu2").Enabled = False then
      Application.CommandBars("Menu2").Enabled = True
   End if
   Application.CommandBars("Menu2").Visible = True

End Sub
```

D. Contrôles (options ou boutons de commandes) des barres de commandes

La collection d'objets **CommandBarControls** représente tous les contrôles d'une barre de commandes.

Pour accéder à cette collection, utilisez la propriété **Controls** des objets **CommandBar** et **CommandBarPopup**.

1. Ajouter un contrôle

`Expression.Controls.Add(Type, Id, Parameter, Before, Temporary)`

Cette méthode renvoie un objet **CommandBarButton, CommandBarComboBox** ou **CommandBarPopUp** qui sont des objets de type **CommandBarControls**.

`Expression`	Expression qui renvoie un objet **CommandBar** ; obligatoire.
`Type`	Type du contrôle à ajouter ; il peut s'agir de l'une des constantes suivantes : **msoControlButton** outil ou option de menu **msoControlEdit** zone de saisie **msoControlDropDown** zone de liste **msoControlComboBox** zone de liste **msoControlPopUp** menu contextuel
`Id`	Entier qui identifie un contrôle intégré ; si la valeur de l'argument est égale à 1 ou s'il est omis, un contrôle personnalisé vide du type indiqué est ajouté à la barre des commandes.
`Parameter`	En cas de contrôles intégrés, l'application conteneur l'utilise pour exécuter la commande ; en cas de contrôles personnalisés, cet argument peut servir à envoyer des informations à des procédures Visual Basic ou à stocker des informations sur le contrôle.
`Before`	Nombre qui indique la position du nouveau contrôle sur la barre de commandes ; si cet argument n'est pas spécifié, le contrôle est ajouté à la fin de la barre de commandes.
`Temporary`	Lui affecter la valeur **True** s'il s'agit d'un contrôle temporaire ; les contrôles temporaires sont supprimés lors de la fermeture de l'application Excel.

2. Préciser l'intitulé d'un contrôle

→ Utilisez la propriété **Caption** du contrôle.

S'il s'agit d'un menu, cette propriété renseigne son intitulé, s'il s'agit d'un bouton, elle renseigne l'info-bulle.

3. Supprimer un contrôle

`Expression.`**`Delete`**

`Expression`   Expression qui renvoie l'objet **CommandBarControls** à supprimer.

4. Associer une procédure à un contrôle

- Utilisez la propriété **OnAction** du contrôle.

Le nom de la procédure à associer au contrôle doit être saisi entre guillemets.

Pour afficher la touche de raccourci liée à la procédure associée, utilisez la propriété **ShortCutText** qui est une propriété remarquable de l'objet **CommandBarButton**.

---

5. Autres propriétés

- Pour activer ou désactiver un contrôle, utilisez la propriété **Enabled** du contrôle.
- Pour modifier l'aspect de l'image d'un bouton, utilisez la propriété **FaceId** de l'objet **CommandBarButton**.

Cette propriété gère l'aspect du bouton et non sa fonction.

Exemples

Ajout d'un bouton de commande personnalisé à la barre d'outils Menu2. Ce bouton permet d'ouvrir la boîte de dialogue Enregistrer sous.

```
Sub Ajout_Controle1()
    Dim m_Button as CommandBarButton
    ' Ajout d'un bouton de commande à la barre Menu2
     Set m_Button = Application.CommandBars("Menu2").Controls.Add _
           (Type:=msoControlButton)
    ' Icône Enregistrer
     m_Button.FaceId = 3
    ' Action "EnregistrerSous"
     m_Button.OnAction = "EnregistrerSous"
End Sub
```

Procédure EnregistrerSous

```
Sub EnregistrerSous()
    '   Boîte de dialogue enregistrer sous
     Application.Dialogs(xlDialogSaveAs).Show
End Sub
```

Ajout du menu Fichier et de l'option Enregistrer sous à la barre de commandes Menu1.

```
Sub Ajout_Controle2()
   Dim m_Menu As CommandBarControl
   Dim m_Option As CommandBarControl
   ' Ajout du menu Fichier
   Set m_Menu = Application.CommandBars("Menu1") _
               .Controls.Add (Type:=msoControlPopup)
   m_Menu.Caption = "Fichier"
   ' Ajout du bouton de commande
   Set m_Option = m_Menu.Controls.Add _
   (Type:=msoControlButton)
   m_Option.Caption = "Enregistrer Sous"
   ' Icône Enregistrer
   m_Option.FaceId = 3
   ' Action "EnregistrerSous"
   m_Option.OnAction = "EnregistrerSous"
End Sub
```

6. Listes des images associées aux boutons de commandes

La procédure suivante permet d'afficher, dans la feuille Excel active, la liste des images pouvant être associées aux boutons de commandes (propriété FaceId) et le numéro correspondant.

```
Private Sub Affiche_Images()
   Dim numLig As Integer
   Dim numCol As Integer
   Dim numImage As Long
   Dim Menu1 As CommandBar
   Dim Button1 As CommandBarControl

   '   Crée une barre d'outils temporaire
   Set Menu1 = Application.CommandBars.Add _
       (Position:=msoBarFloating, temporary:=True)
   '   Ajoute un bouton de commande
   Set Button1 = Menu1.Controls.Add(msoControlButton)

   '   Modifie l'image du bouton de commande
   '   et la recopie dans une cellule Excel
   For numCol = 1 To 10 Step 2
     For numLig = 1 To 100
           numImage = numImage + 1
           Button1.FaceId = numImage
           Button1.CopyFace
           ActiveSheet.Cells(numLig, numCol) = numImage
           ActiveSheet.Paste Cells(numLig, numCol + 1)
     Next numLig
   Next numCol

   '   Redimensionne les colonnes
   Columns("A:W").Select
   Selection.ColumnWidth = 4
   '   Supprime la barre d'outils
   Menu1.Delete

End Sub
```

Le résultat obtenu est le suivant :

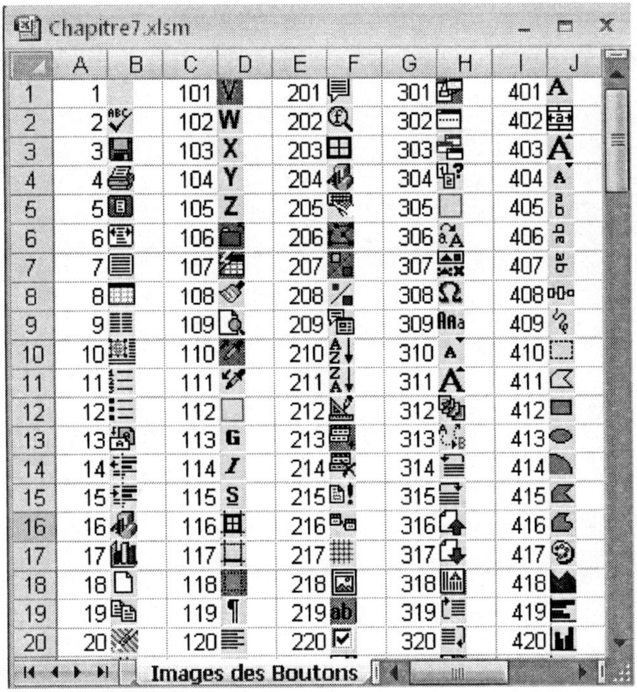

E. Exemples de menus personnalisés

1. Présentation

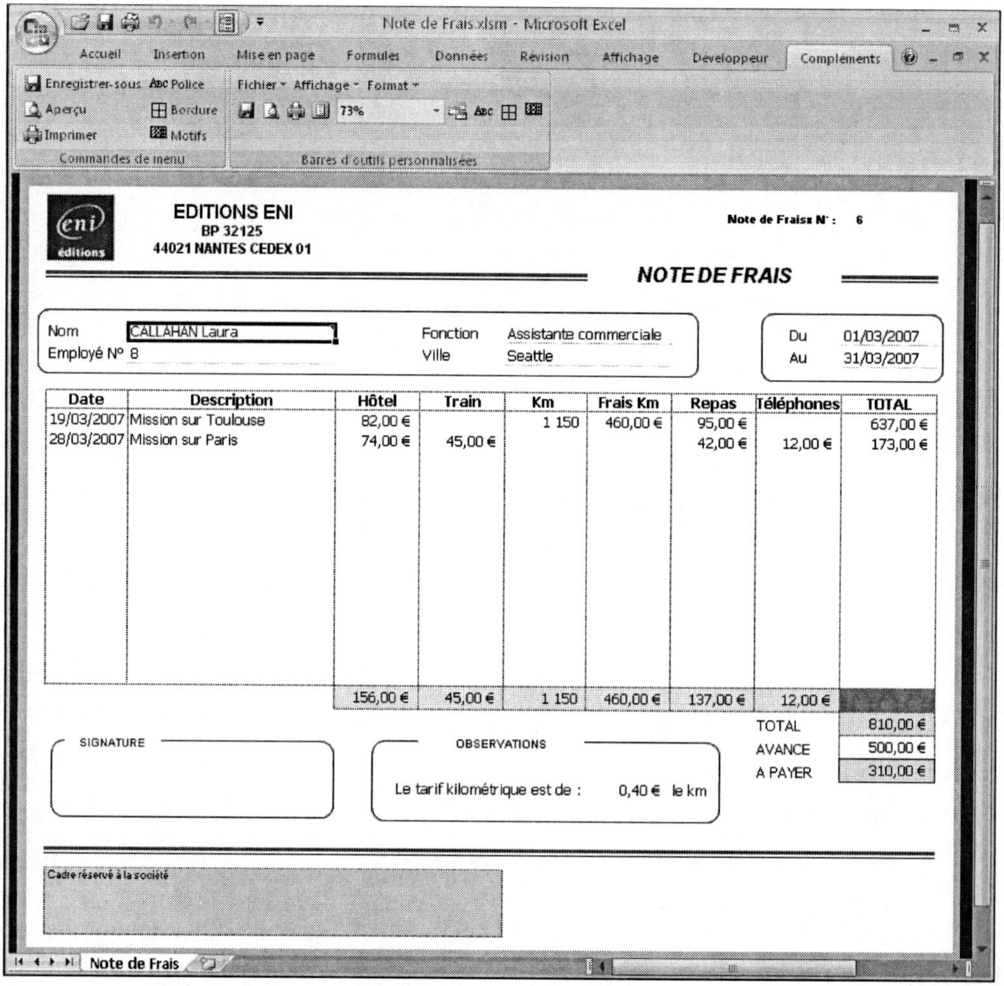

Cet exemple permet de créer les barres de commandes suivantes :

– Une barre de menu intitulée "Menu Frais" permettant d'accéder aux options suivantes :

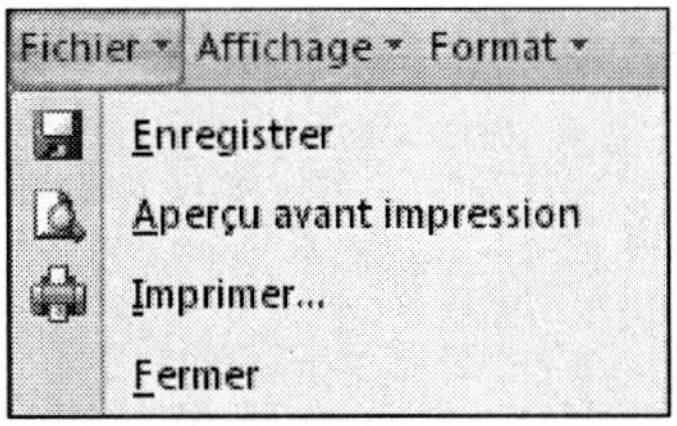

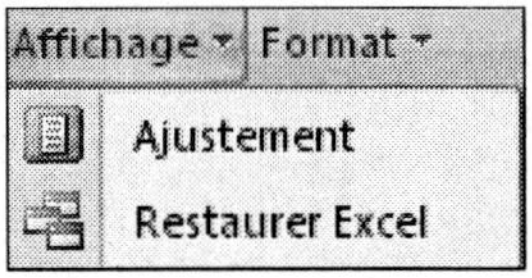

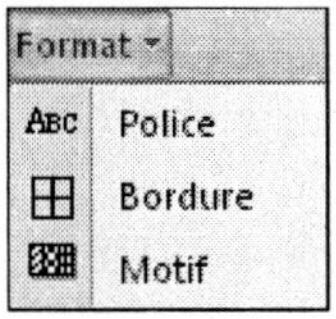

– Une barre de menu intitulée " Frais" :

– Un groupe de commandes intitulé "Commandes de menus" :

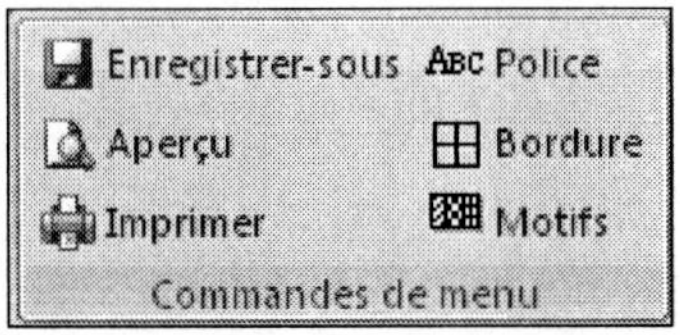

– Une barre de menu contextuel affichée lorsque l'utilisateur se positionne sur la zone nommée " Employé " et clique sur le bouton droit de la souris. Les employés sont extraits de la base Access Employes.accdb (base livrée avec les exemples de l'ouvrage).

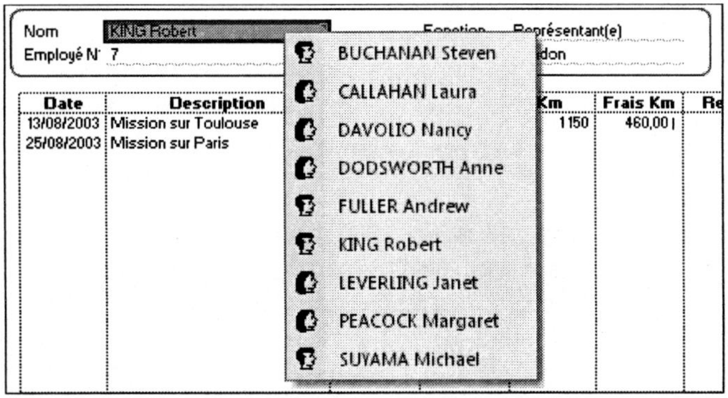

2. Code des exemples

Pour créer les menus de l'exemple ci-dessus, vous devez effectuer les opérations suivantes :

- créer le document Excel ;
- définir une zone d'impression ;
- définir une zone de cellule nommée "Employe" incluant les cellules nom et n° employé ;
- définir une zone de cellule nommée "NoteDeFrais" incluant les cellules à imprimer ;
- affecter les noms suivants aux cellules contenant les informations de l'employé : nom, numemp, fonction, ville ;
- ajouter un module standard appelé **ProcMenus**, ce module contiendra les procédures permettant de créer les différentes barres de commandes ;
- ajouter un module standard appelé **ProcActions**, ce module contiendra les procédures personnalisées associées aux boutons de commandes.

3. Code du module de classe ThisWorkbook

```
Option Explicit
______________________________________________
Private Sub Workbook_Open()
   '   Affiche les menus personnalisés
   Personnalise_Excel
   '   Ajuste le zoom
   Ajustement

End Sub
______________________________________________
Private Sub Workbook_BeforeClose(Cancel As Boolean)
   '   Demande de confirmer la fermeture du classeur
   If MsgBox("Voulez-vous fermer le classeur ?", _
       vbQuestion & vbYesNo, "Notes de Frais") = vbYes Then
      ' Affiche les menus d'Excel
      Restaure_Excel
   Else
      Cancel = True
   End If
End Sub
```

4. Code de la feuille "Note de Frais"

```
Private Sub Worksheet_BeforeRightClick(ByVal Target As Excel.Range, _
           Cancel As Boolean)
   '   Si la 1ère cellule active appartient à la plage
   '   nommée Employe : affichage du menu Employés
   If Union(Target.Range("A1"), Range("Employe")).Address = _
     Range("Employe").Address Then
     CommandBars("Employes").ShowPopup
     Cancel = True
End If
End Sub
```

5. Code du module ProcMenus

```
Option Explicit

'   Déclaration des variables
Dim m_Menu As CommandBarPopup
Dim m_Barre As CommandBar
Dim m_Option As CommandBarControl
Dim m_Button As CommandBarButton

Sub Personnalise_Excel()
   Dim i As Integer
   '   Crée les menus et commandes personnalisés
   Affiche_Barre_Menus
   Affiche_Barre_Outils
   Affiche_Barre_Commandes
   '   Menu contextuel Liste des employés
   Liste_Employés
   '   Masque les barres de formules, d'état
   '   et les en-têtes de lignes et colonnes
   Application.DisplayFormulaBar = False
   Application.DisplayStatusBar = False
   Application.ActiveWindow.DisplayHeadings = False
End Sub
______________________________________________________________________
Sub Restaure_Excel()
   Dim i As Integer
   Dim m_Ctrl As CommandBarControl
   '   Supprime les menus et barre de commandes
   On Error Resume Next
   Application.CommandBars("Menu Frais").Delete
   Application.CommandBars("Frais").Delete                    .../...
```

```
.../...
   Application.CommandBars("Employes").Delete
   On Error GoTo 0
   '   Supprime les commandes personnalisées
   '   de la barre de commande Outils
   For Each m_Ctrl In Application.CommandBars("Tools").Controls
       If Not m_Ctrl.BuiltIn Then
          m_Ctrl.Delete
       End If
   Next m_Ctrl
   '   Réaffiche les barres de formules, d'état
   '   et les en-têtes de lignes et colonnes
   Application.DisplayFormulaBar = True
   Application.DisplayStatusBar = True
   Application.ActiveWindow.DisplayHeadings = True
   End Sub
   Sub Affiche_Barre_Menus()
   On Error Resume Next
   '    Supprime la barre de Menu pour la recréer
   Application.CommandBars("Menu Frais").Delete
   On Error GoTo 0
   '   Création d'une barre de menu
   Set m_Barre = Application.CommandBars.Add(Name:="Menu Frais", _
       Position:-msoBarTop)
   '   Affichage de la barre de menu créée
   Application.CommandBars("Menu Frais").Visible = True
   '   Ajout du menu "Fichier"
   Set m_Menu = m_Barre.Controls.Add(Type:=msoControlPopup)
   m_Menu.Caption = "Fichier"
   '   Ajout des commandes du menu fichier
   '   Les actions sont les actions par défaut
   Set m_Option = m_Menu.Controls.Add(Type:=msoControlButton, ID:=3)
   m_Option.OnAction = "EnregistrerSous"
   Set m_Option = m_Menu.Controls.Add(Type:=msoControlButton, ID:=109)
   Set m_Option = m_Menu.Controls.Add(Type:=msoControlButton, ID:=4)
   Set m_Option = m_Menu.Controls.Add(Type:=msoControlButton, ID:=106)
   '   Ajout du menu "Affichage"
   Set m_Menu = m_Barre.Controls.Add(Type:=msoControlPopup)
   m_Menu.Caption = "Affichage"
   '   Ajout de la liste déroulante des zoom
   Set m_Option = m_Menu.Controls.Add(Type:=msoControlComboBox, ID:=1733)
   '   Ajout des commandes du menu Affichage
   '   avec appel de procédures action
   Set m_Option = m_Menu.Controls.Add(Type:=msoControlButton)
   m_Option.FaceId = 175
   m_Option.Caption = "Ajustement"                               .../...
```

```
.../...
   m_Option.OnAction = "Ajustement"
   '   Ajout de l'option " Restaurer Excel "
   Set m_Option = m_Menu.Controls.Add(Type:=msoControlButton)
   m_Option.FaceId = 303
   m_Option.Caption = "Restaurer Excel"
   m_Option.OnAction = "Restaure_Excel"
   '   Ajout du menu "Format"
   Set m_Menu = m_Barre.Controls.Add(Type:=msoControlPopup)
   m_Menu.Caption = "Format"
   '   Ajout des commandes du menu Affichage
   '   avec appel de procédures action
   Set m_Option = m_Menu.Controls.Add _
       (Type:=msoControlButton)
   m_Option.FaceId = 291
   m_Option.Caption = "Police"
   m_Option.OnAction = "Police"
   Set m_Option = m_Menu.Controls.Add _
      (Type:=msoControlButton)
   m_Option.Caption = "Bordure"
   m_Option.OnAction = "Bordure"
   m_Option.FaceId = 1704
   Set m_Option = m_Menu.Controls.Add _
   (Type:=msoControlButton)
   m_Option.Caption = "Motif"
   m_Option.OnAction = "Motif"
   m_Option.FaceId = 1988
End Sub
```

```
Sub Affiche_Barre_Outils()
   On Error Resume Next
   '    Supprime la barre d'outils pour la recréer
   Application.CommandBars("Frais").Delete
   On Error GoTo 0
   '   Création d'une barre de menu appelée "Frais"
   Set m_Barre = Application.CommandBars.Add(Name:="Frais", _
       Position:=msoBarTop)
   '   Affichage de la barre d'outils personnalisée
   Application.CommandBars("Frais").Visible = True
   '   Ajout des boutons de commandes standards dans la barre d'outils
   Set m_Button = m_Barre.Controls.Add _
       (Type:=msoControlButton, ID:=3)
   m_Option.OnAction = "EnregistrerSous"
   Set m_Button = m_Barre.Controls.Add _
       (Type:=msoControlButton, ID:=109)                    .../...
```

```
.../...
   Set m_Button = m_Barre.Controls.Add _
       (Type:=msoControlButton, ID:=4)
   '   Ajout d'un bouton de commande personnalisé
   Set m_Button = m_Barre.Controls.Add _
       (Type:=msoControlButton)
   With m_Button
      .BeginGroup = True
      .FaceId = 175
      .OnAction = "Ajustement"
      .TooltipText = "Ajustement"
   End With
   '   Ajout de la liste déroulante des zoom
   Set m_Option = m_Barre.Controls.Add _
       (Type:=msoControlComboBox, ID:=1733)
   '   Ajout de l'option " Restaure Excel "
   Set m_Option = m_Barre.Controls.Add _
      (Type:=msoControlButton)
   m_Option.FaceId = 303
   m_Option.Caption = "Restaure Excel"
   m_Option.OnAction = "Restaure_Excel"
   '   Ajout des boutons Format
   Set m_Button = m_Barre.Controls.Add _
       (Type:=msoControlButton)
   With m_Button
      .BeginGroup = True
      .FaceId = 291
      .OnAction = "Police"
      .TooltipText = "Police"
   End With
   Set m_Button = m_Barre.Controls.Add _
       (Type:=msoControlButton)
   With m_Button
      .FaceId = 1704
   .OnAction = "Bordure"
      .TooltipText = "Bordure"
   End With
   Set m_Button = m_Barre.Controls.Add _
       (Type:=msoControlButton)
   With m_Button
      .FaceId = 1988
      .OnAction = "Motif"
      .TooltipText = "Motif"
   End With
End Sub                                                     .../...
```

```
.../...
Sub Affiche_Barre_Commandes()
   '   Objet représentant la barre d'outils "Tools"
   Set m_Barre = Application.CommandBars("Tools")
   '   Ajout des boutons de commandes standards dans la barre d'outils
   Set m_Button = m_Barre.Controls.Add _
       (Type:=msoControlButton, ID:=3)
   m_Button.Caption = "Enregistrer-sous"
   m_Button.OnAction = "EnregistrerSous"
   Set m_Button = m_Barre.Controls.Add _
       (Type:=msoControlButton, ID:=109)
   m_Button.Caption = "Aperçu"
   m_Button.OnAction = "Apercu"
   Set m_Button = m_Barre.Controls.Add _
       (Type:=msoControlButton, ID:=4)
   m_Button.Caption = "Imprimer"
   m_Button.OnAction = "Imprimer"
   '   Ajout des commandes de type Format
   Set m_Button = m_Barre.Controls.Add _
       (Type:=msoControlButton)
   With m_Button
      .FaceId = 291
      .OnAction = "Police"
      .TooltipText = "Police"
      .Caption = "Police"
   End With
   Set m_Button = m_Barre.Controls.Add _
       (Type:=msoControlButton)
   With m_Button
      .FaceId = 1704
      .OnAction = "Bordure"
      .TooltipText = "Bordure"
      .Caption = "Bordure"
   End With
   Set m_Button = m_Barre.Controls.Add _
       (Type:=msoControlButton)
   With m_Button
      .FaceId = 1988
      .OnAction = "Motif"
      .TooltipText = "Motif"
      .Caption = "Motifs"
   End With
End Sub                                                    .../...
```

```
.../...
```

```
Public Sub Liste_Employés()
   Dim Db As Database
   Dim rstEmp As Recordset
   Dim NumEmp As Long
   '   Crée le menu "Employés"
   On Error Resume Next
   Application.CommandBars("Employes").Delete
   On Error GoTo 0
   Set m_Barre = CommandBars.Add _
      (Name:="Employes", Position:=msoBarPopup, Temporary:=True)
   '   Ouverture de la table Employés
   Set Db = OpenDatabase(ActiveWorkbook.Path & "\Employes.accdb")
   Set rstEmp = Db.OpenRecordset("SELECT * FROM Employés ORDER BY Nom, _
   Prénom")
   '   Affiche la liste des employés
   Do While Not rstEmp.EOF
      Set m_Button = m_Barre.Controls.Add(Type:=msoControlButton)
      With m_Button
         If rstEmp("Titre de courtoisie") = "Mme" Or rstEmp("Titre de _
         courtoisie") = "Mlle" Then
            .FaceId = 2148
         Else
            .FaceId = 2103
         End If
         .Caption = UCase(rstEmp("Nom")) & " " & rstEmp("Prénom")
         NumEmp = rstEmp("N Employé")
         .OnAction = "Affiche_Employe(" & NumEmp & ")"
      End With
      rstEmp.MoveNext
   Loop
   '   Fermeture des objets Access
   rstEmp.Close
   Db.Close
End Sub
```

6. Code du module ProcActions

```
Sub Ajustement()
   '   Permet d'ajuster le zoom au contenu
   '   de la plage nommée "NotedeFrais"
   Application.Goto Reference:="NotedeFrais"
   ActiveWindow.Zoom = True
   Range("NOM").Select
End Sub
```

```
Sub Affiche_Employe(NumEmp As Long)
   Dim Db As Database
   Dim rstEmp As Recordset
   Dim strSql As String
   '   Ouvre la table Employés
   Set Db = OpenDatabase(ActiveWorkbook.Path & "\Employes.accdb")
   strSql = "SELECT * FROM Employés WHERE [N° Employé] = " _
            & NumEmp
   Set rstEmp = Db.OpenRecordset(strSql)
   '   Affiche les coordonnées de l'employé sélectionné
   Range("NOM") = UCase(rstEmp("Nom")) & " " & _
                              rstEmp("Prénom")
   Range("NUMEMP") = rstEmp("N° Employé")
   Range("FONCTION") = rstEmp("Fonction")
   Range("VILLE") = rstEmp("Ville")
   '   Ferme les objets Access
   rstEmp.Close
   Db.Close
End Sub
```

```
Sub Police()
   '   Affiche la boîte de dialogue Police
   Application.Dialogs(xlDialogFormatFont).Show
End Sub
```

```
Sub Bordure()
   '   Affiche la boîte de dialogue Bordure
   Application.Dialogs(xlDialogBorder).Show
End Sub
```

```
Sub Motif()
   '   Affiche la boîte de dialogue Motif
   Application.Dialogs(xlDialogPatterns).Show
End Sub
```

.../...

```
.../...
Sub Quitte_Appli(),
   '   Demande de confirmer la fermeture de l'application
   If MsgBox(messQuitter, vbQuestion & vbYesNo, p_sAppName) = vbYes Then
      On Error Resume Next
      On Error GoTo 0:
   ActiveWorkbook.Close
      Application.Quit
   End If
End Sub

Sub EnregistrerSous()
   '   Boîte de dialogue Enregistrer sous
   Application.Dialogs(xlDialogSaveAs).Show
End Sub

Sub Apercu()
   '   Aperçu avant impression
   ThisWorkbook.PrintPreview
End Sub

Sub Imprimer()
   '   Impression de la feuille de calcul
   ActiveSheet.PrintOut
End Sub
```

Chapitre 8 : Gestion des évènements

A. Présentation

Un événement est une **action** utilisateur ou système reconnue par un objet Microsoft Excel. Il déclenche la procédure événementielle associée à l'événement de l'objet activé.

Les procédures événementielles vous permettent d'associer un code personnalisé en réponse à un événement qui se produit sur un objet Excel (classeur, feuille, formulaire, graphique...).

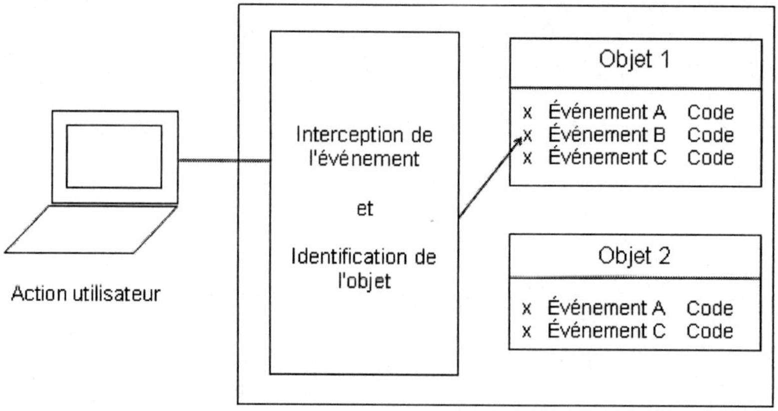

B. Écriture des événements

1. Événements de classeur, de feuille ou de formulaire

Vous pouvez accéder aux procédures événementielles associées à un objet de la façon suivante :

- Dans la fenêtre **Explorateur de projet**, double cliquez sur l'objet souhaité (classeur, feuille, ou formulaire) afin de faire apparaître la fenêtre de code correspondante,
- Ouvrez la liste déroulante de gauche de la fenêtre de code et sélectionnez **Workbook**, **Worksheet** ou **UserForm** en fonction de l'objet sélectionné,

➔ Vous pouvez alors sélectionner l'un des événements liés à l'objet sélectionné dans la liste déroulante de droite afin de lui associer un code personnalisé.

Vous pouvez à tout moment désactiver l'exécution des procédures événementielles en affectant **False** à la propriété **EnableEvents** de l'objet **Application**.

Exemple

Cet exemple montre comment obtenir l'historique de tous les liens hypertextes qui ont été visités à partir de la feuille de calcul active.

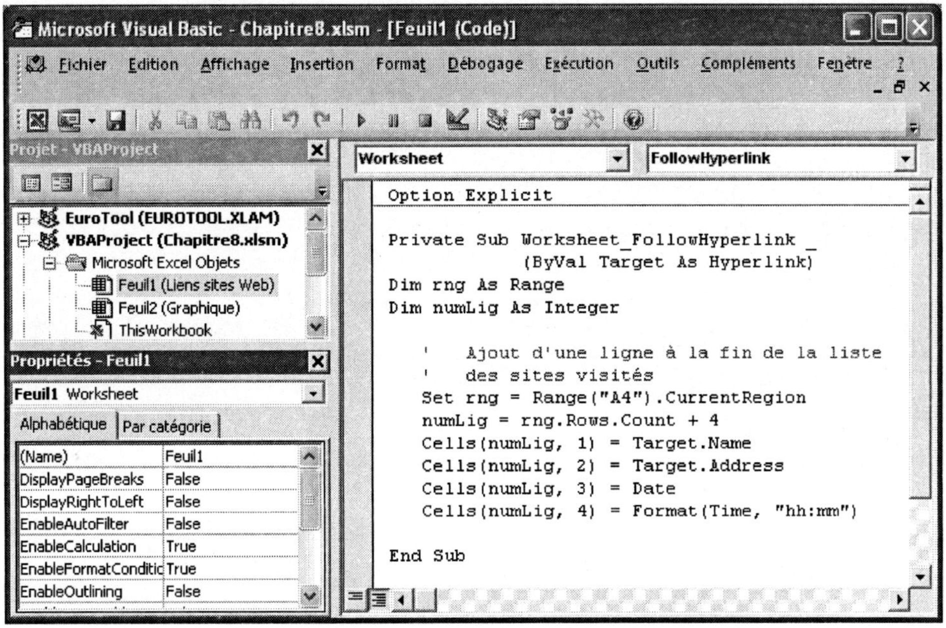

Résultat dans Excel :

	1	2	3	4	5	6	7	8
1								
2		LISTE DES LIENS VISITÉS				LISTE DES LIENS DISPONIBLES		
3								
4	NOM	ADRESSE	DATE	HEURE				
5	Microsoft	http://www.microsoft.com/	02/09/2006	12:09		Microsoft		
6	SNCF	http://www.sncf.fr/	04/09/2006	16:20		Microsoft France		
7	Air France	http://www.airfrance.fr/	12/09/2006	18:24		Editions ENI		
8	Boursorama	http://www.boursorama.com/	12/09/2006	09:32		Boursorama		
9	Météo	http://www.meteo.fr/	18/09/2006	16:45		Météo		
10	SNCF	http://www.sncf.fr/	04/11/2006	18:43		SNCF		
11	Microsoft	http://www.microsoft.com/	08/12/2006	17:42				
12								

2. Événements de l'objet Application

Trois étapes sont nécessaires à l'écriture et à l'exécution des événements de l'objet **Application**.

Étape 1

- Insérez un module de classe :

  Insertion
  Module de classe

  ou ouvrez la liste  et cliquez sur **Module de classe**.

- Une fois le module inséré, nommez-le.

Exemple

*Nommez le module de classe **ObjApplication**.*

Étape 2

- Dans le module de classe, créez un objet **Application** par le code suivant :

```
Public WithEvents NomObjet As Application
```

Exemple

*Création de l'objet appelé **MonAppli** en tant qu'application.*

```
Public WithEvents MonAppli As Application
```

L'objet ainsi créé devient disponible dans la liste de gauche du module.

→ Sélectionnez l'objet ainsi créé dans la liste de gauche du module puis sélectionnez l'événement attendu dans la liste de droite. Écrivez le code des procédures à générer.

Exemple

Création de deux procédures événementielles : la première concerne l'insertion d'une nouvelle feuille, la seconde la création d'un nouveau classeur.

```
Public WithEvents MonAppli As Excel.Application
_____________________________________________________________
Private Sub MonAppli_WorkbookNewSheet _
          (ByVal Wb As Workbook, ByVal Sh As Object)
   Dim NomFeuille As String
   '  A chaque ajout de feuille, on demande à l'utilisateur
   '  de saisir un nom qui sera ensuite affecté à la feuille insérée
   '  après les feuilles existantes
   NomFeuille = InputBox("Entrez le nom de la feuille")
   ActiveSheet.Name = NomFeuille
   ActiveSheet.Move After:=Sheets(Sheets.Count)
End Sub
_____________________________________________________________
Private Sub MonAppli_NewWorkbook(ByVal Wb As Workbook)
   Dim NbFeuilles As Integer
   Dim NbActuel As Integer
   Dim Différence As Integer
   '  Pour chaque nouveau classeur,
   '  on demande à l'utilisateur le nombre de feuilles
   '  Suivant les cas, on ajoute ou on supprime des feuilles
   Do
      NbFeuilles = Application.InputBox _
               ("Nombre de feuilles ?", Type:=1)
   Loop While NbFeuilles = False
   NbActuel = Sheets.Count
   Différence = NbActuel - NbFeuilles                    .../...
```

```
.../...
   '    Suppression des feuilles en trop
   '    Suppression des messages d'alerte afin de ne pas
   '    avoir de message lors de la suppression de feuilles
   Do While Différence > 0
      Application.DisplayAlerts = False
      Sheets.Item(Différence).Select
      ActiveWindow.SelectedSheets.Delete
      Différence = Différence - 1
   Loop

   '    Ajout de feuilles si nécessaire
   '    Les événements sont désactivés afin de ne pas avoir
   '    à saisir le nom des nouvelles feuilles
   Do While Différence < 0
      Application.EnableEvents = False
      Sheets.Add
      Différence = Différence + 1
   Loop
   '    Réactivation des événements et alertes
   Application.EnableEvents = True
   Application.DisplayAlerts = True
End Sub
```

Étape 3

→ Activez un module quelconque et connectez l'objet déclaré dans le module de classe avec l'objet **Application** par les instructions suivantes :

```
Dim NomVariable As New NomModuleDeClasse

Sub NomProcédure ()
Set NomVariable.NomObjet = Application
End Sub
```

Exemple

Ajoutez le code suivant dans le module Déclarations.

```
Option Explicit
Dim app As New ObjApplication

Sub InitializeMonAppli()
   Set app.MonAppli = Application
End Sub
```

Enfin appelez la procédure InitializeMonAppli lors de l'ouverture du classeur (module de classe ThisWorkbook).

```
Private Sub Workbook_Open()
   InitializeMonAppli
End Sub
```

Lorsque ce classeur sera ouvert, les procédures événementielles créées au cours de l'étape 2 s'exécuteront automatiquement lors de l'ajout de classeurs ou de feuilles. Ces procédures seront désactivées à la fermeture du classeur.

3. Événement d'un graphique incorporé

La collection **Charts** (de l'objet **Workbook**) contient tous les graphiques du classeur spécifié.

Trois étapes sont nécessaires à l'écriture et à l'exécution des événements d'un graphique incorporé.

Étape 1

- Insérez un module de classe :
  Insertion
  Module de classe
  ou ouvrez la liste  et cliquez sur **Module de classe**.
- Une fois le module inséré, nommez-le.

Exemple

Nommez le module de classe ***ObjGraphiques****.*

Étape 2

- Dans le module de classe, créez un objet de type graphique par le code suivant :

  Public WithEvents NomObjet **As Chart**

Exemple

Création de l'objet appelé ***Graphe1*** *en tant que graphique incorporé.*

```
Public WithEvents Graphe1 As Chart
```

L'objet ainsi créé devient disponible dans la liste de gauche du module.

- Sélectionnez l'objet ainsi créé dans la liste de gauche du module puis sélectionnez l'événement attendu dans la liste de droite. Écrivez le code des procédures à générer.

Exemple

Création de deux procédures événementielles : l'une concerne la désactivation du graphique, l'autre son dimensionnement.

```
Option Explicit
Public WithEvents Graphe1 As Chart
________________________________________________________________
Private Sub Graphe1_Deactivate()
   Dim Réponse As String
   '  A chaque désactivation du graphique incorporé
   '  on demande si le classeur doit être enregistré
   Réponse = MsgBox("Enregistrer les changements ?", vbYesNo)
   If Réponse = vbYes Then ActiveWorkbook.Save
End Sub                                                   .../...
```

```
.../...
___________________________________________________________
Private Sub Graphe1_Resize()
   Dim Graphe As Object
   ' A chaque redimensionnement du graphique
   ' on affiche la première et dernière cellule masquée
   Set Graphe = Worksheets(2).ChartObjects(1)
   MsgBox "Ce graphique masque de la cellule : " _
          & Graphe.TopLeftCell.Address _
          & Chr(13) & "jusqu'à la cellule : " _
          & Graphe.BottomRightCell.Address
End Sub
```

Étape 3

→ Activez un module quelconque et connectez l'objet déclaré dans le module de classe avec l'objet graphique incorporé par les instructions suivantes :

```
Dim NomVariable As New NomModuleDeClasse

Sub NomProcédure ()
Set NomVariable.NomObjet =
WorkSheets(FeuilleDuGraphique).
ChartObjects(NuméroDuGraphique).Chart
End Sub
```

Exemple

Pour associer les événements au premier graphique de la deuxième feuille de calcul, ajoutez le code suivant dans le module Déclarations.

```
 Dim obj As New objGraphiques
_______________________________________________
Sub InitializeChart()
Set obj.Graphe1 = Worksheets(2).ChartObjects(1).Chart
End Sub
```

Enfin appelez la procédure InitMonAppli lors de l'ouverture du classeur (module de classe ThisWorkbook).

```
Private Sub Workbook_Open()
InitializeChart
End Sub
```

Lorsque ce classeur sera ouvert, les procédures événementielles créées au cours de l'étape 2 s'exécuteront automatiquement lors du redimensionnement ou de la désactivation du graphique situé sur la deuxième feuille de calcul. Ces procédures seront désactivées à la fermeture du classeur.

C. Les événements de l'objet Application

CalculateUntilAsyncQueriesDone

Exécute toutes les requêtes en cours sur les sources de données OLEDB et OLAP.

NewWorkBook

Survient lorsqu'un nouveau classeur est créé.

SheetActivate

Survient lorsqu'une feuille est activée.

SheetBeforeDoubleClick

Survient lorsque l'utilisateur double clique sur une feuille de calcul avant le double clic par défaut.

SheetBeforeRightClick

Survient lorsque l'utilisateur effectue un clic droit sur une feuille de calcul avant le clic par défaut à l'aide du clic droit de la souris.

SheetCalculate

Survient après le recalcul de toute feuille de calcul ou après le traçage des données modifiées sur un graphique.

SheetChange

Survient lorsque des cellules d'une feuille de calcul sont modifiées par l'utilisateur ou par un lien externe.

SheetDeactivate

Survient lorsqu'une feuille de calcul est désactivée.

SheetFollowHyperlink

Survient lorsque l'utilisateur clique sur un lien hypertexte dans Microsoft Excel.

SheetPivotTableUpdate

Survient lorsque la feuille du rapport de tableau croisé dynamique a été mise à jour.

SheetSelectionChange

Survient lorsque la sélection change sur une feuille de calcul quelconque (l'événement ne survient pas si la sélection est effectuée sur une feuille graphique).

WindowActivate

Survient lorsqu'un classeur est activé.

WindowDeActivate

Survient lorsqu'un classeur est désactivé.

WindowResize

Survient dès que la fenêtre d'un classeur est redimensionnée.

WorkBookActivate

Survient lorsqu'un classeur est activé.

WorkBookAddinInstall

Survient lorsqu'un classeur est installé sous la forme d'une macro complémentaire.

WorkBookAddinUninstall

Survient lorsqu'un classeur macro complémentaire est désinstallé.

WorkbookAfterXMLExport

Survient après l'export d'un fichier XML.

WorkbookAfterXMLImport

Survient après l'import d'un fichier XML.

WorkBookBeforeClose

Survient juste avant la fermeture d'un classeur.

WorkBookBeforePrint

Survient avant toute impression d'un classeur ouvert.

WorkBookBeforeSave

Survient avant l'enregistrement de tout classeur ouvert.

WorkbookBeforeXMLExport

Survient avant l'export d'un fichier XML.

WorkbookBeforeXMLImport

Survient avant l'import d'un fichier XML.

WorkBookDeactivate

Survient lorsqu'un classeur ouvert est désactivé.

WorkBookNewSheet

Survient lorsqu'une nouvelle feuille est créée dans un classeur ouvert.

WorkBookOpen

Survient lorsqu'un classeur est ouvert.

WorkbooktPivotTableOpenConnection

Survient lorsqu'un rapport de tableau croisé dynamique a établi une connexion avec sa source de données.

WorkbooktPivotTableCloseConnection

Survient lorsqu'un rapport de tableau croisé dynamique se déconnecte de sa source de données.

WorkbookRowsetComplete

L'événement est déclenché lorsque l'utilisateur extrait le jeu d'enregistrements d'un tableau croisé OLAP.

WorkbookSync

Survient lors de la synchronisation de la copie locale d'une feuille de calcul faisant partie d'un espace de travail avec la copie sur le serveur.

D. Les événements de l'objet Workbook

Activate

Survient lorsque le classeur est activé.

AddinInstall

Survient lorsque le classeur est installé sous la forme d'une macro complémentaire.

AddinUninstall

Survient lorsque le classeur est désinstallé sous la forme d'une macro complémentaire.

AfterXMLExport

Survient après l'export d'un fichier XML.

AfterXMLImport

Survient après l'import d'un fichier XML.

BeforeClose

Survient avant la fermeture du classeur ; si le classeur a été modifié, cet événement se produit avant que l'utilisateur soit invité à enregistrer ses modifications.

BeforePrint

Survient avant l'impression du classeur (ou de tout élément de celui-ci).

BeforeSave

Survient avant l'enregistrement du classeur.

BeforeXMLExport

Survient avant l'export d'un fichier XML.

BeforeXMLImport

Survient avant l'import d'un fichier XML.

Deactivate

Survient lorsque le graphique, la feuille de calcul ou le classeur est désactivé.

NewSheet

Survient lorsqu'une nouvelle feuille est créée dans le classeur.

Open

Survient lorsque le classeur est ouvert.

PivotTableOpenConnection

Survient lorsqu'un rapport de tableau croisé dynamique a établi une connexion avec sa source de données.

PivotTableCloseConnection

Survient lorsqu'un rapport de tableau croisé dynamique se déconnecte de sa source de données.

RowsetComplete

L'événement est déclenché lorsque l'utilisateur extrait le jeu d'enregistrements d'un tableau croisé OLAP.

SheetActivate

Survient lorsqu'une feuille est activée.

SheetBeforeDoubleClick

Survient lorsque l'utilisateur double clique sur une feuille de calcul avant le double clic par défaut.

SheetBeforeRightClick

Survient lorsque l'utilisateur effectue un clic droit sur une feuille de calcul avant le clic par défaut à l'aide du clic droit de la souris.

SheetCalculate

Survient après le recalcul de toute feuille de calcul ou après le traçage des données modifiées sur un graphique.

SheetChange

Survient lorsque des cellules d'une feuille de calcul sont modifiées par l'utilisateur ou par un lien externe.

SheetDeactivate

Survient lorsqu'une feuille de calcul est désactivée.

SheetFollowHyperlink

Se produit lorsque l'utilisateur clique sur un lien hypertexte dans Microsoft Excel.

SheetPivotTableUpdate

Survient lorsque que la feuille du rapport de tableau croisé dynamique a été mise à jour.

SheetSelectionChange

Survient lorsque la sélection change sur une feuille de calcul quelconque (l'événement ne survient pas si la sélection est effectuée sur une feuille graphique).

Sync

Survient lors de la synchronisation de la copie locale d'une feuille de calcul faisant partie d'un espace de travail avec la copie sur le serveur.

WindowActivate

Survient lorsqu'un classeur est activé.

WindowDeActivate

Survient lorsqu'un classeur est désactivé.

WindowResize

Survient dès que la fenêtre d'un classeur est redimensionnée.

E. Les événements de l'objet Worksheet

Activate

Survient lorsqu'un classeur, une feuille de calcul, une feuille graphique ou un graphique incorporé est activé.

BeforeDoubleClick

Survient lorsque l'utilisateur double clique sur une feuille de calcul ou un graphique incorporé avant le double clic par défaut.

BeforeRightClick

Survient lorsque l'utilisateur effectue un clic droit sur un graphique incorporé ou une feuille de calcul avant le clic par défaut à l'aide du clic droit de la souris.

Calculate

Survient après le recalcul de la feuille de calcul.

Change

Survient lorsque les cellules de la feuille de calcul sont modifiées par l'utilisateur ou par un lien externe.

Deactivate

Survient lorsque le graphique, la feuille de calcul ou le classeur est désactivé.

FollowHyperlink

Survient lorsque l'utilisateur clique sur un lien hypertexte dans une feuille de calcul.

PivotTableUpdate

Survient lorsqu'un rapport de tableau croisé dynamique a été mis à jour dans une feuille de calcul.

SelectionChange

Survient lorsque la sélection change dans une feuille de calcul.

F. Les événements de l'objet Chart

Activate

Survient lorsqu'une feuille graphique ou un graphique incorporé est activé.

BeforeDoubleClick

Survient lorsque l'utilisateur double clique sur une feuille de graphique ou un graphique incorporé avant le double clic par défaut.

BeforeRightClick

Survient lorsque l'utilisateur effectue un clic droit sur un graphique incorporé ou une feuille de graphique avant le clic par défaut à l'aide du clic droit de la souris.

Calculate

Survient après que le graphique a tracé des données nouvelles ou modifiées.

Deactivate

Survient lorsque le graphique, la feuille de calcul ou le classeur est désactivé.

DragOver

Survient lorsqu'une plage de cellules est déplacée sur un graphique.

DragPlot

Survient lorsqu'une plage de cellules est déplacée et déposée sur un graphique.

MouseDown

Survient lorsque l'utilisateur effectue un clic droit ou gauche alors que le pointeur se trouve sur un graphique.

MouseMove

Survient lorsque le pointeur de la souris se déplace sur un graphique.

MouseUp

Survient lorsque l'utilisateur relâche le clic gauche ou droit alors que le pointeur se trouve sur un graphique.

Resize

Survient lorsque le graphique est redimensionné.

Select

Survient lorsqu'un élément de graphique est sélectionné.

SeriesChange

Survient lorsque l'utilisateur modifie la valeur d'un point de données d'un graphique.

Chapitre 9 : Débogage et gestion des erreurs

A. Les différents types d'erreur

On distingue différents types d'erreur dans le langage VBA :

- les erreurs de syntaxe ;
- les erreurs de compilation ;
- les erreurs d'exécution ;
- les erreurs de logique.

1. Les erreurs de syntaxe

Les erreurs de syntaxe peuvent être décelées automatiquement lors de la saisie du code dans VBA.

→ Pour activer la vérification de syntaxe, dans le menu **Outils**, sélectionnez **Options**, puis sélectionnez l'onglet **Editeur** et cochez la case **Vérification automatique de la syntaxe**.

Exemple

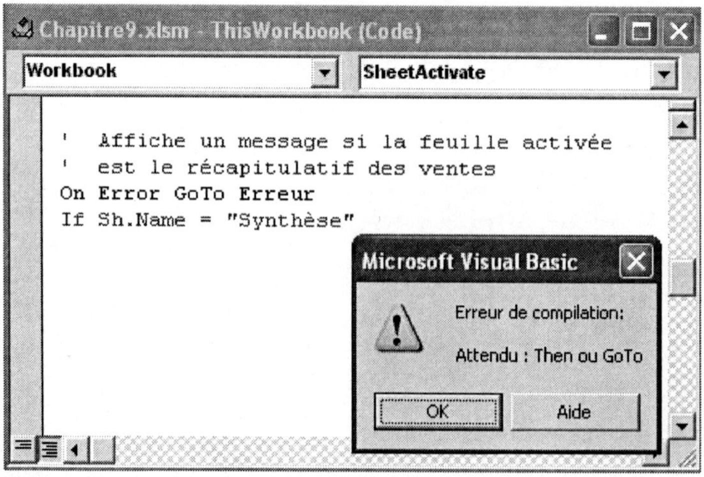

Les erreurs de syntaxe non corrigées provoqueront une erreur de compilation, d'où le message affiché.

2. Les erreurs de compilation

Les erreurs de compilation sont décelées lorsque Excel tente de compiler votre code.

Le code VBA peut être compilé de deux façons :

– à la demande en sélectionnant l'option **Compiler** du menu **Débogage**. Dans ce cas le code est entièrement compilé.

– automatiquement **lors de l'exécution du code**. Dans ce cas, le code contenu dans les procédures n'est compilé que lors du premier appel de la procédure. Les procédures non appelées ne seront pas compilées.

Il est recommandé de compiler le programme avant de l'exécuter afin de gagner du temps sur la mise au point.

Exemple

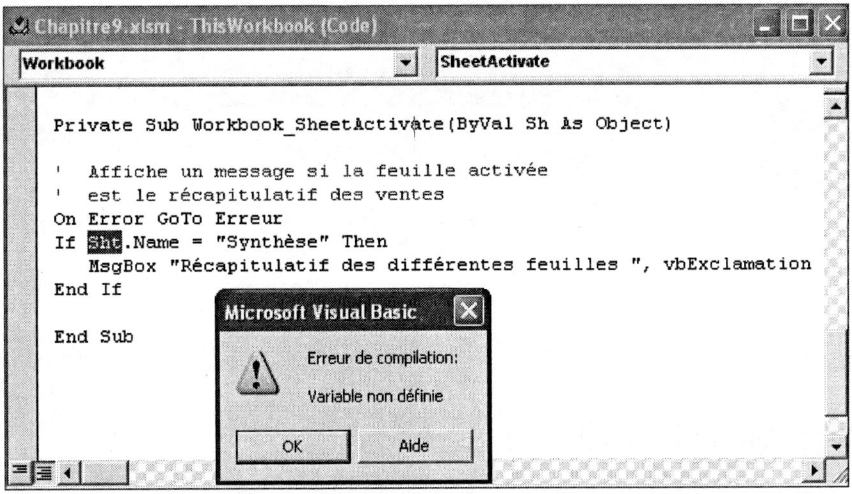

Il est possible d'anticiper les erreurs d'exécution dues à des variables non déclarées en utilisant l'instruction **Option Explicit**. Si vous tentez d'utiliser un nom de variable non déclarée, une erreur se produit lors de la compilation.

3. Les erreurs d'exécution

Les erreurs d'exécution sont décelées lorsque Excel tente d'exécuter votre code. Une instruction, une opération, un appel de fonction... invalides provoquent une erreur d'exécution. Par exemple, l'utilisation d'un indice erroné dans une collection ou l'affectation d'une valeur non numérique à une variable de type numérique peuvent provoquer une erreur d'exécution.

<u>*Exemple*</u>

La feuille de calcul "Janvier" n'existe pas dans le classeur actif.

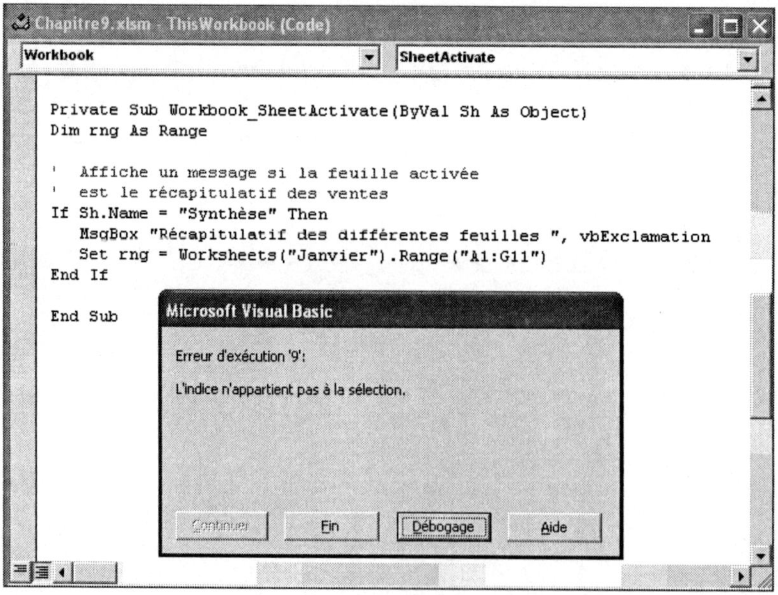

4. Les erreurs de logique

Les erreurs de logique sont liées à des erreurs de raisonnement ou à une mauvaise traduction d'un raisonnement en code VBA. Par exemple, un algorithme de calcul peut produire une erreur de résultat si lors de sa transcription en VBA une opération est omise ou mal traduite, ou si l'algorithme est erroné.

Les erreurs de logique sont les plus difficiles à détecter. Elles n'entraînent généralement pas d'erreur d'exécution, mais produisent un résultat différent de celui attendu.

Pour pouvoir analyser ce type d'erreur, l'environnement VBE propose des outils de débogage permettant d'exécuter le code pas à pas et de vérifier le contenu des variables au fur et à mesure du déroulement du programme.

B. Débogage

1. Présentation

Le débogage peut être activé de différentes façons :

– en exécutant le programme **pas à pas**,

– en marquant des **points d'arrêt** aux niveaux d'instructions VBA,

– en cliquant sur le bouton de commande **Débogage** lorsqu'une erreur d'exécution survient.

Les différents outils de débogage permettent alors:

– de connaître à tout moment la valeur de variables ou d'expressions,

– d'exécuter des instructions,

– de modifier interactivement le code,

– d'exécuter le code pas à pas,

– d'ajouter des points d'arrêt.

2. La barre d'outils Débogage

Le barre d'outils **Débogage** permet d'accéder directement aux différents outils de débogage.

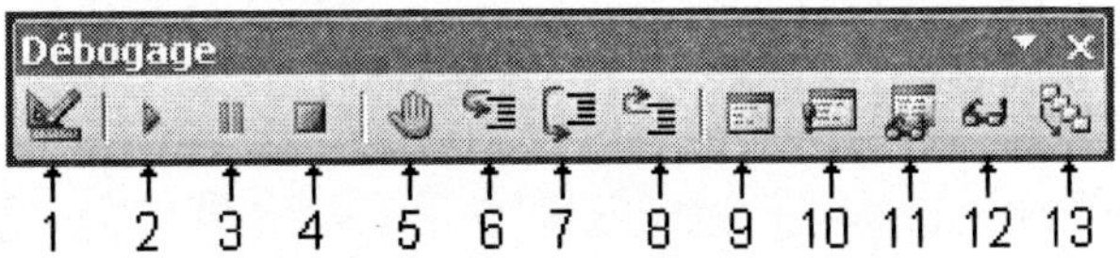

1. **Mode création** : active ou désactive le mode création.

2. **Exécuter** (raccourci-clavier [F5]) : exécute le code de la procédure en cours, de la feuille UserForm active ou d'une macro.

3. **Arrêt** (raccourci-clavier [Ctrl][Pause]) : interrompt l'exécution du programme en cours et passe en mode Arrêt.
4. **Réinitialiser** : efface le contenu des variables et réinitialise le projet.
5. **Basculer le point d'arrêt** (raccourci-clavier [F9]) : définit ou supprime un point d'arrêt sur la ligne en cours ; le code est exécuté jusqu'au point d'arrêt, puis passe en mode débogage.
6. **Pas à pas détaillé** (raccourci-clavier [F8]) : exécute le code en marquant un arrêt après chaque instruction de la procédure en cours et des procédures appelées.
7. **Pas à pas principal** (raccourci-clavier [Maj][F8]) : exécute le code en marquant un arrêt après chaque instruction de la procédure en cours (les instructions des procédures appelées sont exécutées en continu).
8. **Pas à pas sortant** (raccourci-clavier [Ctrl][Maj][F8]) : exécute en continu les lignes restantes de la procédure en cours.
9. **Fenêtre variable locales** : affiche les valeurs de variables locales de la procédure.
10. **Fenêtre exécution** (raccourci-clavier [Ctrl] G) : affiche la fenêtre exécution permettant d'exécuter inter activement une instruction.
11. **Fenêtre espions** : affiche la liste des variables espionnes.
12. **Espion express** (raccourci-clavier [Maj][F9]) : affiche la valeur de l'expression sélectionnée.
13. **Pile des appels** : affiche la liste des appels de procédure dont l'exécution n'est pas terminée.

3. L'objet Debug

L'objet **Debug** permet d'envoyer des données de sortie dans la fenêtre **Exécution** au moment de l'exécution.

Méthodes

Print

Affiche du texte dans la fenêtre **Exécution**.

Assert

Suspend l'exécution de manière conditionnelle, à la ligne où apparaît la méthode.

Exemple

```
Private Sub Workbook_SheetActivate(ByVal Sh As Object)
'   Affiche le nom de la feuille active dans la fenêtre Exécution
Debug.Print Sh.Name
If Sh.Name = "Synthèse" Then ...
```

Résultat dans la fenêtre Exécution :

C. Gestion des erreurs en VBA

Lorsqu'une erreur se produit, VBA génère parfois une erreur d'exécution qui interrompt l'application. D'autres erreurs peuvent amener le code VBA à se comporter de manière imprévisible.

Pour éviter ceci, il est possible de traiter l'erreur à l'aide des instructions et fonctions suivantes :

➔ On Error

(instruction)

Indique une séquence d'instructions à exécuter en cas d'erreur.

Syntaxe 1

```
On Error GoTo ligne
```

Active la routine de gestion d'erreur qui commence à l'endroit spécifié par l'argument `ligne`.
L'argument `ligne` doit être une étiquette de ligne ou un numéro de ligne.
La `ligne` doit appartenir à la même procédure que l'instruction **On Error**.
Si l'argument `ligne` est un numéro de ligne, celui-ci doit obligatoirement être le premier caractère non vide de la ligne.

Syntaxe de la routine de gestion d'erreur

```
Ligne:
   instructions
Resume
```

L'instruction **Resume** permet de reprendre l'exécution du code lorsque la routine de gestion d'erreur est terminée, c'est-à-dire une fois réglé le problème posé par l'erreur.

Vous pouvez utiliser trois syntaxes différentes pour **Resume** :

Resume 0 reprise de l'exécution du code là où l'erreur s'est produite.

Resume Next reprise à partir de l'instruction qui suit immédiatement celle qui a généré l'erreur.

Resume Ligne reprise à l'endroit spécifié par l'argument `Ligne`.

Pour empêcher l'exécution du code de gestion d'erreur en l'absence d'erreurs, placez une instruction **Exit Sub**, **Exit Function** ou **Exit Property** immédiatement avant la routine de gestion d'erreur.

Syntaxe 2

```
On Error Resume Next
```

Spécifie qu'en cas d'erreur d'exécution, l'exécution doit se poursuivre.

Syntaxe 3

On Error GoTo 0

Permet d'interrompre la gestion des erreurs alors que la procédure est encore en cours d'exécution.

Exemple

Procédure pour sélectionner chaque feuille et la renommer (par l'intermédiaire d'une boîte de dialogue) avec une routine de gestion d'erreur provoquée lorsque le nom saisi est incorrect ou correspond à un nom existant.

```
Sub Erreurs_Noms_Feuilles()
   Dim FeuilleTest As Worksheet
   Dim NouveauNom As String

   '  En cas d'erreur, la routine "GestionDesErr" sera exécutée
   On Error GoTo GestionDesErr

   '  Pour chaque feuille, sélection de celle-ci puis demande d'un nom
   For Each FeuilleTest In Sheets
       FeuilleTest.Select
   1   NouveauNom = InputBox _
              (prompt:="Saisir le nom de feuille active", _
               Default:=FeuilleTest.Name)
   '  Sortie de la procédure si l'utilisateur clique sur le
   '  bouton Annuler ou n'indique aucun nom
      If NouveauNom = "" Then Exit Sub
      FeuilleTest.Name = NouveauNom
   Next
   '  Désactive la gestion des erreurs
   On Error GoTo 0
   '  Sélectionne la 1ère feuille et enregistre le classeur
   Sheets(1).Select
   ActiveWorkbook.Save
   Exit Sub

   '  Routine de gestion des erreurs avec affichage
   '  d'un message et reprise à la ligne numérotée 1
   GestionDesErr:
      MsgBox "Nom de feuille incorrect ou déjà utilisé"
      Resume 1
End Sub
```

➔ Error
(fonction)

Renvoie un message correspondant à un numéro d'erreur.

Syntaxe

```
Error (Code erreur)
```

➔ Error
(instruction)

Simule l'occurrence d'une erreur.

Syntaxe

```
Error CodeErreur
```

Les codes d'erreur personnalisés doivent avoir une valeur supérieure à celle des codes d'erreur standards et inférieure à 65 535.

1. L'objet Err

L'objet **Err** contient des informations permettant de connaître l'origine d'une erreur d'exécution.

Propriétés

Description

Renvoie une chaine de caractères expliquant l'origine de l'erreur.

HelpContext

Renvoie l'identificateur de contexte associé à une rubrique d'un fichier d'aide.

HelpFile

Renvoie une chaîne de caractères contenant le chemin d'accès complet au fichier d'aide.

LastDLLError

Renvoie un code d'erreur système produit par un appel à une bibliothèque de liaisons dynamiques.

Number

Renvoie une valeur numérique indiquant le numéro de l'erreur.

Source

Renvoie une chaîne de caractères contenant le nom de l'objet ou de l'application qui a généré l'erreur.

Méthodes

Clear

Efface de manière explicite le contenu de l'objet **Err**.

Raise

Permet de générer des erreurs d'exécution.

Exemple

Le code suivant permet d'afficher un message donnant des informations sur la nature de l'erreur.

```
Private Sub Workbook_SheetActivate(ByVal Sh As Object)
   Dim rng As Range

   ' Affiche un message si la feuille activée
   ' est le récapitulatif des ventes
   On Error GoTo Erreur

   If Sh.Name = "Synthèse" Then
      MsgBox "Récapitulatif des différentes feuilles ", vbExclamation
   Set rng = Worksheets("Janvier").Range("A1:G11")
   End If
   On Error GoTo 0
   Exit Sub                                                    .../...
```

```
.../...
   '  En cas d'erreur, affichage d'un message avec
   '  la description de l'erreur rencontrée
   Erreur:
      MsgBox "Erreur au niveau de la procédure : " _
      & "Workbook_SheetActivate " _
      & vbCr & vbCr & "de l'application : " & Err.Source _
      & vbCr & vbCr & "Erreur N " & Err.Number & " : " _
      & Err.Description
      Resume Next
End Sub
```

Pour tester cet exemple :

– *saisir le code dans le module **ThisWorkbook**,*

– *nommer une feuille **Synthèse**,*

– *positionner le curseur sur la feuille **Synthèse**.*

L'exécution de ce code (si la feuille Janvier n'existe pas) renvoie la boîte de message suivante :

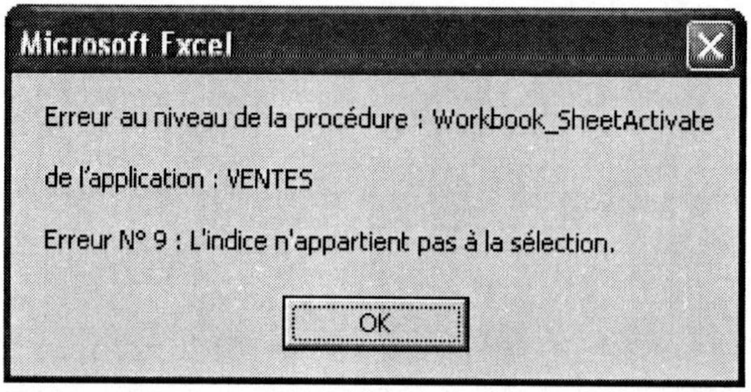

Si la feuille **Janvier** existe, aucune erreur ne se produit.

Chapitre 10 : Liens entre applications

A. La technologie Automation

1. Présentation

Automation, appelée également **OLE** (*Object Linking and Embedding*) ou OLE Automation, est une technologie vous permettant de manipuler les objets d'une autre application directement à partir d'Access ou de VBA Access.

Pour fonctionner, **Automation** nécessite un client et un serveur appelé **serveur OLE**. Le serveur est l'application ou le composant qui fournit les services au client. Le client (appelé également contrôleur) utilise ces services pour piloter l'application serveur et manipuler ses objets. Par exemple si vous lancez un publipostage Word à partir de VBA Access, Access est le client et Word le serveur OLE.

Une **bibliothèque d'objets** est un fichier, doté généralement d'une extension olb, fournissant les informations permettant de manipuler les objets mis à disposition par un serveur. Vous pouvez utiliser l'Explorateur d'objets pour examiner le contenu d'une bibliothèque d'objets.

Pour avoir accès aux objets d'une autre application, vous devez référencer sa bibliothèque d'objets de la façon suivante :

→ Sélectionnez l'option **Références** du menu **Outils**. La boîte de dialogue **Références** s'affiche alors avec tous les serveurs OLE enregistrés dans la base de registre.

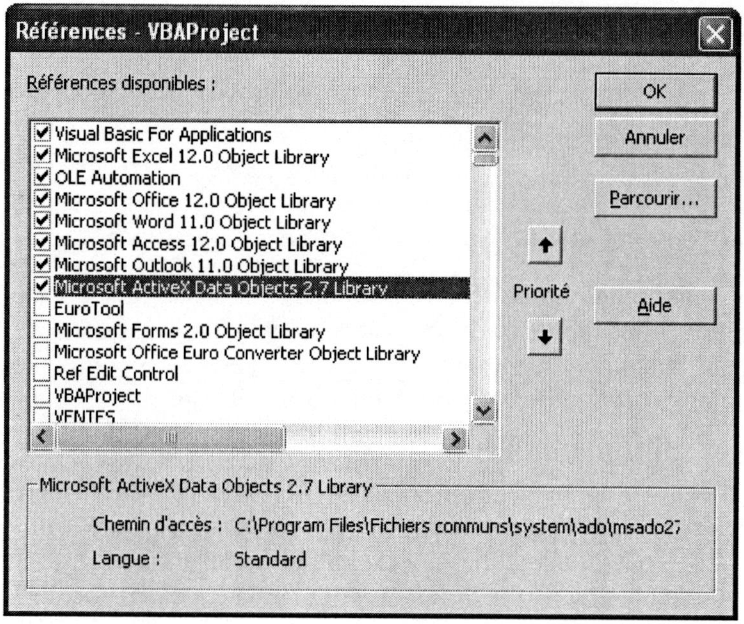

➔ Activez ensuite les références souhaitées.

Le numéro précisé dans le nom de la bibliothèque d'objet correspond à la version de Microsoft Office (9.0 pour la version 2000, 10.0 pour la version 2002, 11.0 pour la version 2003 et 12.0 pour la version 2007).

---

2. Utilisation de la technologie Automation

Pour pouvoir manipuler les objets d'une autre application, vous devez procéder de la façon suivante :

➔ Définissez dans le code VBA une variable objet.

➔ Utilisez les fonctions **CreateObject** ou **GetObject** pour faire référence à l'objet.

Exemples

Lancement de Word

```
Dim appWord as Object
Set appWord = CreateObject("Word.Application")
```

ou

```
Dim appWord As New Word.Application
```

Référence à un document Word existant

```
Dim docWord As New Word.Document
Set docWord = GetObject("C:\Clients\mailing.doc")
```

Si plusieurs versions du même logiciel sont installées, la dernière version enregistrée dans la base de registre sera exécutée.

Vous pouvez cependant préciser la version du logiciel à lancer :

Exemple :

Lance l'application Word 2000.

```
Dim appWord as Object
Set appWord = CreateObject("Word.Application.10")
```

Les paragraphes suivants décrivent comment piloter différents logiciels de la suite Microsoft Office en utilisant la technologie Automation.

Les objets, collections, méthodes et propriétés des modèles objet de la suite Microsoft Office étant très nombreux, seuls les plus utilisés sont décrits dans les paragraphes suivants.

B. Communiquer avec Word depuis Excel

1. Le modèle objet Word

Extrait du modèle objet Word :

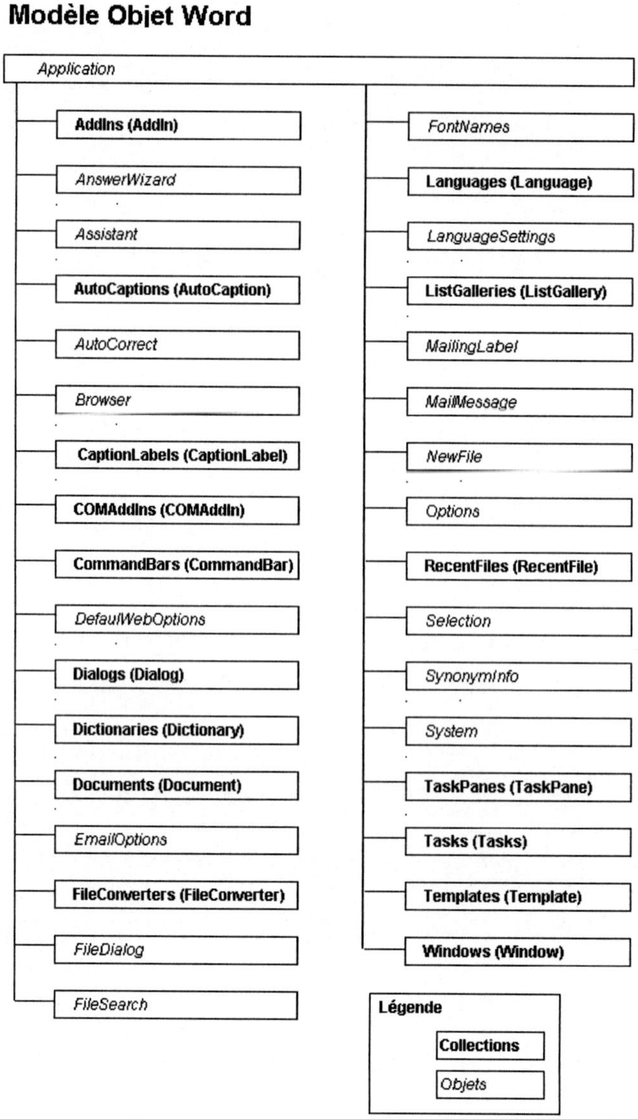

2. Objets et collections Word

Documents

Collection de tous les fichiers Word (objets **Document**) ouverts.

Dictionaries

Collection de tous les dictionnaires personnels actifs (objets **Dictionary**).

EmailOptions

Objet contenant les attributs globaux que Microsoft Word utilise lorsque vous créez et modifiez des messages électroniques et des réponses à ces messages.

FileConverters

Collection de tous les convertisseurs de fichier (objets **FileConvert**) disponibles pour ouvrir et enregistrer des fichiers.

FontNames

Objet contenant la liste des noms de toutes les polices disponibles.

Languages

Collection des langues (objets **Language**) utilisées dans Word pour les vérifications linguistiques et la mise en forme.

ListGalleries

Collection des bibliothèques de modèles de liste (avec puces, numéros, hiérarchisation).

MailMessage

Objet représentant le message électronique actif si Word est votre éditeur de courrier électronique.

Options

Représente les options d'application et de document de Word.

Selection

Représente la sélection en cours d'une fenêtre ou d'un volet.

System

Contient des informations sur le système de votre ordinateur.

Templates

Collection de tous les modèles (objets **Template**) actuellement disponibles.

3. La collection Documents

La collection **Documents** est constituée de tous les objets **Document** ouverts dans Word.

Méthodes

Add

Crée un nouveau document et l'ajoute à la collection **Documents**.
ex : Documents.Add Template:="Normal"

Close

Ferme tous les documents Word ouverts.
ex : Documents.Close

Open

Ouvre le document spécifié et l'ajoute à la collection **Documents**.
ex : Documents.Open FileName:="C:\Clients\Relance.doc", ReadOnly:=True

Save

Enregistre tous les documents ouverts.
ex : Documents.Save

4. L'objet Document

L'objet **Document** permet de faire référence à un document Word. **ActiveDocument** désigne le document actif.

Méthodes

Activate

Active un document déjà ouvert.
ex : Documents("Achats.doc").Activate

Close

Ferme un document Word ouvert.
ex : Documents("Achats.doc").Close
Ou ActiveDocument.Close

PrintPreview

Affiche un document en mode Aperçu avant impression.
ex : ActiveDocument.PrintPreview

Range

Renvoie un objet **Range** (Selection).
ex : ActiveDocument.Range(0, 50).Bold = True

Save

Enregistre un document.
ex : ActiveDocument.Save

SaveAs

Enregistre un document sous un nouveau nom ou format.
ex : ActiveDocument.SaveAs FileName:=strDocName

Objets et collections

Characters

Collection des caractères situés dans un document.

MailMerge

Fusion et publipostage dans Word.

PageSetup

Description de la mise en page.

Paragraphs

Collection des paragraphes d'un document.

Tables

Collection des tableaux contenus dans le document.

Words

Collection des mots du document.
ex : ActiveDocument.Words.Count

5. Exemple

Cet exemple montre comment insérer un texte (titre), et coller un tableau et un graphique Excel dans un nouveau document Word.

```
Public Sub CopieDansWord()
   Dim appWord As New Word.Application
   Dim docWord As New Word.Document
   Dim rng As Range
   '  Ajoute un nouveau document
   With appWord
      .Visible = True
      Set docWord = .Documents.Add
      .Activate
   End With

   With appWord.Selection
       '   Ajoute une ligne de titre et la met en forme
       .TypeText Text:="Résultat des  ventes de 2007"
       .HomeKey Unit:=wdLine
       .EndKey Unit:=wdLine, Extend:=wdExtend
       .ParagraphFormat.Alignment = wdAlignParagraphCenter
       .Font.Size = 18
        With .Font
             .Name = "Verdana"
             .Size = 18
             .Bold = True
             .Italic = False
             .SmallCaps = True
        End With
                                                            .../...
```

```
.../...
        '  Copie le tableau Excel dans le presse-papiers
       Range("A1:D10").Copy
        '  Colle le tableau dans Word avec liaison
       .EndKey Unit:=wdLine
       .TypeParagraph
       .TypeParagraph
       .PasteSpecial Link:=True, DataType:=wdPasteOLEObject, _
                    Placement:=wdInLine, DisplayAsIcon:=False

       '  Copie le graphique Excel dans le presse-papiers
       ActiveSheet.ChartObjects(1).Activate
       ActiveChart.ChartArea.Select
       ActiveChart.ChartArea.Copy
       '  Colle le graphique dans Word
       .TypeParagraph
       .TypeParagraph
       .Paste
   End With

   With docWord
        '   Enregistre le document Word dans le même
        '   dossier que le classeur Excel
        .SaveAs ThisWorkbook.Path & "\Resultat_2007.doc",  _
        Allowsubstitutions:=True
        '   Aperçu du résultat dans Word
        .PrintPreview
   End With
   '   Réinitialise l'objet
   Set appWord = Nothing
End Sub
```

Résultat dans Word :

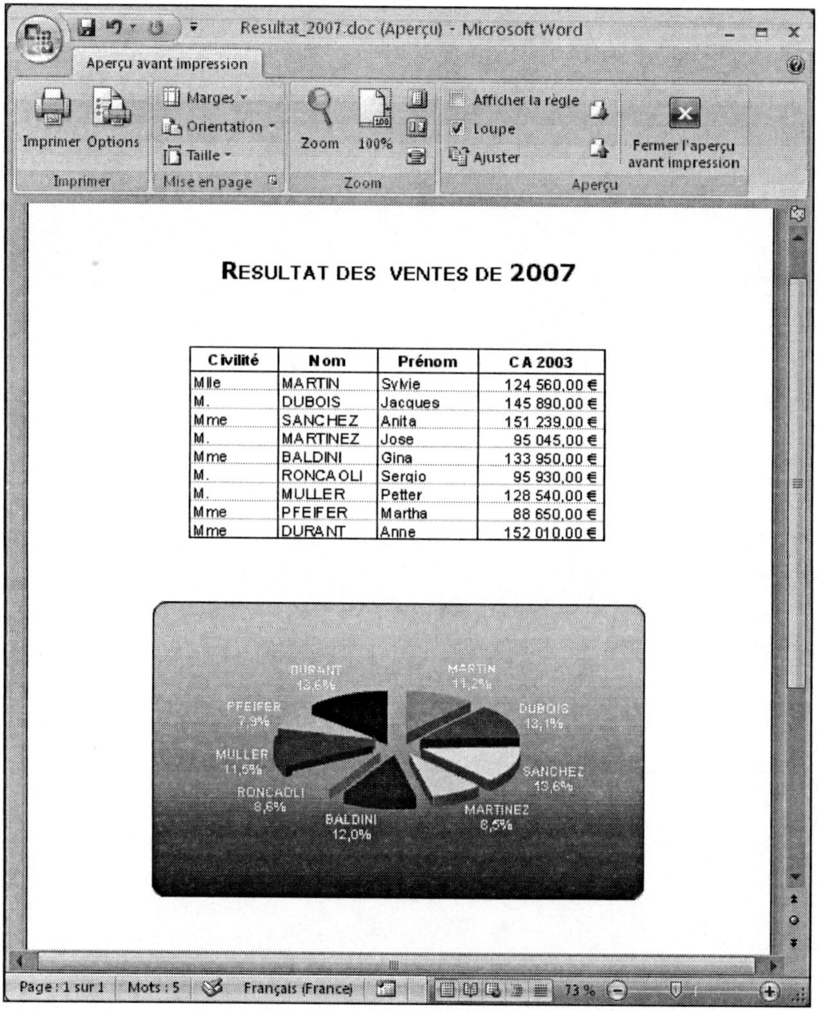

RESULTAT DES VENTES DE 2007

Civilité	Nom	Prénom	CA 2003
Mlle	MARTIN	Sylvie	124 560,00 €
M.	DUBOIS	Jacques	145 890,00 €
Mme	SANCHEZ	Anita	151 239,00 €
M.	MARTINEZ	Jose	95 045,00 €
Mme	BALDINI	Gina	133 950,00 €
M.	RONCAOLI	Sergio	95 930,00 €
M.	MULLER	Petter	128 540,00 €
Mme	PFEIFER	Martha	88 650,00 €
Mme	DURANT	Anne	152 010,00 €

C. Communiquer avec Access depuis Excel

1. Le modèle objet Access

Extrait du modèle objet Access :

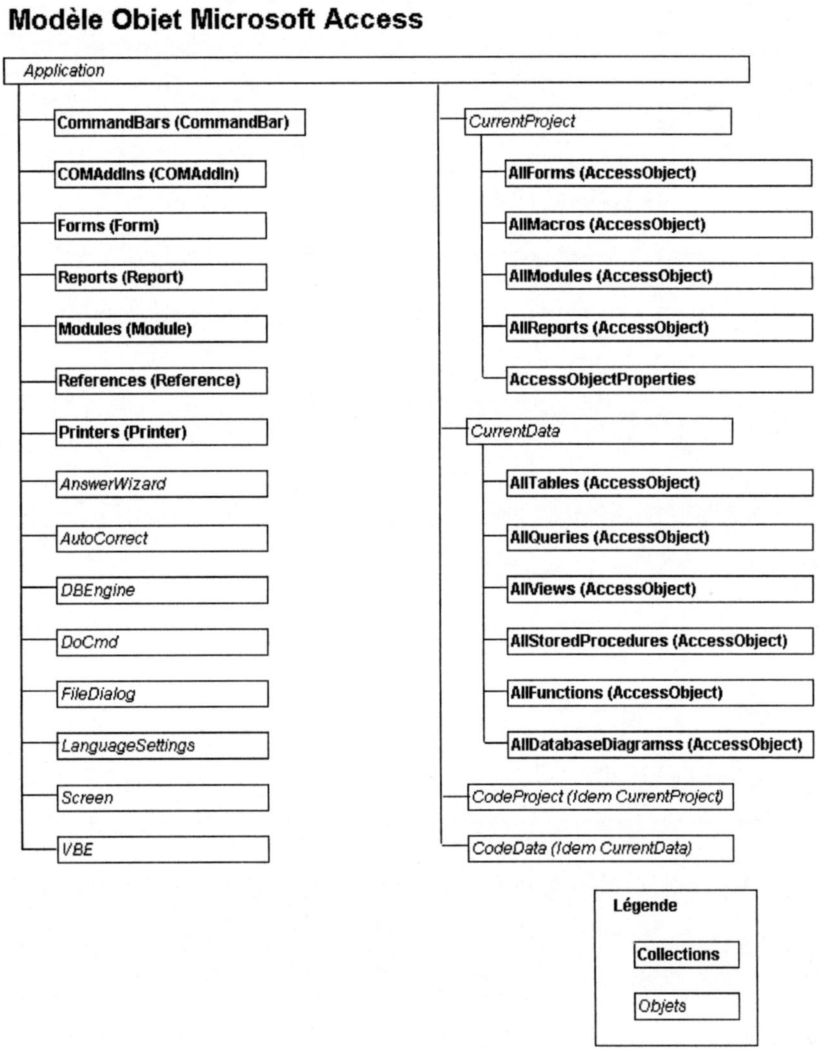

2. Exemples

a. Liste des tables d'une base Access

Cet exemple montre comment afficher la liste des tables de la base Access Northwind 2007.accdb.

```
Sub Tables_Access()
Dim appAccess As Access.Application
Dim i, j As Integer

'   Lance une session Microsoft Access
Set appAccess = CreateObject("Access.application")

'   Affiche la liste des tables en parcourant
'   la collection Alltables de l'objet CurrentData
With appAccess
   .OpenCurrentDatabase (ThisWorkbook.Path & "Northwind 2007.accdb)
   j = 6
   For i = 1 To .CurrentData.AllTables.Count - 1
       If Left(UCase(.CurrentData.AllTables(i).Name), 4) _
          <> "MSYS" Then
          Range("A" & j) = .CurrentData.AllTables(i).Name
          j = j + 1
       End If
   Next i
End With

'   Quitte l'application Access
appAccess.Quit

'   Réinitialise l'objet
Set appAccess = Nothing
End Sub
```

b. Affichage d'une table Access dans Excel

L'objet QueryTable représente une plage de données externe (base de données, page Web...) contenue dans une feuille de calcul. Les propriétés de cet objet sont détaillées dans le chapitre 11, consacré à Internet.

```
Sub Affiche_Table()
Dim i As Integer

'   Supprime les données de la dernière table affichée
If ActiveSheet.ListObjects.Count > 0 Then
  For i = ActiveSheet.ListObjects(1).ListColumns.Count To 1 Step -1
    ActiveSheet.ListObjects(1).ListColumns(i).Delete
  Next i
End If

'   Affiche le contenu de la table sélectionnée
'   en effectuant une requête sur la base Northwind 2007
On Error GoTo 1:
If ActiveCell  "" And ActiveCell.Column = 3 Then
   With ActiveSheet.ListObjects.Add(SourceType:=0, Source:=Array( _
        "OLEDB;Provider=Microsoft.ACE.OLEDB.12.0;", _
        "Data Source=" & ThisWorkbook.Path & "\Northwind 2007.accdb;", _
        "Mode=Share Deny Write;Jet OLEDB:Engine Type=6"), _
        Destination:=Range("$D$2")).QueryTable
        .CommandType = xlCmdTable
        .CommandText = Array(ActiveCell)
        .RowNumbers = False
        .PreserveFormatting = True
        .BackgroundQuery = True
        .RefreshStyle = xlInsertDeleteCells
        .AdjustColumnWidth = True
        .PreserveColumnInfo = True
        .AdjustColumnWidth = True
        .PreserveColumnInfo = True
        .Refresh BackgroundQuery:=False
    End With
Else
    MsgBox "Vous devez sélectionner un nom de table", vbExclamation
End If
On Error GoTo 0
Exit Sub                                                    .../...
```

```
.../...
1:
MsgBox "La table sélectionnée n'a pu être affichée", _
       vbExclamation

End Sub
```

Résultat dans Excel :

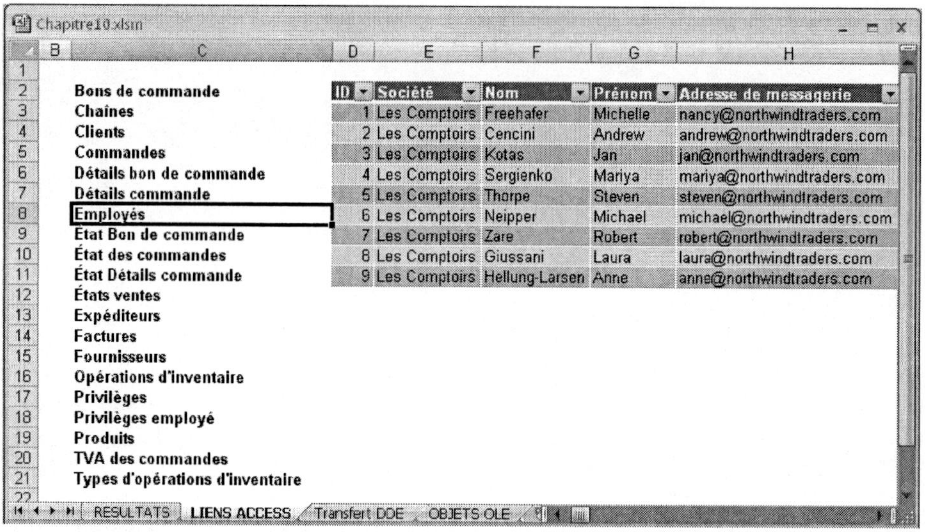

Dans cet exemple, les données importées peuvent être réactualisées à tout moment au moyen de la méthode Refresh de l'objet ListObject.

```
Sub Reactualise_Donnees()
   '   Réactualise toutes les requêtes
   '   de la feuille active
   Dim QTb As ListObject
   For Each QTb In ActiveSheet.ListObjects
       If QTb.SourceType = xlSrcQuery Then
          QTb.Refresh
       End If
   Next
End Sub
```

c. Ouverture d'une table ou requête Access dans un nouveau classeur

La méthode OpenDatabase utilisée permet d'importer une table ou le résultat d'une requête Access dans un nouveau classeur Excel.

```
Sub Ouvre_Table()
   Dim TableName As String
   Dim wbk As Workbook
   Dim wbkName As String
   Dim fso As Object
   '  Contrôle la cellule sélectionnée
   If ActiveCell = "" Or ActiveCell.Column  3 Then Exit Sub
   '  Ouvre la table sélectionnée
   TableName = ActiveCell
   Set wbk = Workbooks.OpenDatabase( _
       Filename:=ThisWorkbook.Path & "\Northwind 2007.accdb", _
       CommandText:=Array(TableName), CommandType:=xlCmdTable)
   '  Contrôle si le fichier Excel existe déjà
   wbkName = ThisWorkbook.Path & "\" & TableName & ".xlsx"
   If Dir(wbkName) <> "" Then
      If MsgBox("Classeur " & TableName _
         & " déjà existant, voulez-vous le supprimer ?", _
         vbQuestion + vbYesNo) = vbYes Then
         Set fso = CreateObject("Scripting.FileSystemObject")
         fso.deletefile wbkName
         Set fso = Nothing
      Else
         Exit Sub
      End If
   End If   '  Enregistre et ferme le classeur créé
   wbk.SaveAs wbkName
   wbk.Close
End Sub
```

Les données importées peuvent également être réactualisées à tout moment.

D. Communiquer avec Outlook depuis Excel

1. Le modèle objet Outlook

Extrait du modèle objet Outlook :

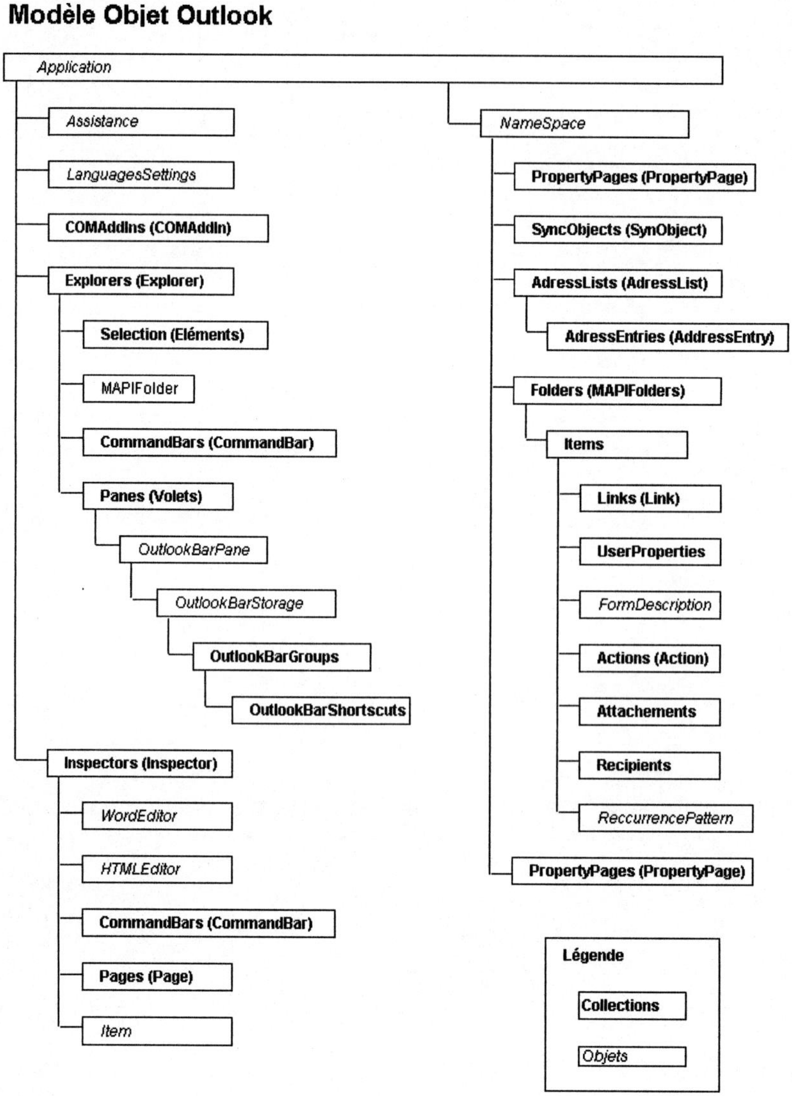

2. Exemple

Cet exemple permet de créer des messages (mails) Outlook et d'envoyer le classeur actif en pièce jointe.

```
Sub Envoi_Email()
Dim appOutlook As Outlook.Application
Dim message As Outlook.MailItem
Dim myRecipient As Object

'  Lance une session Microsoft Outlook
Set appOutlook = CreateObject("outlook.application")
'  Crée un nouveau message
Set message = appOutlook.CreateItem(olMailItem)

With message
   '  Titre, Texte, Destinataires, Pièces jointes du message
   .Subject = "RESULTAT DES VENTES"
   .Body = "Veuillez trouver ci-joint le résultat des ventes de 2007." _
            & Chr(13) & "Sincères salutations," & Chr(13)  _
            & "L'équipe Commerciale"
   .BodyFormat = olFormatHTML
   .Recipients.Add ("SYLVIE MARTIN")
   .Recipients.Add ("JACQUES DUBOIS")
   .Attachments.Add ThisWorkbook.Path & "\" & ThisWorkbook.Name

   '  Envoie le message
   .Send
End With

'  Quitte l'application Outlook
appOutlook.Quit

'  Réinitialise l'objet
Set appOutlook = Nothing
End Sub
```

Pour tester cet exemple, remplacez les noms Sylvie Martin et Jacques Dubois par des noms figurant dans les contacts de votre messagerie Outlook.

Résultat dans Outlook

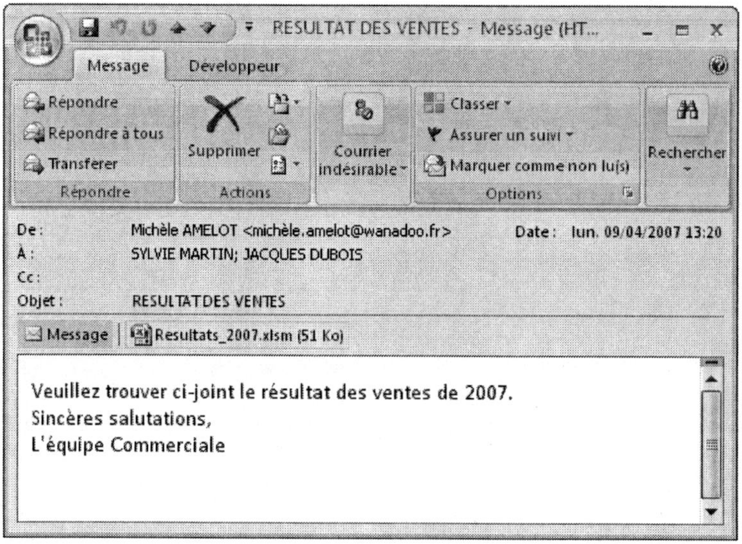

E. Le protocole DDE

DDE (*Dynamic Data Exchange*) est un protocole d'échange dynamique de données entre deux applications Windows, l'une appelée **Client** ou **Destination**, l'autre appelée **Serveur** ou **Source**. Le lien est rompu si l'une des deux applications vient à être fermée.

Une liaison DDE comprend trois phases principales :

- **initialisation** : l'application destination recherche l'application source et établit avec elle un canal de communication (liaison).
- **conversation** : des données sont échangées sur le canal.
- **clôture** : le canal de communication est fermé.

1. L'initialisation

➔ DDEInitiate

La fonction **DDEInitiate** permet d'initialiser la conversation entre deux applications. Elle renvoie le numéro de canal si la communication a pu être établie, sinon une erreur se produit.

Syntaxe

```
DDEInitiate (<application>,<sujet>)
```

`Application` Nom de l'application source.

`Sujet` Groupe de données à utiliser.

2. La liaison

➔ DDE

La fonction **DDE** permet d'entamer une conversation **DDE** avec une autre application, de demander à cette dernière des éléments d'information pour les afficher dans un contrôle figurant sur un formulaire ou sur un état.

Syntaxe

```
DDE(<Application>, <Rubrique>, <Elément>)
```

`Application` Expression chaîne identifiant une application.

`Rubrique` Fichier document ou fichier de données.

`Elément` Référence à une donnée de l'application source.

➔ DDESend

La fonction **DDESend** permet d'entamer une conversation **DDE** avec une autre application, et d'envoyer un élément d'information à cette application depuis un contrôle situé sur un formulaire ou sur un état.

Syntaxe

```
DDESend(<Application>, <Rubrique>, <Elément>, <Données>)
```

`Application`	Expression chaîne identifiant une application.
`Rubrique`	Fichier document ou fichier de données.
`Elément`	Référence à une donnée de l'application source.
`Données`	Chaîne ou expression contenant les données à envoyer à l'application destination.

➔ DDEPoke

L'instruction **DDEPoke** envoie des informations à l'application source sur un canal ouvert.

Syntaxe

```
DDEPoke(<Numéro de canal>, <Élément>, <Donnée>)
```

`Numéro de canal`	N° de canal retourné par la fonction **DDEInitiate**.
`Élément`	Référence à une donnée de l'application source.
`Donnée`	Donnée à passer à l'application source.

➔ DDERequest

La fonction **DDERequest** demande des informations à l'application source.

Syntaxe

```
DDERequest(<Numéro de canal>, <Élément>)
```

`Numéro de canal`	N° du canal retourné par la fonction **DDEInitiate**.
`Élément`	Référence à une donnée de l'application source.

➔ DDEExecute

L'instruction **DDEExecute** envoie une chaîne de commandes à l'autre application en cours de liaison.

Syntaxe

```
DDEExecute(<Numéro de canal>, <Commande>)
```

`Numéro de canal`	N° du canal retourné par la fonction **DDEInitiate**.
`Commande`	Chaîne contenant une commande reconnue par l'autre application.

3. La clôture

➔ DDETerminate

L'instruction **DDETerminate** ferme le canal de communication DDE.

Syntaxe

```
DDETerminate(<Numéro de canal>)
```

`Numéro de canal`	N° du canal retourné par la fonction **DDEInitiate**.

➔ DDETerminateAll

L'instruction **DDETerminateAll** ferme tous les canaux de communication DDE.

Syntaxe

```
DDETerminateAll
```

Exemple

Cet exemple montre comment copier des cellules Excel au début d'un document Word.

```
Sub TransfertWord()
Dim Canal As Variant
'  Ouvre un canal vers Word et ouvre le document Employes.doc
Canal = DDEInitiate(app:="WinWord", _
       topic:=ThisWorkbook.Path & "\Employes.docx")
'  Sélectionne une plage nommée
Worksheets("Transfert DDE").Range("Employés").Select
'  Copie le contenu de la sélection au début du document Word
DDEPoke Canal, "\EndOfDoc", Selection
'  Met fin à l'échange DDE
DDETerminate Canal
End Sub
```

F. Les objets liés ou incorporés

Il est possible de manipuler les objets liés ou incorporés dans Excel à partir de la collection **OLEObjects** d'objets **OLEObject**.

L'objet parent peut être un objet **Worksheet** ou un objet **Chart**.

Exemple

La procédure suivante modifie la taille et affecte une bordure à tous les objets incorporés dans la feuille de calcul Produits.

```
Sub Format_OLE()
Dim ole1 As OLEObject
For Each ole1 In Worksheets("Produits").OLEObjects
    With ole1
        .Height = 100
        .Width = 100
        .Border.Color = vbRed
        .Border.LineStyle = xlContinuous
        .Border.Weight = xlMedium
    End With
Next ole1
End Sub
```

1. Les méthodes de l'objet OLEObject

Activate	Duplicate
Add	Item
BringToFront	Select
Copy	SendToBack
CopyPicture	UpDate
Cut	Delete

2. Les propriétés de l'objet OLEObject

AutoLoad

True si l'objet est automatiquement chargé lorsque le classeur qui le contient est ouvert.

OLEType

Renvoie `xlOLELink` ou `xlOLEEmbed`.

Application	Name
AutoUpDate	Object
Border	Parent
BottomRightCell	Placement
Count	PrintObject
Creator	ProgId
Enabled	ShapeRange
Height	Shadow
Index	SourceName
Interior	Top
Left	TopLeftCell
LinkedCell	Visible
ListFillRange	Width
Locked	ZOrder

G. Méthodes et propriétés relatives aux liaisons Excel

1. Méthodes et propriétés de l'objet Workbook

➔ ChangeLink

`(méthode)`

Modifie une liaison entre deux documents.

```
ChangeLink (NAME,NEWNAME,type)
```

`NAME`	Nom de la liaison à modifier.
`NEWNAME`	Nouveau nom de la liaison.
`Type`	Type de liaison à renvoyer : `xlLinkTypeExcelLinks`, `xlLinkTypeOLELinks`.

➔ LinkInfo
(méthode)

Renvoie sur la date de liaison et l'état de mise à jour.

`LinkInfo(NAME,LINKINFO,Type,EditionRef)`

`NAME`	Nom de la liaison.
`LINKINFO`	Type d'informations à renvoyer : (`xlUpdateState` ou `xlEditionDate`).
`Type`	Type de liaison à renvoyer : (`xlLinkInfoOLELinks`, `xlLinkInfoPublishers` ou `xllinkInfoSubscribers`).
`EditionRef`	Référence de la liaison s'il s'agit d'une édition.

➔ LinkSources
(méthode)

Renvoie un tableau Visual Basic des liaisons dans le classeur.

`LinkSources(type)`

`Type`	Type de liaison à renvoyer : `xlExcelLinks`, `xlOLELinks`, `xlPublishers`, `xlSubscribers`

➔ OpenLinks
(méthode)

Ouvre le document source d'une liaison.

`OpenLinks(NAME,readonly,type)`

`NAME`	Nom de la liaison.
`Readonly`	Ouverture en lecture seule (**True** ou **False**).
`Type`	Type de la liaison : (`xlExcelLinks`, `xlOLELinks`, `xlPublishers`, ou `xlSubscribers`).

➔ SaveLinkValues

(propriété)

Propriété qui renvoie **True** si Excel enregistre les valeurs de liaisons externes dans le classeur.

➔ SetLinkOnData

(méthode)

Crée une procédure à exécuter lors de toute modification des données dans un lien.

```
SetLinkOnData(NAME,PROCÉDURE)
```

`NAME`	Nom de la liaison.
`PROCÉDURE`	Nom de la procédure à exécuter lors de la mise à jour de la liaison.

➔ UpDateLink

(méthode)

Met à jour un lien.

```
UpDateLink(NAME,type)
```

`NAME`	Nom de la liaison.

`Type`	Type de liaison (`xlLinkTypeExcelLinks` ou `xlLinkType-OLELinks`).

2. Méthodes et propriétés des autres objets

➔ AskToUpDateLinks

(propriété de l'objet **Application**)

Propriété qui renvoie **True** si Excel invite l'utilisateur à mettre à jour les liaisons lors de l'ouverture des fichiers qui en contiennent.

➔ LinkSource

(propriété de l'objet **DocumentProperty**)

Renvoie ou définit la source d'une propriété de document personnalisé lié.

➔ LinkToContent

(propriété de l'objet **DocumentProperty**)

Propriété qui renvoie **True** si la valeur d'une propriété de document personnalisé est liée au contenu du document conteneur.

➔ ActivateMicrosoftApp

(méthode de l'objet **Application**)

Active une application Microsoft.

Application.ActivateMicrosoftApp(INDEX)

`INDEX`	Application Microsoft à activer. Quelques exemples : `xlMicrosoftWord`, `xlMicrosoftAccess`, `xlMicrosoft Project...`

Chapitre 11 : Internet

A. Requêtes sur Internet

Pour insérer un tableau provenant d'un site Internet, à partir d'Excel, utilisez la démarche suivante :

- Cliquez sur la commande **Données externes** de l'onglet **Données**,
- Sélectionnez la commande **A partir du site Web** : une boîte de dialogue incluant le navigateur Internet est alors affichée,
- Saisissez l'adresse du site Web souhaité dans la barre d'adresse du navigateur,
- Sélectionnez les zones à importer au moyen de l'icône  située en haut à gauche de chaque tableau, l'icône se transforme alors en ,
- Modifiez éventuellement les options de requêtes en cliquant sur le bouton **Options**,
- Cliquez sur le bouton de commande **Importer**,
- Sélectionnez la destination du tableau dans la boîte de dialogue **Importation de données** et cliquez sur **OK**.

Exemple :

L'exemple suivant permet d'importer le palmarès des actions françaises à partir du site www.boursorama.com.

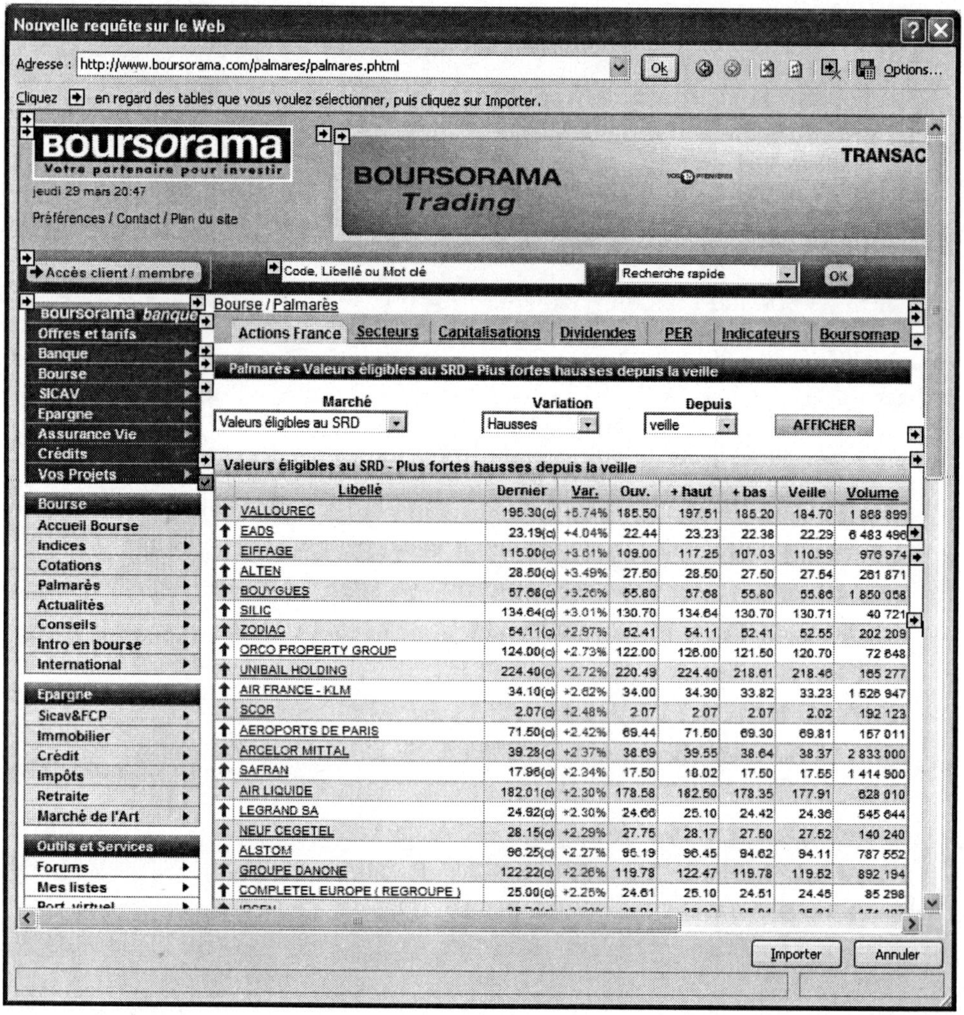

Résultat dans Excel :

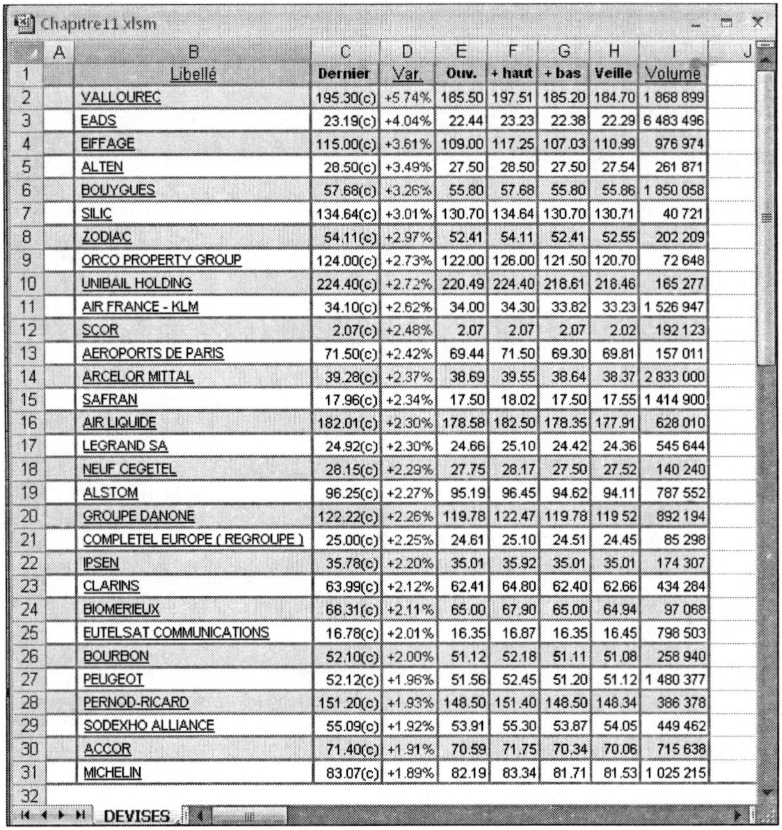

Libellé	Dernier	Var.	Ouv.	+ haut	+ bas	Veille	Volume
VALLOUREC	195.30(c)	+5.74%	185.50	197.51	185.20	184.70	1 868 899
EADS	23.19(c)	+4.04%	22.44	23.23	22.38	22.29	6 483 496
EIFFAGE	115.00(c)	+3.61%	109.00	117.25	107.03	110.99	976 974
ALTEN	28.50(c)	+3.49%	27.50	28.50	27.50	27.54	261 871
BOUYGUES	57.68(c)	+3.26%	55.80	57.68	55.80	55.86	1 850 058
SILIC	134.64(c)	+3.01%	130.70	134.64	130.70	130.71	40 721
ZODIAC	54.11(c)	+2.97%	52.41	54.11	52.41	52.55	202 209
ORCO PROPERTY GROUP	124.00(c)	+2.73%	122.00	126.00	121.50	120.70	72 648
UNIBAIL HOLDING	224.40(c)	+2.72%	220.49	224.40	218.61	218.46	165 277
AIR FRANCE - KLM	34.10(c)	+2.62%	34.00	34.30	33.82	33.23	1 526 947
SCOR	2.07(c)	+2.48%	2.07	2.07	2.07	2.02	192 123
AEROPORTS DE PARIS	71.50(c)	+2.42%	69.44	71.50	69.30	69.81	157 011
ARCELOR MITTAL	39.28(c)	+2.37%	38.69	39.55	38.64	38.37	2 833 000
SAFRAN	17.96(c)	+2.34%	17.50	18.02	17.50	17.55	1 414 900
AIR LIQUIDE	182.01(c)	+2.30%	178.58	182.50	178.35	177.91	628 010
LEGRAND SA	24.92(c)	+2.30%	24.66	25.10	24.42	24.36	545 644
NEUF CEGETEL	28.15(c)	+2.29%	27.75	28.17	27.50	27.52	140 240
ALSTOM	96.25(c)	+2.27%	95.19	96.45	94.62	94.11	787 552
GROUPE DANONE	122.22(c)	+2.26%	119.78	122.47	119.78	119.52	892 194
COMPLETEL EUROPE (REGROUPE)	25.00(c)	+2.25%	24.61	25.10	24.51	24.45	85 298
IPSEN	35.78(c)	+2.20%	35.01	35.92	35.01	35.01	174 307
CLARINS	63.99(c)	+2.12%	62.41	64.80	62.40	62.66	434 284
BIOMERIEUX	66.31(c)	+2.11%	65.00	67.90	65.00	64.94	97 068
EUTELSAT COMMUNICATIONS	16.78(c)	+2.01%	16.35	16.87	16.35	16.45	798 503
BOURBON	52.10(c)	+2.00%	51.12	52.18	51.11	51.08	258 940
PEUGEOT	52.12(c)	+1.96%	51.56	52.45	51.20	51.12	1 480 377
PERNOD-RICARD	151.20(c)	+1.93%	148.50	151.40	148.50	148.34	386 378
SODEXHO ALLIANCE	55.09(c)	+1.92%	53.91	55.30	53.87	54.05	449 462
ACCOR	71.40(c)	+1.91%	70.59	71.75	70.34	70.06	715 638
MICHELIN	83.07(c)	+1.89%	82.19	83.34	81.71	81.53	1 025 215

B. L'objet QueryTable

L'objet **QueryTable** (table de requête) représente une plage de données externe contenue dans une feuille de calcul. Les données renvoyées peuvent provenir d'une source externe, comme une base de données Microsoft Access ou SQL ou de données extraites par une **requête sur le Web**.

L'objet **QueryTable** appartient à la collection **QueryTables** de l'objet **Worksheet**.

1. Propriétés de l'objet QueryTable

Propriétés de la plage de données externes

Certaines propriétés de l'objet **QueryTable** correspondent aux informations de la boîte de dialogue **Propriétés de la plage de données externes**.

Pour afficher cette boîte de dialogue :

- Activez la plage de données externe en cliquant sur l'une de ses cellules.
- Sélectionnez la commande **Propriétés** du groupe **Connexions** de l'onglet **Données** (ou effectuez un clic droit et sélectionnez **Propriétés de la plage de données...** dans le menu contextuel).

  La fenêtre suivante est alors affichée :

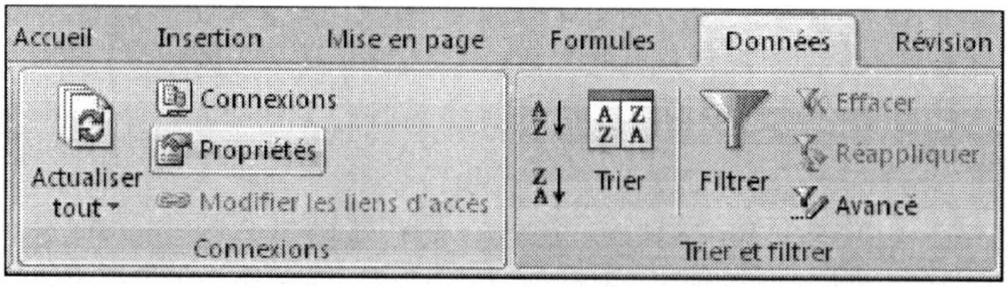

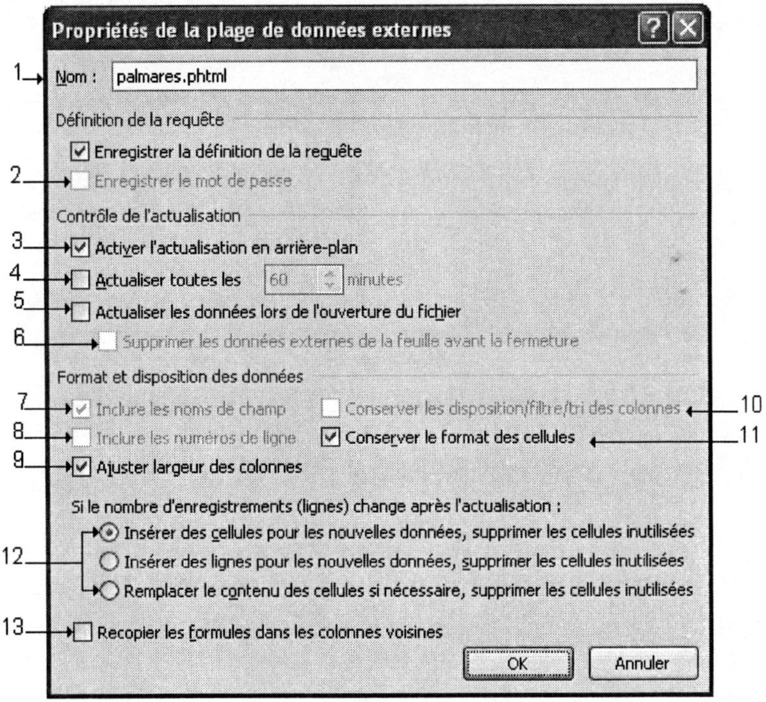

N°	Propriétés	Valeurs retournées
1.	Name	Chaîne de caractères
2.	SavePassword	Booléen
3.	BackgroundQuery	Booléen
4.	RefreshPeriod	Entier long
5.	RefreshOnFileOpen	Booléen
6.	SaveData	Booléen
7.	FileNames	Booléen
8.	RowNumbers	Booléen
9.	AdjustColumnWidth	Booléen
10.	PreserveColumnInfo	Booléen
11.	PreserveFormatting	Booléen
12.	RefreshStyle	Constante
	Constantes	**xlInsertDeleteCells** **xlInsertEntireRows** **xlOverwriteCells**
13.	FillAdjacentFormulas	Booléen

Options de requêtes sur le Web

Certaines propriétés de l'objet **QueryTable** correspondent aux informations de la boîte de dialogue **Options de requêtes sur le Web**.

Pour afficher cette boîte de dialogue :

- Positionnez-vous sur la plage de données externe provenant d'une requête Web.
- Activez le bouton droit de la souris et sélectionnez l'option **Modifier la requête** dans le menu contextuel.
- Cliquez sur le bouton **Options** en haut à droite de la boîte de dialogue **Modifier la requête sur le Web**.

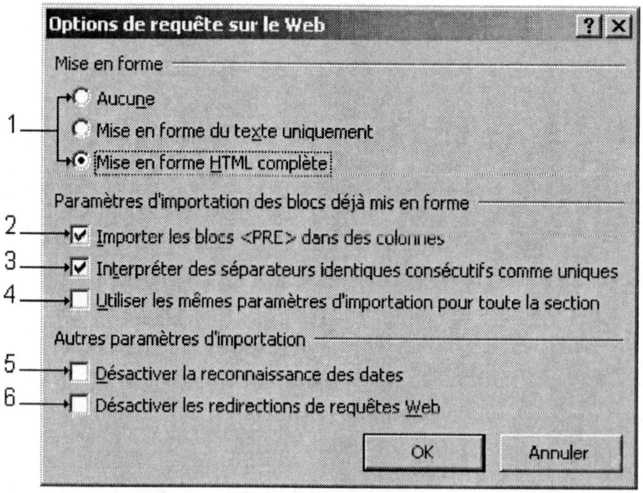

N°	Propriétés	Valeurs retournées
1.	WebFormatting	Constante
	Constantes	**xlWebFormattingNone** **xlWebFormattingRTF** **xlWebFormattingAll**
2.	WebPreFormattedTextToColumns	Booléen
3.	WebConsecutiveDelimiterAsOne	Booléen
4.	WebSingleBlockTextImport	Booléen
5.	WebDisableDateRecognition	Booléen
6.	WebDisableRedirections	Booléen

Autres propriétés utilisées pour les requêtes Web

Connection

Chaîne de caractères. URL de la source de données Web.

Destination

Objet **Range**. Renvoie la cellule située dans le coin supérieur gauche de la plage de données externe.

EditWebPage

Variant. URL de la page Web.

EnabledEditing

Booléen. Indique si l'utilisateur peut modifier la requête.

EnableRefresh

Booléen. Indique si les données de la plage de données externe peuvent être actualisées par l'utilisateur.

MaintainConnection

Booléen. Indique si la connexion à la source de données externes est conservée après l'actualisation et jusqu'à la fermeture du classeur.

Name

Nom de la plage de sources de données externes.

QueryType

Constante. Type de requête utilisée pour remplir la source de données externes (**xlWebQuery** pour les requêtes Web).

ResultRange

Objet **Range**. Représente la zone de la feuille de calcul occupée par la Source de données externes.

WebSelectionType

Constante. Détermine la partie de la page Web à importer : la page entière, les tableaux spécifiés, toutes les tables.

Constantes	**xlWebEntirePage** **xlWebAllTables** **xlWebSpecifiedTables**

WebTables

Chaîne de caractères. Liste, délimitée par des virgules, des noms ou des numéros d'index des tables à importer.

Méthodes

CancelRefresh

Supprime toutes les requêtes d'arrière-plan de la plage de données externe spécifiée.

Delete

Supprime la plage de données externe spécifiée.

Refresh

Met à jour (actualise) la plage de données externe.

ResetTimer

Rétablit la minuterie automatique d'actualisation en utilisant le dernier intervalle défini par la propriété RefreshPeriod (fréquence d'actualisation).

SaveAsODC

Enregistre la source de données externes en tant que fichier Microsoft Office Data Connection (extension .odc). Ne fonctionne pas avec les requêtes sur le Web.

2. Exemples

Création d'une requête sur le Web

Cette procédure permet de créer une requête sur le Web permettant d'importer une table spécifiée. Les arguments permettent de définir :

- l'URL du site Web ;
- le nom de la plage source de données externes ;
- la destination dans le classeur (objet **Range**) ;
- le numéro de la table à importer.

```
Sub CreateWebQuery(strURL As String, strName As String, _
     rngDesti As Range, intTableNum As Integer)

   '   Crée une requête sur le Web
   '   Modifie les options d'import et les propriétés de la requête
   '   Actualise les données au moyen de la méthode  Refresh
   With ActiveSheet.QueryTables.Add(Connection:=strURL, _
        Destination:=rngDesti)
       '   Propriétés de la requête
       .Name = strName
       .FieldNames = True
       .RowNumbers = False
       .FillAdjacentFormulas = False
       .PreserveFormatting = True
       .RefreshOnFileOpen = True
       .BackgroundQuery = False
       .RefreshStyle = xlInsertDeleteCells
       .SavePassword = False
       .SaveData = True
       .AdjustColumnWidth = True
       .RefreshPeriod = 30
       '   Options d'import
       .WebSelectionType = xlSpecifiedTables
       .WebTables = intTableNum
       .WebFormatting = xlWebFormattingAll
       .WebPreFormattedTextToColumns = True
       .WebConsecutiveDelimitersAsOne = True
       .WebSingleBlockTextImport = False
       .WebDisableDateRecognition = False
       .WebDisableRedirections = False                          .../...
```

```
.../...
          '   Actualise les données
       .Refresh BackgroundQuery:=False
   End With
End Sub
```

Exemple d'appel de la procédure : import de la 18ème table de la page web www.boursorama.com/palmares/palmares.phtml dans la feuille "Devises" du classeur actif.

```
Sub ImportPalmaresAF()
   Dim rng As Range
   Dim Url As String
   Dim Name As String
   Dim i As Integer
   '   Supprime les requêtes existantes et efface les données
   If ActiveSheet.QueryTables.Count > 0 Then
      For i = ActiveSheet.QueryTables.Count To 1 Step -1
          ActiveSheet.QueryTables(i).Delete
          Range("A1:X100").Delete
      Next i
   End If
   '   Appelle la procédure CreateQueryWeb
   Url = "URL;http://www.boursorama.com/palmares/palmares.phtml"
   Name = "palmares.phtml"
   Set rng = ActiveWorkbook.Worksheets("DEVISES").Range("A1")
   CreateWebQuery Url, Name, rng, 18
End Sub
```

C. Publication de pages Web

Il est possible de créer et de publier une page Web à partir d'un classeur, d'une feuille Excel, d'un graphique, d'une plage de cellules...

Pour publier une page Web à partir d'Excel, sélectionnez l'option **Enregistrer en tant que page Web** du menu **Fichier** et sélectionnez l'option **Ajouter l'interactivité**. Cliquez sur le bouton **Publier** pour modifier les paramètres de publication.

En VBA, pour associer un élément d'un classeur à une page Web, vous devez créer un objet **PublishObject** (en utilisant la méthode **Add** de la collection **Publish Objects**). Pour publier la page Web, vous devrez ensuite utiliser la méthode **Publish** de l'objet **PublishObject**.

1. Association d'un élément de classeur à une page Web

Syntaxe

```
PublishObjects.Add(SourceType, FileName, Sheet, Source,
HtmlType, DivID, Title)
```

Seuls les arguments `SourceType` et `FileName` sont obligatoires.

`PublishObjects`	Expression qui renvoie une collection **PublishObjects**.
`SourceType`	Type d'élément à publier (xlSourceSheet, SourceRange, xlSourceworkbook, xlSourceChart, xlSourceQuery, xlSourcePivotTable...).
`Sheet`	Nom de la feuille de calcul enregistrée en tant que page Web.
`Source`	Nom de l'élément à publier s'il s'agit d'un graphique, d'un rapport de tableau croisé dynamique ou d'une table de requête.
`HtmlType`	Spécifie si l'élément publié est enregistré en tant que composant Microsoft Office Web interactif ou en tant que texte et images statiques.
`DivId`	Identificateur unique utilisé dans la balise HTML DIV pour identifier l'élément de la page Web.
`Title`	Titre de la page Web.

2. Publication de la page Web

Syntaxe

```
PublishObject.Publish(Create)
```

`PublishObject`	Expression qui renvoie un objet **PublishObject** ou une collection **PublishObjects**.
`Create`	Si argument a la valeur **True** et que le fichier HTML existe déjà, celui-ci est remplacé. La valeur par défaut est **False**.

3. Exemple

Publication du classeur Employés : ce classeur comporte deux feuilles de calcul : Employés et Services.

```
Sub Publication()
   Dim WebPage As PublishObject
   '   Crée un objet permettant d'enregistrer une page Web
   Set WebPage = ActiveWorkbook.PublishObjects.Add _
        (xlSourceWorkbook, ThisWorkbook.Path & "/Employés.html" _
        , , , xlHtmlStatic, , "LISTE DES EMPLOYES")

   '   Publie la page
   With WebPage
      .Publish (True)
   End With
End Sub
```

Aperçu de la page Web Employés.html ainsi créée.

D. Les objets WebOptions et DefaultWebOptions

Les objets **WebOptions** et **DefaultWebOptions** contiennent les attributs utilisés par Excel lors de l'enregistrement d'un document sous la forme d'une page Web.

L'objet **DefaultWebOptions** contient les options Web par défaut de l'application Excel : son conteneur est l'objet **Application**. Les propriétés de l'objet correspondent aux attributs accessibles depuis le bouton **Options Web** de la catégorie **Options avancées** des options Excel.

L'objet **WebOptions** contient les options Web du classeur spécifié : son conteneur est l'objet **Workbook**. Les propriétés de l'objet correspondent aux attributs accessibles depuis le bouton **Outils/Options Web** lors de l'enregistrement d'un classeur au format "Page Web".

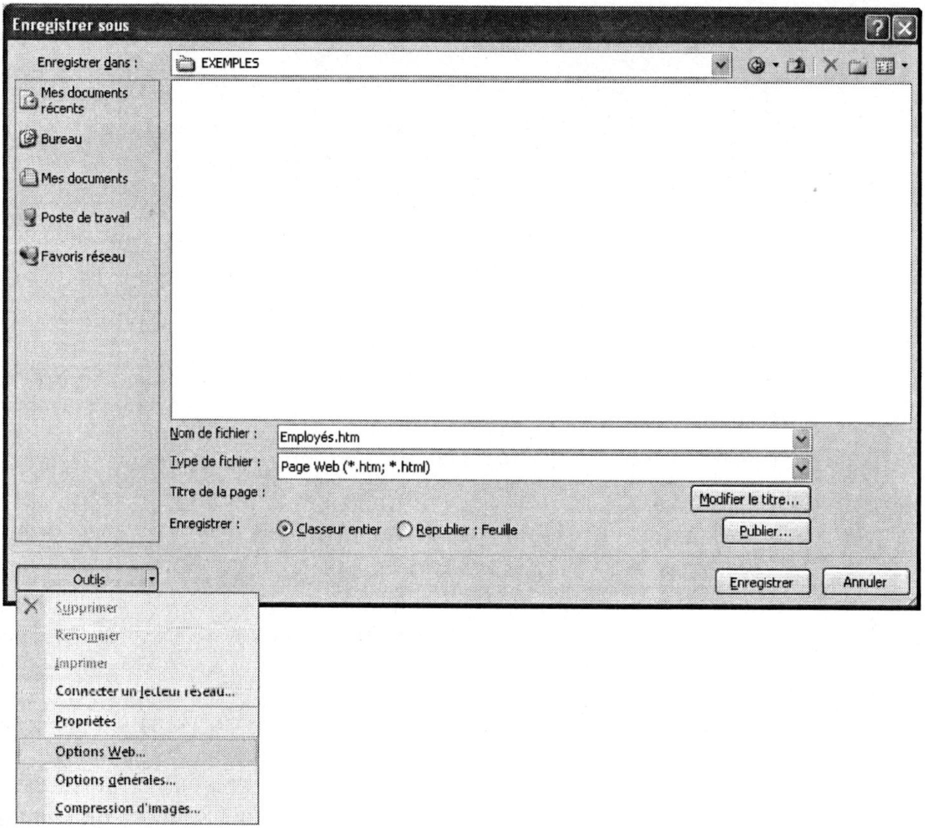

Certaines propriétés sont communes aux deux objets, d'autres sont spécifiques à l'objet **DefaultWebOptions**.

1. Propriétés

a. Options de l'onglet Général

Propriétés de l'objet DefaultWebOptions

1.	SaveHiddenData	Booléen
2.	LoadPictures	Booléen

b. Options de l'onglet Navigateurs

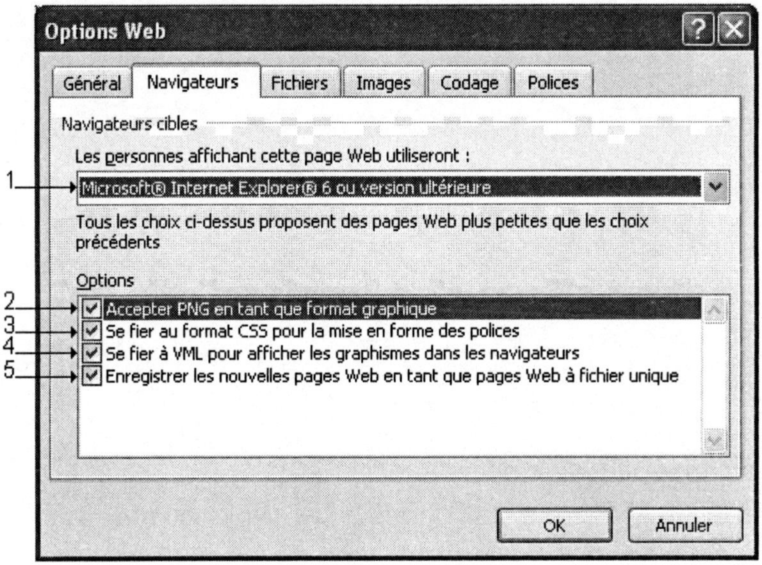

Propriétés communes aux deux objets

1.	TargetBrowser	Constante
	Constantes	**msoTargetBrowserIE4 (IE5 ou IE6)**
		msoTargetBrowserV3 (ou V4)
2.	AllowPNG	Booléen
3.	RelyOnCSS	Booléen
4.	RelyOnVML	Booléen

Propriétés de l'objet DefaultWebOptions

5.	SaveNewWebPagesAsWebArchives	Booléen

c. Options de l'onglet Fichiers

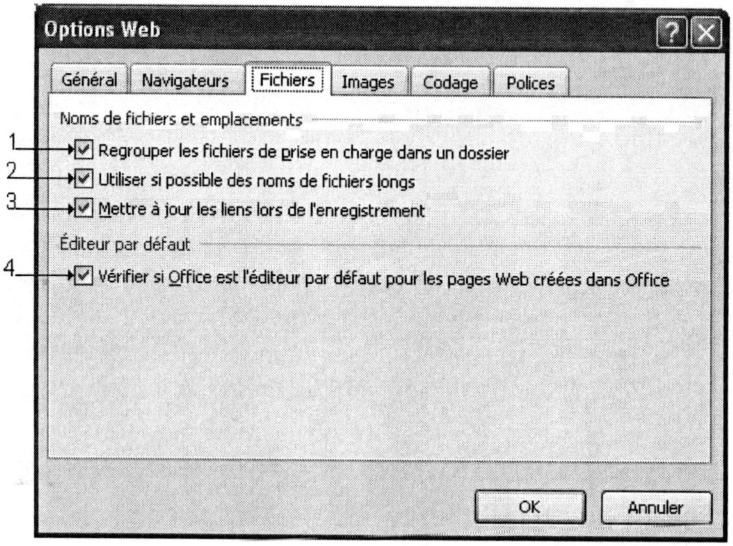

Propriétés communes aux deux objets

1.	OrganizeInFolder	Booléen
2.	UseLongFileNames	Booléen

Propriétés de l'objet DefaultWebOptions

3.	UpdateLinkOnSave	Booléen
4.	CheckIfOfficeIsHTMLEditor	Booléen

d. Autres propriétés

Propriétés communes aux deux objets

Encoding

Constante. Type d'encodage utilisé. (correspond à la sélection dans la liste déroulante de l'onglet **Codage**).

FolderSuffix

Chaîne de caractères. Suffixe de fichier utilisé par Excel lors de l'enregistrement à un document sous la forme d'une page Web.

PixelsPerInch

Entier long. Densité (nombre de pixels par pouce) des images graphiques et des cellules de tableau d'une page Web.

ScreenSize

Constante. Taille d'écran minimale optimale (largeur par hauteur, exprimée en pixels) à utiliser lors de l'affichage d'un document enregistré dans un navigateur Web.
(ex. : mso ScreenSize 800 x 600, mso ScreenSize 1024 x 768...).

Propriétés de l'objet DefaultWebOptions

AlwaysSaveInDefaultEncoding

Booléen. Indique si l'encodage par défaut est utilisé lors de l'enregistrement d'une page Web.

2. Méthode de l'objet WebOptions

UseDefaultFolderSuffix

Attribue au classeur spécifié le suffixe de dossier par défaut correspondant à la langue sélectionnée ou installée.

E. Import, export et mappage de fichiers XML

Avec la version 2007 d'Excel, il est désormais possible de mettre en relation des données au format XML avec des cellules ou des listes de données Excel.

Le Modèle Objet Excel XML présenté ci-dessous décrit les nouveaux objets permettant de prendre en charge des données au format XML dans des classeurs Excel.

Modèle Excel XML

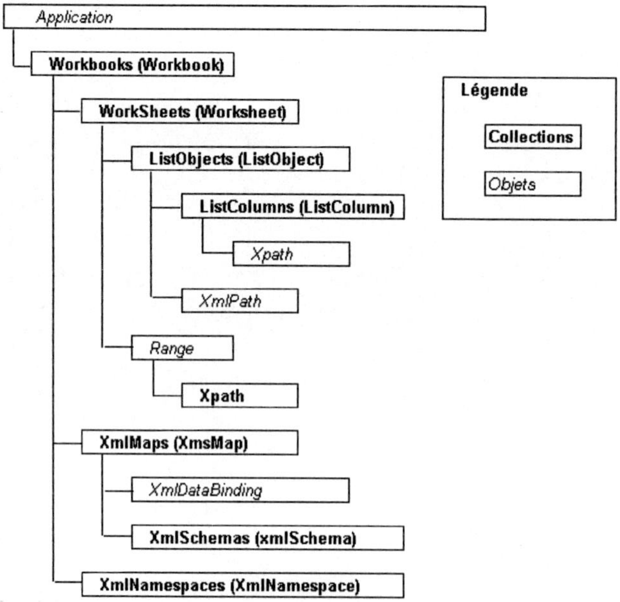

1. Collections

ListObjects

Collection de toutes les listes d'une feuille de calcul Excel. Ces listes peuvent contenir des données XML.

ListColumns

Collection de toutes les colonnes d'une liste Excel.

XmlMaps

Collection de tous les mappages XML d'un classeur. Les mappages sont utilisés pour gérer la relation entre les plages de cellules Excel et les éléments du schéma XML.

XmlSchemas

Collection de tous les schémas XML contenus dans un mappage XML.

XmlNamespaces

Collection de tous les espaces de noms XML contenus dans le classeur spécifié.

2. Méthodes de l'objet Workbook

XmlImport

Permet d'importer un mappage XML dans un fichier XML.

Exemple :

```
Sub ImportXML()
Dim MapClients As XmlMap

'   Importe le fichier customers.xml dans la feuille active
ActiveWorkbook.XmlImport Url:=ActiveWorkbook.Path _
     & "\Clients.xml", ImportMap:=MapClients, _
     Overwrite:=True, Destination:=Range("A1")
MapClients.Name = "Clients"
End Sub
```

SaveAsXMLData

Permet d'exporter les données d'un mappage XML dans un fichier XML.

Exemple :

```
Sub ExportXML()

'   Exporte le mappage XML dans le fichier Clients2.xml
ActiveWorkbook.SaveAsXMLData _
       Filename:=ActiveWorkbook.Path & "\Clients2.xml", _
       Map:=ActiveWorkbook.XmlMaps(1)
End Sub
```

3. Événements de l'objet Workbook

AfterXmlExport

Survient après l'export d'un fichier XML

AfterXmlImport

Survient après l'import d'un fichier XML.

BeforeXmlExport

Survient avant l'export d'un fichier XML.

BeforeXmlImport

Survient avant l'import d'un fichier XML.

Exemple :

```
Private Sub Workbook_AfterXmlImport(ByVal Map As XmlMap, _
       ByVal IsRefresh As Boolean, ByVal Result As XlXmlImportResult)
If Result = xlXmlImportSuccess Then
   MsgBox "Import correctement effectué"
Else
   MsgBox "Problème lors de l'import du fichier " & Map.Name
End If
End Sub
```

```
Private Sub Workbook_BeforeXmlImport(ByVal Map As XmlMap, _
     ByVal Url As String, ByVal IsRefresh As Boolean, Cancel As Boolean)
If MsgBox("Voulez-vous importer le fichier " & Url & " ?", _
   vbQuestion + vbYesNo) = vbNo Then
       MsgBox "Import annulé", vbExclamation
       Cancel = True
End If
End Sub
```

4. Méthodes de l'objet XmlMap

Delete

Permet de supprimer un mappage Xml.
Ex. : ActiveWorkbook.XmlMaps(1).Delete

Import

Permet de réactualiser un mappage Xml à partir d'un fichier XML.
Ex. : ActiveWorkbook.XmlMaps(1).Import "C:\Employes.xml"

Export

Permet d'exporter un mappage XML présent dans un classeur vers un fichier XML.
Ex. : ActiveWorkbook.XmlMaps(1).Export "C:\Employes.xml"

F. L'objet HyperLink

L'objet **HyperLink** représente un **lien hypertexte** contenu dans une feuille de calcul, une plage de cellules ou un graphique.

L'objet **Hyperlink** appartient à la collection **Hyperlinks** des objets conteneur **Range**, **Workbook** et **Chart**.

1. Propriétés

Address

Chaîne de caractères. Adresse de la cellule contenant le lien hypertexte spécifié.

EmailSubject

Chaîne de caractères. Texte du sujet du message électronique du lien hypertexte spécifié (propriété utilisée avec les liens hypertextes des messages électroniques).

Name

Chaîne de caractères. Nom du lien hypertexte.

Range

Objet **Range**. Plage à laquelle le lien hypertexte spécifié est lié.

ScreenTip

Chaîne de caractères. Texte d'info-bulle du lien hypertexte spécifié.

Shape

Objet **Shape**. Forme liée au lien hypertexte spécifié.

SubAddress

Chaîne de caractères. Emplacement dans le document associé au lien hypertexte.

TextToDisplay

Chaîne de caractères. Texte à afficher pour le lien hypertexte spécifié.

Type

Entier long. Type du lien hypertexte spécifié.

2. Méthodes

AddToFavorites

Ajoute un raccourci vers le lien hypertexte au dossier des documents favoris.

CreateNewDocument

Crée un nouveau document lié au lien hypertexte spécifié.

Delete

Supprime le lien hypertexte spécifié.

Follow

Charge le document cible du lien hypertexte spécifié et affiche le document dans l'application appropriée.

Chapitre 12 : Programmation Windows

A. Présentation des API

L'interface de programmation Windows **API** (*Application Programming Interface*) offre des fonctions qui vous permettent de contrôler les aspects les plus infimes du système d'exploitation. Vous pouvez étendre et personnaliser vos applications Excel en appelant des fonctions Windows API à partir de VBA. Bien qu'Excel continue à évoluer et que son langage de programmation natif (VBA) intègre de plus en plus de fonctions systèmes, il est nécessaire pour certaines tâches d'utiliser des fonctions de l'API.

Une API est une série de fonctions que vous pouvez utiliser pour travailler avec un composant, une application ou un système d'exploitation. Elle se compose généralement d'une ou plusieurs DLL (*Dynamic Link Library* ou bibliothèque de liaison dynamique).

L'API la plus couramment utilisée est l'**API Windows** qui inclut les DLL constituant le système d'exploitation Windows. Chaque application Windows réagit directement ou indirectement avec l'API Windows. Celle-ci garantit un comportement cohérent à toutes les applications fonctionnant sous Windows.

Les DLL de l'application Windows les plus couramment utilisées sont les suivantes :

Kerne32.dll fonctions de bas niveau du système d'exploitation, telles que gestion de la mémoire et gestion des ressources,

User32.dll fonctions de gestion Windows, telles que traitement des messages, horloges, menus et communication,

GDI32.dll bibliothèque GDI (*Graphics Device Interface*) qui contient des fonctions de sortie vers les périphériques (graphisme, contexte d'affichage et gestion des polices).

D'autres API sont également disponibles comme par exemple l'interface **MAPI** (*Mail Application Programming Interface*) qui permet d'écrire des **applications de courrier électronique**.

Pour obtenir des informations sur les fonctions de l'API Windows, vous disposez de deux sources d'informations :

- **la visionneuse d'API** (fichier exécutable ApiLoad.exe inclus dans Microsoft Office 2003 Developer et dans Microsoft Visual Basic) permet d'afficher les constantes, déclarations et les types d'API. Les éléments sélectionnés peuvent être copiés de la visionneuse d'API vers les applications VBA. Les informations de la visionneuse d'API sont issues de fichiers texte (win32api.txt, mapi32.txt...) pouvant être exportés dans une base Access afin d'en faciliter la consultation ultérieure.
- **la plate-forme Microsoft SDK** (*Software Development Kit*) contient une documentation complète de l'API Windows et est disponible gratuitement sur le site Microsoft Developer Network.

B. Appel d'une fonction de l'API Windows

Pour appeler une fonction de l'API Windows, vous devez la déclarer en utilisant l'instruction **Declare** dans la section **Déclarations** d'un module de votre projet (généralement un module spécifique aux procédures générales à l'application).

1. Syntaxe de l'instruction Declare

Dans les versions 32 bits de Visual Basic, le respect des minuscules et majuscules est obligatoire pour les noms de fonctions et procédures des DLL.

```
[Public|Private] Declare Sub <nom_proc> Lib "<nom_DLL>"_

[Alias "<nom_alias>"] [([liste_arguments])]
[Public|Private] Declare Function <nom_fonc> Lib "<nom_DLL>"_
[Alias "<nom_alias>"] [([liste_arguments])] [As <type>]
```

nom_proc, nom_fonc	Nom de la procédure ou de la fonction tel qu'utilisé dans Visual Basic.
nom_DLL	Nom de la DLL.

`nom_alias`	Nom de la procédure ou de la fonction dans la DLL.
`liste_ arguments`	[Optional][ByVal | ByRef][ParamArray] nomvariable[()][As type] (cf. chapitre 2 : Le langage VBA).

Certaines DLL ne fournissent pas de nom pour leurs procédures et leurs fonctions mais plutôt un nombre ordinal. La déclaration de telles procédures ou fonctions utilise la même syntaxe, mais il faut définir le nombre ordinal au niveau de l'Alias sous la forme d'un dièse (#) suivi du nombre (ex : Alias "#52").

2. Passage des arguments

Les fonctions et procédures des DLL sont écrites pour la plupart en langage C et font donc référence à sa syntaxe. Aussi, le passage d'arguments à une procédure ou une fonction d'une DLL depuis Visual Basic n'est pas toujours simple. Au niveau des DLL utilisant la syntaxe du C, tous les arguments sont passés par valeurs, sauf les tableaux.
Les chaînes en langage C sont considérées comme des tableaux de caractères.
Certains arguments de procédures de DLL peuvent accepter différents types de données (un peu comme les Variant), ils doivent être déclarés avec le type Any (ex : `variable As Any`). Visual Basic, pour ce type d'argument, considère que celui-ci est passé systématiquement par référence ; s'il y a lieu de le passer par valeur, il faut l'expliciter au niveau de l'appel (et non de la déclaration) de la procédure ou de la fonction avec la mention `ByVal`.

Par défaut, Visual Basic passe les arguments par référence.

C. Liste de fonctions API Windows

Cette liste comporte les fonctions de l'API Windows couramment utilisées. Des exemples d'utilisation de certaines de ces fonctions sont décrits dans le paragraphe suivant.

GetWindowsDirectory()

Renvoie le chemin complet du répertoire de Windows.

GetSystemDirectory()

Renvoie le chemin complet du répertoire système de Windows.

GetSystemInfo()

Renvoie toute une série d'informations sur le système. Ces données sont stockées dans une structure de type SYSTEM_INFO.

GetActiveWindow()

Renvoie le handle de la fenêtre active.

FindWindow()

Renvoie le handle de la fenêtre en fonction de son nom et de la classe à partir de laquelle elle a été définie.

SetFocus

Attribue le focus d'entrée à la fenêtre référencée par son handle.

GetPrivateProfileString

Renvoie une option d'un fichier Ini à partir d'un nom de section et de clé.

WNetGetUser

Renvoie le nom du login réseau.

D. Exemples d'utilisation de fonctions API Windows

1. Récupération du répertoire Windows

Déclaration de la fonction API :

```
' Cette fonction API renvoie le répertoire Windows  '
Private Declare Function GetWindowsDirectory _
           Lib "kernel32" Alias "GetWindowsDirectoryA" _
          (ByVal lpWindowsDir As String, _
           ByVal lpWindowsHeight As Long) _
           As Long
```

Appel de la fonction API :

```
Function GetWinPath() As String

' Cette fonction VBA renvoie le répertoire Windows
Dim StrResult As String
Dim StrProfile As String

StrResult = String(255, " ")
StrProfile = GetWindowsDirectory(StrResult, 255)

  ' Tronque la chaîne au premier caractère nul
If StrProfile <> "" Then
   StrResult = Trim(StrResult)
   GetWinPath = Left(StrResult, InStr(1, StrResult, vbNullChar) - 1)
Else
   GetWinPath = ""
End If

End Function
```

2. Lancement de la calculatrice Windows

Cet exemple permet de tester si la calculatrice Windows est déjà active, et de lancer son exécution sinon.

Deux fonctions API sont ici utilisées : la première, **FindWindow**, permet de rechercher la fenêtre "Calculatrice" ; la deuxième, **FindExecutable,** permet de rechercher l'emplacement du fichier Calc.exe.

Déclaration de la fonction API :

```
'   Cette fonction API recherche une fenêtre
Public Declare Function FindWindow Lib "user32" Alias _ "FindWindowA"
(ByVal lpClassName As String, ByVal  _
lpWindowName As String) As Long

'   Cette fonction API recherche un fichier exécutable
Public Declare Function FindExecutable Lib "shell32.dll" _
Alias "FindExecutableA" (ByVal lpFile As String, _
ByVal lpDirectory As String, ByVal lpResult As String) As Long
```

Appel des fonctions API :

```
Private Function Calculatrice() As Boolean
   Dim strClassName As String
   Dim strWindowName As String
   Dim Hwnd As Long
   Dim blnExe As Boolean
   Dim strRepCalc As String
   Dim strResult As Long

   '   Initialisation
   Calculatrice = False

   '   Recherche de la fenêtre Calculatrice active
   strClassName = vbNullString
   strWindowName = "Calculatrice"
   Hwnd = FindWindow(strClassName, strWindowName)
   '   Si non trouvée recherche du répertoire
   '   de Calc.exe et lancement de l'application
   If Hwnd = 0 Then
      strRepCalc = String$(255, 0)
      strResult = FindExecutable("Calc.exe", "C:\", strRepCalc)
      If strResult = 0 Then
         MsgBox "Application Calculatrice non trouvée"
         Exit Function
      End If
      blnExe = Shell(strRepCalc, vbNormalFocus)
      If Not blnExe Then
         MsgBox "Le lancement de l'application a échoué"
         Exit Function
      End If
   Else
      MsgBox "L'application Calculatrice est déjà active"
      Exit Function
   End If

   Calculatrice = True
   MsgBox "L'application calculatrice a été lancée"
End Function
```

3. Exemple

Le code suivant permet d'afficher, dans la feuille de calcul active, la liste des fichiers Excel (triée par ordre alphabétique) du disque C.

```
Sub Fichiers_Excel()
   Dim i, j As Integer
   Dim TabExcel() As String

   With Application.FileSearch
       .NewSearch
       .LookIn = "C:"
       .SearchSubFolders = True
       .Filename = "xls"
       .MatchTextExactly = True
       .Execute msoSortByFileName
       ReDim TabExcel(.FoundFiles.Count, 2)
       For i = 1 To .FoundFiles.Count
           For j = Len(.FoundFiles(i)) To 1 Step -1
               If Mid(.FoundFiles(i), j, 1) = "\" Then
                 TabExcel(i, 0) = Left(.FoundFiles(i), j)
                 TabExcel(i, 1) = Right(.FoundFiles(i), _
                                  Len(.FoundFiles (i)) - j)
                  j = 1
               End If
           Next j
       Next i
       Range(Cells(5, 1), Cells(.FoundFiles.Count + 5, 2)) = TabExcel
   End With
End Sub
```

Les données sont stockées dans un tableau afin d'accélérer le temps de traitement. En effet, la mise à jour d'une plage de cellules à partir d'un tableau est plus rapide qu'une mise à jour cellule par cellule.

E. L'objet FileSystemObject

L'objet **FileSystemObject** donne accès **au système de fichiers d'un ordinateur**. Il permet notamment de rechercher, créer, supprimer, déplacer des fichiers ou des dossiers.

1. Méthodes

Méthodes relatives aux fichiers

CopyFile

Copie un ou plusieurs fichiers d'un emplacement vers un autre.

CreateTextFile

Crée un nom de fichier spécifié et renvoie un objet TextStream pouvant être utilisé pour lire ou écrire dans le fichier.

DeleteFile

Supprime un fichier spécifié.

FileExists

Renvoie un booléen indiquant si le fichier spécifié existe.

MoveFile

Déplace un ou plusieurs fichiers d'un emplacement vers un autre.

OpenTextFile

Ouvre un fichier spécifié et renvoie un objet TextStream pouvant être utilisé pour lire un fichier ou y effectuer un ajout.

Méthodes relatives aux dossiers

CopyFolder

Copie un dossier d'un emplacement vers un autre.

CreateFolder

Crée un dossier.

DeleteFolder

Supprime un dossier spécifié et son contenu.

FolderExists

Renvoie un booléen indiquant si le dossier spécifié existe.

MoveFolder

Déplace un ou plusieurs dossiers d'un emplacement vers un autre.

Méthodes relatives aux lecteurs

DriveExists

Renvoie un booléen indiquant si le lecteur spécifié existe.

GetDrive

Renvoie un objet **Drive** correspondant au lecteur dans un chemin spécifié.

GetDriveName

Renvoie une chaîne contenant le nom du lecteur pour un chemin spécifié.

2. Propriété

Drives

Renvoie une collection constituée de tous les objets **Drive** disponibles sur la machine locale.

3. Exemple : copie de fichiers Excel

L'exemple suivant recherche tous les fichiers Excel situés dans le même dossier que le classeur actif et les copie dans le répertoire "C:\Fichiers Excel".

```
Sub CopieFichiers()
Dim fso As Object
Dim strFile As String
'   Crée un nouveau répertoire (sauf si déjà existant)
Set fso = CreateObject("Scripting.FileSystemObject")
If Not fso.folderExists("C:\Fichiers Excel") Then
   fso.createfolder ("C:\Fichiers Excel")
End If
                                                   .../...
```

```
.../...
'   Recherche les fichiers Excel et les copie dans ce répertoire
strFile = Dir(ThisWorkbook.Path & "\*.xls*", vbNormal)
Do While strFile <> ""
    fso.copyfile ThisWorkbook.Path & "\" & strFile, "C:\Fichiers Excel\"
    '   Fichier suivant
    strFile = Dir
Loop

End Sub
```

Chapitre 13 : Code d'une mini-application

A. Présentation générale

L'application Excel présentée dans ce chapitre permet de gérer des devis réalisés sous Excel.

Les principales fonctionnalités de cette application sont :

- création d'un nouveau devis à partir d'un modèle,
- recherche de devis en fonction de critères (client, date), avec possibilité d'ouvrir ou de supprimer un ou plusieurs devis,
- création de nouveaux clients ou recherche de clients.

Tous les fichiers nécessaires à l'application doivent être installés dans un même répertoire. Ces fichiers sont livrés avec les exemples de l'ouvrage et sont les suivants :

- Le fichier contenant le code de l'application Excel : GestDevis.xlsm,
- La base de données Access incluant la table des clients et les formulaires de recherche et de création d'un client : Devis.accdb,
- Le modèle Excel servant de base à la génération des devis : Devis.xltx.

Les devis générés se présentent sous la forme de fichiers Excel intitulés de la façon suivante : date de création sous la forme AAMMJJJJ et extension xlsx (ex : 20070410.xlsx). Ils sont générés dans un sous-répertoire de l'application portant le nom du code client (ex : ALFKI, ANATR...).

Cette application nécessite que les références suivantes soient sélectionnées :

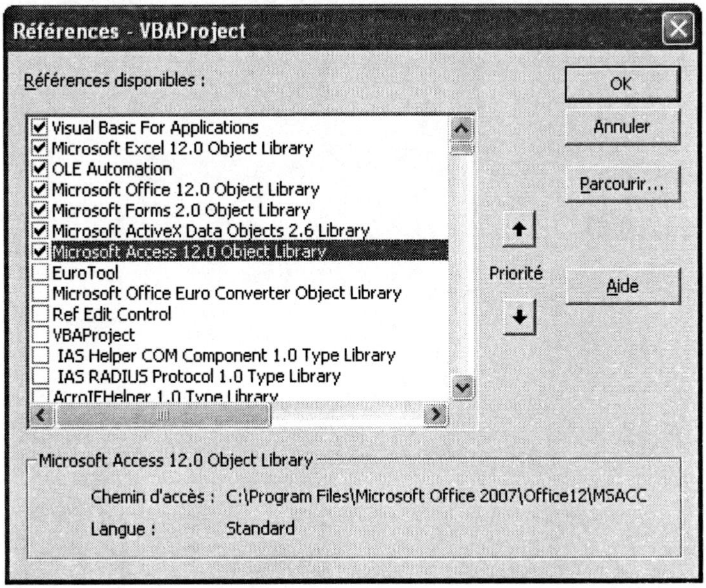

Microsoft ActiveX Data Objects est la référence permettant d'accéder à la technologie d'accès aux données de Microsoft intitulée ADO. Cette technologie est dite universelle car elle permet d'accéder à tout type de bases de données (SQL Server, Oracle, Access...). Vous trouverez une description complète du modèle objet ADO dans le fichier ADO210.chm situé dans le dossier C:\Program Files\Fichiers communs\Microsoft Shared\OFFICE12\1036.

B. Description de l'application GestDevis

Cette application est constituée des éléments suivants :

- une feuille de calcul unique intitulée **Gestion des devis** constituant l'écran d'accueil de l'application : titre de l'application, menu spécifique à l'application. Le module de classe **GestDevis** associé à cette feuille ne contient aucun code.
- deux formulaires **RechDevis** et **NouveauDevis** permettant respectivement de rechercher des devis et de créer un nouveau devis.

– deux modules standards : le module **ProcActions** contient les procédures appelées par les commandes du menu spécifiques à l'application (ces procédures sont associées aux propriétés onAction des différentes commandes du menu) ; le module **ProcGene** contient les variables publiques et les procédures générales de l'application.

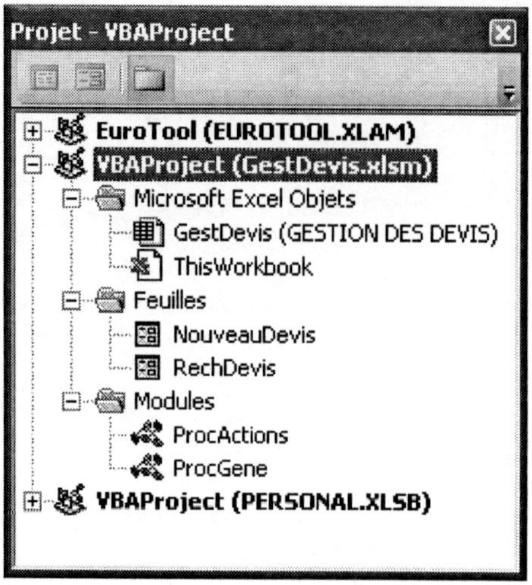

C. Module ThisWorbook

1. Présentation

Ce module permet :

– d'ajouter des commandes de menus au niveau de l'onglet **Compléments**,

– de modifier la présentation d'Excel : barre de formules et en-têtes de lignes et colonnes masquées,

– de restituer l'environnement Excel de départ lors de la désactivation du classeur : affichage de la barre de formules et en-têtes de lignes et colonnes,

– de supprimer les commandes de menus spécifiques à l'application lors de la fermeture du classeur.

À l'ouverture du classeur, la présentation de l'application est la suivante :

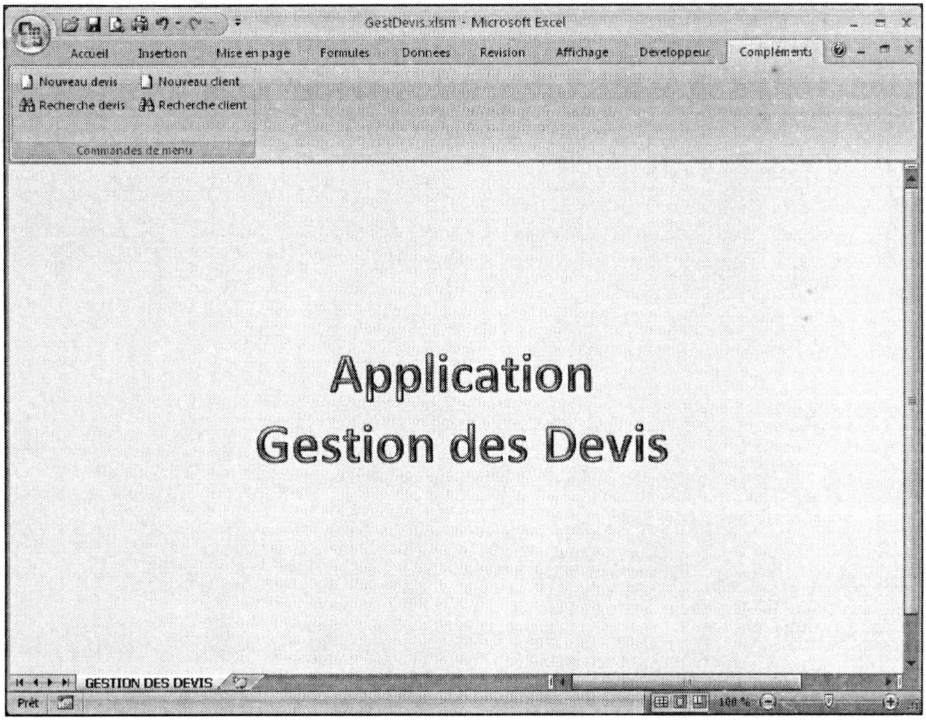

2. Code VBA

```
Option Explicit
Dim TabMenu() As String
_______________________________________________________________
Private Sub Workbook_Activate()
'   Masque la barre de formules et les en-têtes
Application.DisplayFormulaBar = False
Application.ActiveWindow.DisplayHeadings = False
End Sub
_______________________________________________________________
Private Sub Workbook_BeforeClose(Cancel As Boolean)
Dim m_Ctrl As CommandBarControl
'   Supprime les commandes personnalisées
'   de la barre de commandes "Tools"
For Each m_Ctrl In Application.CommandBars("Tools").Controls
    If Not m_Ctrl.BuiltIn Then                                 .../...
```

```
.../...
        On Error Resume Next
        m_Ctrl.Delete
    End If
Next m_Ctrl
On Error GoTo 0
End Sub
```

```
Private Sub Workbook_Deactivate()
Dim m_Ctrl As CommandBarControl
'   Affiche la barre de formules et les en-têtes
With Application
    .DisplayFormulaBar = True
    .ActiveWindow.DisplayHeadings = True
End With
End Sub
```

```
Private Sub Workbook_Open()
Dim cmd As CommandBar
Dim opt As CommandBarControl
'   Chemin d'accès à l'application
strFolder = ThisWorkbook.Path & "\"
'   Ajoute des commandes personnalisées
'   au niveau de l'onglet Compléments
Set cmd = Application.CommandBars("Tools")
'   Nouveau Devis
Set opt = cmd.Controls.Add(Type:=msoControlButton, _
              ID:=18, Before:=1)
opt.Caption = "Nouveau devis"
opt.OnAction = "Ajout_Devis"
opt.TooltipText = "Permet de créer un nouveau devis"
'   Recherche Devis
Set opt = cmd.Controls.Add(Type:=msoControlButton, _
              ID:=1849, Before:=2)
opt.OnAction = "Rech_Devis"
opt.Caption = "Recherche devis  "
opt.TooltipText = "Permet de rechercher un devis par client et par date"
'   Option inactive
Set opt = cmd.Controls.Add(Type:=msoControlButton, _
               Before:=3)
opt.OnAction = " "
opt.Caption = " "
opt.Enabled = False                                           .../...
```

```
.../...
'   Nouveau Client
Set opt = cmd.Controls.Add(Type:=msoControlButton, _
              ID:=18, Before:=1)
opt.Caption = "Nouveau client  "
opt.OnAction = "Ajout_Client"
opt.TooltipText = "Permet de créer un nouveau client"

'   Recherche  Client
Set opt = cmd.Controls.Add(Type:=msoControlButton, _
              ID:=1849, Before:=2)
opt.OnAction = "Rech_Client"
opt.Caption = "Recherche client"
opt.TooltipText = "Permet de rechercher un client"
End Sub
```

D. Formulaire NouveauDevis

1. Présentation

Ce module permet :

- de créer un nouveau devis à partir du modèle Devis.xltx, et d'enregistrer ce devis sous le sous-répertoire du client,
- d'afficher les coordonnées du client dans les cellules nommées (CodeCli, Societe, Adresse...) du classeur,
- d'appliquer au classeur le thème sélectionné dans le formulaire.

2. Liste des contrôles

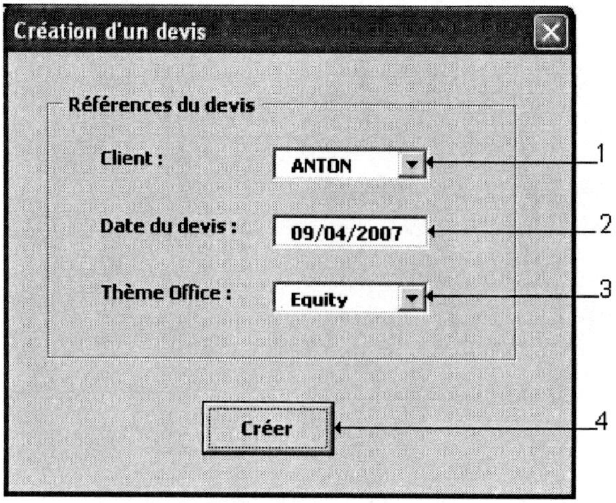

Nom du contrôle		Description
1)	cboClient	Zone de liste déroulante modifiable
2)	txtDate	Zone de texte
3)	cboTheme	Zone de liste déroulante modifiable
4)	cmdCreer	Bouton de commande

3. Liste de cellules nommées du modèle Devis.xltx

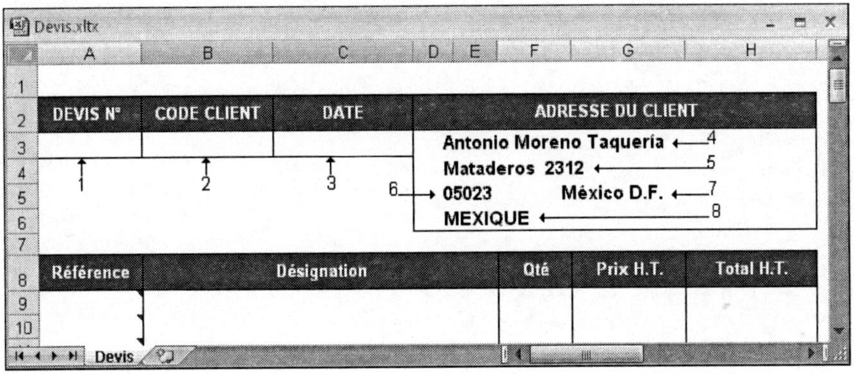

1. Devis
2. CodeCli
3. Date
4. Societe
5. Adresse
6. CPostal
7. Ville
8. Pays

4. Code VBA

```
Option Explicit
_______________________________________________________________
Private Sub UserForm_Initialize()
'   Affiche la liste des clients
Liste_Clients ("NouveauDevis")
'   Affiche les thèmes Microsoft Office
Affiche_Themes_Office
'   Date par défaut
txtDate = Format(Date, "DD/MM/YYYY")
End Sub
_______________________________________________________________
Private Sub txtDate_BeforeUpdate(ByVal Cancel As _
    MSForms.ReturnBoolean)
'   Contrôle la date saisie
If txtDate <> "" Then Cancel = Not Ctrl_Date(txtDate)

End Sub                                                   .../...
```

```
.../...

Private Sub Affiche_Themes_Office()
Dim strPath As String
Dim strfile As String
'   Affiche la liste des thèmes Microsoft Office
cboTheme.Clear
'   Chemin d'accès aux modèles
strPath = Left(Application.Path, Len(Application.Path) - 9) _
        & "\Document Themes 12\"
strfile = Dir(strPath & "*.thmx")
'   Affichage du nom de fichier sans l'extension
Do While strfile <> ""
   cboTheme.AddItem Left(strfile, Len(strfile) - 5)
   strfile = Dir
Loop
End Sub

Private Sub CmdCreer_Click()
Dim wbk As Workbook
Dim wbkName As String
Dim fso As Object
Dim strTheme As String
'   Contrôle les données saisies
If cboClient = "" Or txtDate = "" Then
   MsgBox "Client et date obligatoires", vbExclamation
   Exit Sub
End If
'   Ferme les classeurs (sauf ThisWorkbook)
For Each wbk In Workbooks
   If wbk.Name <> ThisWorkbook.Name Then
      wbk.Close
   End If
Next wbk
'   Vérifie que le classeur n'existe pas déjà
wbkName = strFolder & cboClient & "\" & Right(txtDate, 4) & _
          Mid(txtDate, 4, 2) & Left(txtDate, 2) & ".xlsx"
If Dir(wbkName) <> "" Then
   MsgBox "Le classeur " & wbkName & " existe déjà", vbExclamation
   Exit Sub
End If
'   Ouvre un nouveau classeur basé sur le modèle Devis.xltx
Set wbk = Workbooks.Add(Template:=strFolder & "Devis.xltx")     .../...
```

```
.../...
'   Crée le sous-répertoire du client si inexistant
If Dir(strFolder & cboClient, vbDirectory) = "" Then
   Set fso = CreateObject("Scripting.FileSystemObject")
   fso.createfolder (strFolder & cboClient)
End If
'   Enregistre le classeur dans ce répertoire
wbkName = Right(txtDate, 4) & Mid(txtDate, 4, 2) & Left(txtDate, 2) _
                                                     & ".xlsx"
wbk.SaveAs strFolder & cboClient & "\" & wbkName
wbk.Activate
'   Affecte les cellules du classeur à partir de la table Client
'   (Procédure du module ProcGene)
Affiche_Client wbk, cboClient
wbk.ActiveSheet.Range("A9").Activate
'   Affecte le thème Office sélectionné
strTheme = Left(Application.Path, Len(Application.Path) - 9) _
        & "\Document Themes 12\" & cboTheme & ".thmx"
wbk.ApplyTheme strTheme
'   Ferme le formulaire
Unload Me
End Sub
```

Après exécution de ce module, un nouveau devis a été créé et est affiché dans Excel afin d'être complété :

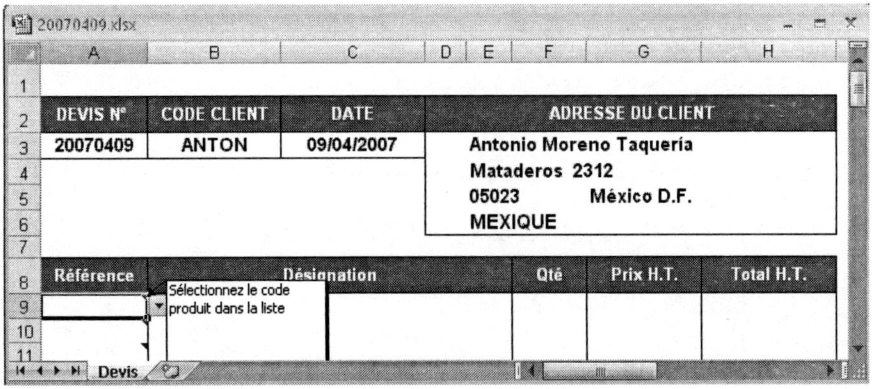

E. Formulaire RechDevis

1. Présentation

Ce module permet :

- de rechercher des devis en fonction du code client et/ou de la date du devis (si aucun critère n'est renseigné, tous les devis sont affichés),
- d'ouvrir ou de supprimer un ou plusieurs devis dans la liste des devis ainsi obtenue.

2. Liste des contrôles

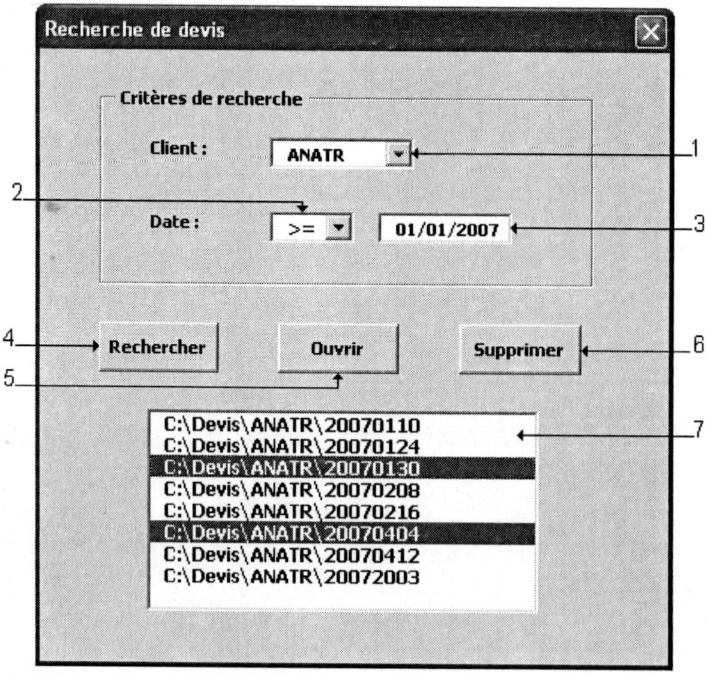

Nom du contrôle	Description
1. cboClients	Zone de liste déroulante modifiable.
2. cboOpe	Zone de liste déroulante modifiable contenant des opérateurs de comparaison (>= ou <=).

3. txtDate Zone de texte.
4. cmdRech Bouton de commande.
5. cmdSuppr Bouton de commande.
6. cmdOuvrir Bouton de commande.
7. lstDevis Zone de liste déroulante.

3. Code VBA

```
Option Explicit
________________________________________________________________
Private Sub UserForm_Initialize()
'   Opérateur pour le champs Date
cboOpe.AddItem ">="
cboOpe.AddItem "<="
'   Permet de sélectionner plusieurs devis
lstDevis.MultiSelect = fmMultiSelectMulti
'   Affiche les clients dans la liste déroulante
Liste_Clients ("RechDevis")
End Sub
________________________________________________________________
Private Sub txtDate_BeforeUpdate _
        (ByVal Cancel As MSForms.ReturnBoolean)
'   Contrôle la date saisie
If txtDate <> "" Then Cancel = Not Ctrl_Date(txtDate)
End Sub
________________________________________________________________
Private Sub CmdOuvrir_Click()
'   Ouvre les devis sélectionnés
On Error GoTo Err:
For j = 0 To lstDevis.ListCount - 1
   If lstDevis.Selected(j) Then
      Workbooks.Open lstDevis.List(j)
   End If
Next j
On Error GoTo 0
Unload Me
Exit Sub

Err:
'   Deux devis de même nom ne peuvent être ouverts
'   dans la même application Excel
If Err.Number = 1004 Then
   MsgBox Err.Description
End If                                                  .../...
```

```
.../...
Resume Next
End Sub
```

```
Private Sub cmdRech_Click()
Dim strCli As String
'   Modifie le pointeur de la souris
Application.Cursor = xlWait
' Contrôle les données saisies
If (cboOpe <> "" And txtDate = "") _
   Or (cboOpe = "" And txtDate <> "") Then
   MsgBox "Vous devez saisir un opérateur et une date", vbExclamation
   Exit Sub
End If
'   Affiche les devis d'un client ou de tous les clients
lstDevis.Clear
If cboClient = "" Then
   For i = 0 To cboClient.ListCount - 1
       strCli = cboClient.List(i)
       Affiche_Devis (strCli)
   Next i
Else
    Affiche_Devis (cboClient)
End If
'   Modifie le pointeur de la souris
Application.Cursor = xlDefault
End Sub
```

```
Private Sub Affiche_Devis(strCli As String)
Dim strRep As String
Dim strDevis As String
'   Affiche la liste des devis d'un client
strRep = strFolder & strCli & "\"
strDevis = Dir(strRep & "*.*")
Do While strDevis <> ""
   If Ctrl_Devis(strDevis) Then
      lstDevis.AddItem strRep & strDevis
   End If
   strDevis = Dir
Loop
End Sub                                                          .../...
```

```
.../...
```

```
Private Function Ctrl_Devis(strFileName As String) As Boolean
Dim dte
'   Contrôle la date de devis
Ctrl_Devis = False
If cboOpe <> "" And txtDate <> "" Then
   strFileName = Left(strFileName, Len(strFileName) - 5)
   dte = Right(strFileName, 2) & "/" _
       & Mid(strFileName, 5, 2) & "/" & Left(strFileName, 4)
   If Not IsDate(dte) Then Exit Function
      If cboOpe = ">=" And DateValue(dte) < DateValue(txtDate) _
         Then Exit Function
      If cboOpe = "<=" And DateValue(dte) > DateValue(txtDate) _
         Then Exit Function
End If
Ctrl_Devis = True
End Function
```

```
Private Sub cmdSuppr_Click()
Dim strListe As String
Dim fso As Object
'   Affiche les devis sélectionnés
For i = 0 To lstDevis.ListCount - 1
   If lstDevis.Selected(i) Then
      strListe = strListe & vbCr & lstDevis.List(i)
   End If
Next i
'   Supprime les devis sélectionnés après demande de confirmation
If MsgBox("Voulez-vous supprimer les devis suivants ? " & strListe, _
   vbQuestion & vbYesNo) = vbYes Then
   Set fso = CreateObject("Scripting.FileSystemObject")
   For i = 0 To lstDevis.ListCount - 1
      If lstDevis.Selected(i) Then
         fso.Deletefile lstDevis.List(i)
      End If
   Next i
End If
'   Réactualise la liste des devis
cmdRech_Click
End Sub
```

F. Modules ProcActions et ProcGene

1. Code VBA du module ProcActions

```
Option Explicit
'   Variables du modules
Dim blnAccess As Boolean
Dim appAccess As Access.Application

Sub Ajout_Client()
'   Lance Access si non déjà lancé et ouvre le formulaire
'   de saisie des clients
If AccessActif Then
   appAccess.DoCmd.OpenForm "Saisie des clients"
Else
   MsgBox "Impossible d'accéder à Access", vbExclamation
End If
End Sub

Sub Rech_Client()
'   Lance Access si non déjà lancé et ouvre le formulaire
'   de saisie des clients
If AccessActif Then
   appAccess.DoCmd.OpenForm "Recherche des clients"
Else
   MsgBox "Impossible d'accéder à Access", vbExclamation
End If
End Sub
```

```
Private Function AccessActif() As Boolean
'   Teste si Access a été lancé
On Error GoTo Err:
If blnAccess Then
'   Teste si la base de données Devis est toujours ouverte
'   Initialisation est un module de la base Devis
   appAccess.Run "Initialisation"
Else
'   Lance Access et ouvre la base Devis.mdb
lanceAccess:
   On Error GoTo Err2:
   Set appAccess = CreateObject("Access.application")
   appAccess.OpenCurrentDatabase (strFolder & "\Devis.mdb")
   appAccess.Visible = True
   blnAccess = True
End If
```

.../...

```
.../...
AccessActif = True
Exit Function
Err:
blnAccess = False
GoTo lanceAccess:
Exit Function
Err2:
AccessActif = False
End Function

Sub Ajout_Devis()
'   Affiche le formulaire NouveauDevis
NouveauDevis.Show
End Sub

Sub Rech_Devis()
'   Affiche le formulaire de recherche des devis
RechDevis.Show
End Sub
```

```
Sub Quitte_Appli()
'   Demande de confirmer la fin de l'application
If MsgBox("Voulez-vous quitter l'application Devis", _
   vbQuestion & vbYesNo) = vbYes Then
   On Error Resume Next
   appAccess.Quit
   On Error GoTo 0:
   ActiveWorkbook.Close
End If
End Sub
```

2. Code VBA du module ProcGene

```
Option Explicit
'   Variables publiques
Public i As Integer
Public j As Integer
'   Répertoire de l'application
Public Const strFolder = "C:\Devis\"
'   Objets ADO
Private cnnCli As ADODB.Connection
Private rstCli As ADODB.Recordset                    .../...
```

```
.../...
```

```
Public Sub Liste_Clients(FormName As String)
'     Ouvre la base Access Devis.mdb
If Not OuvreBase Then Exit Sub
'     Ouvre la table Clients
Set rstCli = New ADODB.Recordset
With rstCli
    .ActiveConnection = cnnCli
    .CursorType = adOpenForwardOnly
    .LockType = adLockOptimistic
    .Open ("Clients")
End With
'    Affiche la liste des clients extraits de la table
'    Clients de la base Devis.mdb
Do While Not rstCli.EOF
   Select Case UCase(FormName)
      Case "RECHDEVIS"
           RechDevis.cboClient.AddItem rstCli("CLI_CODECLI")
      Case "NOUVEAUDEVIS"
           NouveauDevis.cboClient.AddItem rstCli("CLI_CODECLI")
   End Select
   rstCli.MoveNext
Loop
'    Ferme les objets Access
rstCli.Close
cnnCli.Close
Set rstCli = Nothing
Set cnnCli = Nothing
End Sub
```

```
Public Sub Affiche_Client(wbk As Workbook, strCli As String)
'    Ouvre la base Devis.mdb
If Not OuvreBase Then Exit Sub
'    Ouvre la table Clients
Set rstCli = New ADODB.Recordset
With rstCli
    .ActiveConnection = cnnCli
    .CursorType = adOpenForwardOnly
    .LockType = adLockOptimistic
    .Open ("SELECT * FROM Clients WHERE CLI_CODECLI = '" _
              & strCli & "'")
End With                                                    .../...
```

```
.../...
'   Affiche les coordonnées du client dans les cellules
'   nommées du classeur Devis
If Not rstCli.EOF Then
   With wbk.Sheets(1)
      .Range("DATE") = NouveauDevis.txtDate
      .Range("DEVIS") = Left(wbk.Name, Len(wbk.Name) - 4)
      .Range("CODECLI") = rstCli("CLI_CODECLI")
      .Range("SOCIETE") = rstCli("CLI_SOCIETE")
      .Range("ADRESSE") = rstCli("CLI_ADRESSE")
      .Range("CPOSTAL") = rstCli("CLI_CPOSTAL")
      .Range("VILLE") = rstCli("CLI_VILLE")
      .Range("PAYS") = UCase(rstCli("CLI_PAYS"))
   End With
End If
'   Ferme les objets Access
rstCli.Close
cnnCli.Close
Set rstCli = Nothing
Set cnnCli = Nothing
End Sub
```

```
Public Function OuvreBase() As Boolean
'   Ouvre la base Devis.mdb
On Error GoTo Err:
Set cnnCli = New ADODB.Connection
With cnnCli
   .Provider = "Microsoft.JET.OLEDB.4.0"
   .Open strFolder & "Devis.mdb"
End With
On Error GoTo 0
OuvreBase = True
Exit Function
Err:
On Error GoTo 0
OuvreBase = False

MsgBox "Problème lors de l'ouverture de la base Devis.mdb", _
vbExclamation
End Function
```

```
Function Ctrl_Date(zDate As Control) As Boolean
Dim m_sDate As String
Dim m_date As Date
Dim x                                                 .../...
```

```
.../...
'   Contrôle une date et remplace les "." par des "/" si nécessaire
If zDate <> "" Then
   x = InStr(zDate, ".")
   Do While x > 0
      zDate = Left(zDate, x - 1) & "/" & Right(zDate, Len(zDate) - x)
      x = InStr(zDate, ".")
   Loop
   If IsDate(zDate) Then
      zDate = Format(DateValue(zDate), "DD/MM/YYYY")
      Ctrl_Date = True
   Else
      MsgBox "Vous devez saisir une date au format JJ/MM/AAAA", _
               vbExclamation
      Ctrl_Date = False
   End If
End If
End Function
```

Annexes

A. Liste des instructions

LSet

Aligne à gauche une chaîne à l'intérieur d'une variable chaîne.
ou
Copie une variable d'un type défini par l'utilisateur vers une autre variable d'un autre type défini par l'utilisateur.

Mid

Remplace un nombre spécifié de caractères dans une variable chaîne par des caractères extraits d'une autre chaîne.

RSet

Aligne à droite une chaîne à l'intérieur d'une variable chaîne.

1. Date Heure/Mathématique

Date

Définit la date système en cours.

Randomize

Initialise le générateur de nombres aléatoires.

Time

Définit l'heure système.

2. Déclaration

Const

Déclare des constantes à utiliser à la place de valeurs littérales.

Declare

Utilisée au niveau module pour déclarer les références à des procédures externes dans une DLL ou une ressource de code Macintosh.

Def*Type*

Définit les types des données par défaut des variables et des procédures **Function** dont les noms commencent par les caractères spécifiés.
`(DefBool, DefInt,..., DefStr)`

Dim

Déclare des variables et alloue de l'espace mémoire.

Enum

Déclare un type pour une énumération.

Event

Déclare un événement défini par l'utilisateur.

Function

Déclare le nom, les arguments et le code formant le corps d'une procédure **Function**.

Let

Affecte la valeur d'une expression à une variable ou à une propriété
(équivaut au signe =).

Option Base

Définit la plus petite valeur d'indice d'un tableau : **0** ou **1**.

Option Compare

Définit le mode de comparaison de chaîne : **Binary** ou **Text**.

Option Explicit

Oblige la déclaration explicite de toutes les variables du module.

Option Private Module

Déclare le module entier comme Privé.

Private

Déclare les variables privées et leur alloue de l'espace mémoire.

Property Get

Déclare le nom, les arguments et le code formant le corps d'une procédure **Property** qui permet de lire la valeur d'une propriété.

Property Let

Déclare le nom, les arguments et le code formant le corps d'une procédure **Property** qui affecte une valeur à une propriété.

Property Set

Déclare le nom, les arguments et le code formant le corps d'une procédure **Property** qui affecte une référence à un objet.

Public

Déclare les variables publiques et leur alloue de l'espace mémoire.

ReDim

Dimensionne des variables de type tableau dynamique et alloue de l'espace mémoire.

Set

Affecte une référence à un objet.

Static

Définit des variables statiques et leur alloue de l'espace mémoire.

Sub

Déclare le nom, les arguments et le code formant le corps d'une procédure Sub.

Type

Définit un type de données défini par l'utilisateur.

3. Erreur

Error

Simule l'occurrence d'une erreur.

On Error

Active une routine de gestion d'erreur et spécifie son emplacement au sein d'une procédure. Permet également de désactiver une routine de gestion d'erreur.

Resume

Reprend l'exécution du code lorsqu'une routine de gestion d'erreur est terminée.

4. Fichier

Close

Termine les opérations d'Entrée/Sortie sur un fichier ouvert à l'aide de l'instruction `Open`.

FileCopy

Copie un fichier.

Get

Lit les données d'un fichier disque ouvert et les place dans une variable.

Input

Lit les données à partir d'un fichier séquentiel ouvert et les affecte à des variables.

Kill

Supprime des fichiers d'un disque.

Line Input

Lit une ligne à partir d'un fichier séquentiel ouvert et l'affecte à une variable de type chaîne.

Lock...Unlock

Contrôle l'accès à d'autres opérations à une partie ou à l'ensemble d'un fichier ouvert à l'aide de l'instruction `Open`.

Open

Permet d'exécuter une opération d'Entrée/Sortie sur un fichier.

Print #

Écrit des données formatées pour l'affichage dans un fichier séquentiel.

Put

Écrit le contenu d'une variable dans un fichier disque.

Reset

Ferme tous les fichiers disques ouverts à l'aide de l'instruction `Open`.

Seek

Définit la position de lecture/écriture suivante dans un fichier ouvert à l'aide de l'instruction `Open`.

SetAttr

Définit les attributs d'un fichier.

Width #

Affecte une largeur de ligne de sortie à un fichier ouvert à l'aide de l'instruction `Open`.

Write #

Écrit des données brutes dans un fichier séquentiel.

5. Structuration

Call

Transfère le contrôle à une procédure **Sub**, **Function**, DLL ou à une procédure de ressource de code Macintosh.

Do...Loop

Répète un bloc d'instructions aussi longtemps qu'une condition est vraie ou jusqu'à ce qu'une condition devienne vraie.

End

Termine une procédure ou un bloc.

Exit

Quitte un bloc de code `Do...Loop`, `For...Next`, `Function`, `Sub` ou `Property`.

For Each..Next

Répète un groupe d'instructions pour chaque élément d'un tableau ou d'une collection.

For...Next

Répète un certain nombre de fois un groupe d'instructions.

Goto

Effectue un branchement inconditionnel vers une ligne déterminée d'une procédure.

GoSub...Return

Provoque le branchement vers une sous-routine à l'intérieur d'une procédure puis le retour vers l'instruction qui suit immédiatement le branchement.

On GoSub et **On GoTo**

Provoquent le branchement vers une des lignes spécifiées, selon la valeur d'une expression donnée.

Rem

Permet la saisie de commentaires (équivaut à l'apostrophe).

Select Case

Exécute un ou plusieurs groupes d'instructions selon la valeur d'une expression donnée.

Stop

Interrompt l'exécution d'une procédure.

If...Then...
ElseIf...
Else..End If

Permet l'exécution conditionnelle d'un groupe d'instructions en fonction du résultat d'une expression donnée.

While...Wend

Exécute une série d'instructions tant qu'une condition donnée est vraie.

With

Exécute une série d'instructions sur un objet unique ou un type défini par l'utilisateur.

6. Système

Beep

Emet un signal sonore.

ChDir

Change le répertoire ou dossier en cours.

ChDrive

Change le lecteur en cours.

MkDir

Crée un nouveau répertoire ou un nouveau dossier.

Name

Modifie le nom d'un fichier, d'un répertoire ou d'un dossier.

RmDir

Supprime un répertoire ou un dossier existant.

7. Divers

AppActivate

Active une fenêtre d'application.

DeleteSetting

Supprime une valeur de section ou de clé d'une entrée d'application dans la base de registres de Windows.

Erase

Réinitialise les éléments des tableaux de taille fixe et libère la mémoire affectée aux tableaux dynamiques.

Implements

Spécifie une interface ou une classe qui sera implémentée dans le module de classe dans lequel il apparaît.

Load

Charge un objet sans l'afficher.

RaiseEvent

Supprime un événement déclaré au niveau du module dans une classe, une feuille ou un document.

SaveSetting

Enregistre ou crée une entrée d'application dans la base de registres de Windows.

SendKeys

Envoie une ou plusieurs frappes de touches à la fenêtre active. Non disponible sur Macintosh.

Unload

Supprime un objet de la mémoire.

B. Liste des fonctions

Les fonctions dont les noms se terminent par le signe $ renvoient des valeurs dans des variables de type **String** et non dans des variables de type Variant.

1. Conversions

CBool

Convertit une expression en données de type Boolean.

CByte

Convertit une expression en données de type Byte.

CCur

Convertit une expression en données de type Currency.

CDate

Convertit une expression en données de type Date.

CDbl

Convertit une expression en données de type Double (double précision).

CDec

Convertit une expression en données de type Décimal.

CInt

Convertit une expression en données de type Integer (nombre entier).

CLng

Convertit une expression en données de type Long (entier long).

CSng

Convertit une expression en données de type Single (simple précision).

CStr

Convertit une expression en données de type String.

CVar

Convertit une expression en données de type Variant.

CVErr

Renvoie des données de type Variant et de sous-type Erreur contenant un code erreur spécifié par l'utilisateur.

Format, Format$

Met en forme une expression en fonction des instructions contenues dans une expression de type mise en forme.

FormatCurrency

Renvoie une expression formatée sous forme de valeur de type **Currency** utilisant le symbole monétaire défini dans le panneau de configuration du système.

FormatDateTime

Renvoie une expression formatée sous forme de date ou d'heure.

FormatNumber

Renvoie une expression formatée sous forme de nombre.

FormatPercent

Renvoie une expression formatée sous forme de pourcentage (multiplié par 100) avec un caractère % de fin.

Hex, Hex$

Renvoie une chaîne de caractères qui représente la valeur d'un nombre sous forme hexadécimale.

Oct, Oct$

Renvoie une chaîne qui représente la valeur octale d'un nombre.

QBColor

Renvoie une valeur indiquant le code de couleur RGB correspondant au numéro de couleur indiqué.

RGB

Renvoie un nombre entier qui représente la valeur d'une couleur RVB.

Str, Str$

Renvoie une chaîne de caractères qui représente le nombre spécifié.

StrConv

Renvoie une valeur convertie au format indiqué.

Val

Renvoie la valeur numérique contenue dans une chaîne de caractères.

2. Chaînes de caractères

Asc

Renvoie le code de caractère correspondant à la première lettre d'une chaîne.

Chr, Chr$

Renvoie un caractère associé au code de caractère spécifié.

InStr

Renvoie la position de la première occurrence d'une chaîne à l'intérieur d'une autre chaîne.

InStrRev

Renvoie la position d'une occurrence d'une chaîne dans une autre, à partir de la fin de la chaîne.

LCase, LCase$

Renvoie une chaîne dont les caractères ont été convertis en minuscules.

Left, Left$

Renvoie un nombre spécifié de caractères à partir de la gauche d'une chaîne.

Len

Renvoie le nombre de caractères contenus dans une chaîne ou le nombre d'octets requis pour stocker une variable.

LTrim, LTrim$

Renvoie une copie d'une chaîne en supprimant les espaces de gauche.

Mid, Mid$

Renvoie un nombre spécifié de caractères extraits d'une chaîne de caractères.

Replace

Renvoie une chaîne dans laquelle une sous-chaîne spécifiée a été remplacée plusieurs fois par une autre sous-chaîne.

Right, Right$

Renvoie un nombre spécifié de caractères à partir de la droite d'une chaîne.

RTrim, RTrim$

Renvoie une copie d'une chaîne en supprimant les espaces de droite.

Space, Space$

Renvoie une chaîne comprenant un nombre d'espaces spécifié.

StrComp

Renvoie une valeur qui indique le résultat d'une comparaison de chaîne.

String, String$

Crée une chaîne constituée d'un caractère répété sur la longueur spécifiée.

StrReverse

Renvoie une chaîne contenant des caractères dont l'ordre a été inversé par rapport à une chaîne donnée.

Trim, Trim$

Renvoie une copie d'une chaîne en supprimant les espaces de gauche et de droite.

UCase, UCase$

Renvoie une chaîne dont les caractères ont été convertis en majuscules.

Exemple

Procédure permettant d'affecter un code identification en fonction du sexe, des nom et prénom et de l'année de naissance.

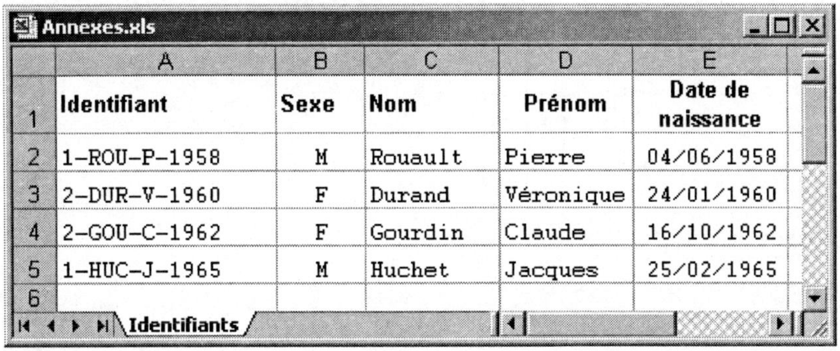

	A	B	C	D	E
1	**Identifiant**	**Sexe**	**Nom**	**Prénom**	**Date de naissance**
2	1-ROU-P-1958	M	Rouault	Pierre	04/06/1958
3	2-DUR-V-1960	F	Durand	Véronique	24/01/1960
4	2-GOU-C-1962	F	Gourdin	Claude	16/10/1962
5	1-HUC-J-1965	M	Huchet	Jacques	25/02/1965
6					

```
Sub CalculIdentifiant()
Dim Code As String

For I = 2 To 5
   '   Code 1 ou 2 en fonction du sexe
   '   suivi des trois 1ères lettres du nom en majuscules
   '   + initiale du prénom + année de naissance
   If Cells(I, 2) = "F" Then
      Code = "2-"
   Else
      Code = "1-"
   End If
   Code = Code & UCase(Left(Cells(I, 3), 3)) _
        & "-" & UCase(Left(Cells(I, 4), 1)) & "-"
   Code = Code & Right(Cells(I, 5), 4)
   Cells(I, 1) = Code
Next

End Sub
```

3. Mathématiques

Les fonctions mathématiques sont appelées fonctions **intrinsèques**.

Abs

Renvoie la valeur absolue d'un nombre.

Atn

Renvoie l'arctangente d'un nombre.

Cos

Renvoie le cosinus d'un angle.

Exp

Renvoie e (la base des logarithmes népériens) élevé à une puissance.

Fix

Renvoie la partie entière d'un nombre.

Int

Renvoie la partie entière d'un nombre. La différence avec la fonction `Fix` réside dans le fait que si la valeur de l'argument "nombre" est négative, `Int` renvoie le premier entier négatif <u>inférieur</u> ou égal à "nombre", tandis que `Fix` renvoie le premier entier négatif <u>supérieur</u> ou égal à "nombre".

Log

Renvoie le logarithme népérien d'un nombre.

Rdn

Renvoie un nombre aléatoire.

Round

Renvoie un nombre arrondi à un nombre spécifié de positions décimales.

Sgn

Renvoie un nombre entier indiquant le signe d'un nombre.

Sin

Renvoie le sinus d'un angle.

Sqr

Renvoie la racine carrée d'un nombre.

Tan

Renvoie la tangente d'un angle.

Exemple

```
Sub FctsCalculs()
   'Différence entre Int et Fix
   nb1 = -125.45
   'Affiche -126
   MsgBox Int(nb1)
   'Affiche -125
   MsgBox Fix(nb1)
   'Renvoi d'un nombre aléatoire compris entre 49 et 1
   nb2 = Int(49*Rnd)+1
   MsgBox nb2
End Sub
```

D'autres fonctions, bien que non intrinsèques, peuvent rapidement être obtenues à partir des fonctions intrinsèques.

En voici quelques exemples :
Sécante = 1 / Cos(X).
Cosécante = 1 / Sin(X).
Cotangente = 1 / Tan(X).

4. Financières

DDB

Renvoie une valeur qui indique l'amortissement d'un bien au cours d'une période spécifique (utilise la méthode d'amortissement dégressif à taux double ou toute autre méthode précisée).

FV

Renvoie une valeur qui indique le futur montant d'une annuité basée sur des versements constants et périodiques, et sur un taux d'intérêt fixe.

IPmt

Renvoie une valeur qui indique le montant, sur une période donnée, d'une annuité basée sur des versements constants et périodiques, et sur un taux d'intérêt fixe.

IRR

Renvoie une valeur qui indique le taux de rendement interne d'une série de mouvements de trésorerie périodiques (paiements et encaissements).

MIRR

Renvoie une valeur qui indique le taux de rendement interne modifié d'une série de mouvements de trésorerie périodiques (paiements et encaissements).

NPer

Renvoie une valeur qui indique le nombre d'échéances d'une annuité basée sur des versements constants et périodiques, et sur un taux d'intérêt fixe.

NPV

Renvoie une valeur qui indique la valeur nette actuelle d'un investissement, calculée en fonction d'une série de mouvements de trésorerie périodiques (paiements et encaissements) et d'un taux d'escompte.

Pmt

Renvoie une valeur qui indique le montant d'une annuité basée sur des versements constants et périodiques, et sur un taux d'intérêt fixe.

PPmt

Renvoie une valeur qui indique le remboursement du capital, pour une échéance donnée, d'une annuité basée sur des versements constants et périodiques, et sur un taux d'intérêt fixe.

PV

Renvoie une valeur qui indique le montant actuel d'une annuité basée sur des échéances futures constantes et périodiques, et sur un taux d'intérêt fixe.

Rate

Renvoie une valeur qui indique le taux d'intérêt par échéance pour une annuité.

SLN

Renvoie une valeur qui indique l'amortissement linéaire d'un bien sur une période donnée.

SYD

Renvoie une valeur qui indique l'amortissement global d'un bien sur une période donnée.

5. Dates et heures

Date, Date$

Renvoie la date système en cours.

DateAdd

Renvoie une valeur contenant une date à laquelle un intervalle de temps spécifié a été ajouté.

DateDiff

Renvoie une valeur indiquant le nombre d'intervalles de temps entre deux dates données.

DatePart

Renvoie une valeur contenant l'élément spécifié d'une date donnée.

DateSerial

Renvoie une date correspondant à une année, un mois et un jour déterminés.

DateValue

Renvoie une date.

Day

Renvoie un nombre entier compris entre 1 et 31 inclus qui représente le jour du mois.

Hour

Renvoie un nombre entier compris entre 0 et 23 inclus qui représente l'heure du jour.

Minute

Renvoie un nombre entier compris entre 0 et 59 inclus qui représente les minutes.

Month

Renvoie un nombre entier compris entre 1 et 12 inclus qui représente le mois dans l'année.

MonthName

Renvoie une chaîne indiquant le mois spécifié.

Now

Renvoie la date et l'heure en cours en fonction du réglage de l'horloge de l'ordinateur.

Second

Renvoie un nombre entier compris entre 0 et 59 inclus qui représente les secondes.

Time, Time$

Renvoie l'heure en cours.

Timer

Renvoie le nombre de secondes écoulées depuis minuit.

TimeSerial

Renvoie une date contenant une heure (heure, minute et seconde) précise.

TimeValue

Renvoie une heure.

WeekDay

Renvoie un nombre entier qui représente le jour dans la semaine.

WeekdayName

Renvoie une chaîne indiquant le jour de la semaine spécifié.

Year

Renvoie un nombre entier qui représente l'année.

Exemple

Calculs divers sur les dates et les heures :

```
Sub CalcDatesHeures()
   '   Affichage de la date du jour
   MsgBox "Nous sommes le " & Date
   '   Affichage du nombre de secondes écoulées depuis minuit
   MsgBox "Minuit est passé depuis " & _
          Timer & " secondes"
   '   Calcul puis affichage du temps restant à travailler,
   '   sachant que le travail se termine à 17 h 30
   Reste = TimeSerial(17 - Hour(Time), _
           30 - Minute(Time), 0 - Second(Time))
   MsgBox "Finissant à 17h30, il reste " & Reste & _
          " heures à travailler"
   '   Calcul puis affichage du dernier jour du mois en cours
   Final = DateSerial(Year(Now), Month(Now) + 1, 1) - 1
   MsgBox "le dernier jour du mois en cours est " & Final
   '   Affichage du nom du jour de la semaine de cette date
   '   (- 1 car dans Excel la semaine commence le dimanche)
   MsgBox "Ce sera un " & WeekdayName(Weekday(Final) - 1)
End Sub
```

6. Fichiers, Système

CurDir, CurDir$

Renvoie le chemin d'accès en cours.

Dir, Dir$

Renvoie le nom d'un fichier, d'un répertoire ou d'un dossier qui correspond à un modèle spécifié ou à un attribut de fichier, ou renvoie le nom de volume d'un lecteur.

EOF

Renvoie une valeur qui indique si la fin d'un fichier est atteinte.

FileAttr

Renvoie des informations sur le mode du fichier ou la poignée du fichier du système d'exploitation relatif à un fichier ouvert à l'aide de l'instruction `Open`.

FileDateTime

Renvoie la date et l'heure de la création ou de la dernière modification d'un fichier.

FileLen

Renvoie la taille d'un fichier en octets.

FreeFile

Renvoie le numéro de fichier disponible suivant à l'usage de l'instruction `Open`.

GetAttr

Renvoie un nombre qui représente les attributs d'un fichier, d'un répertoire ou d'un dossier, ou l'étiquette d'un volume.

Input, Input$

Renvoie des caractères (octets) lus à partir d'un fichier séquentiel ouvert.

Loc

Renvoie la position de lecture/écriture en cours dans un fichier ouvert.

LOF

Renvoie la longueur en octets d'un fichier ouvert à l'aide de l'instruction **Open**.

Seek, Seek$

Renvoie la position de lecture/écriture en cours dans un fichier ouvert à l'aide de l'instruction **Open**.

Exemple

Procédure pour afficher les noms, les dates de dernière modification et les tailles des cinq premiers fichiers trouvés dans le dossier courant.

```
Sub ListeFichiers()
   Dim strPath As String
   Dim strFile As String

   strPath = CurDir() & "\"
   strFile = Dir(strPath)
   For i = 1 To 5
       If i = 1 Then
          strFile = Dir(strPath)
       Else
          strFile = Dir()
       End If
       If strFile <> "" Then
          MsgBox "Fichier : " & strFile & Chr(13) & _
                 "Date : " & FileDateTime(strFile) & Chr(13) & _
                 "Taille : " & Format(FileLen(strFile), "# ##0")
      End If
   Next i
End Sub
```

7. Vérifications de variables

IsArray

Renvoie une valeur qui indique si une variable est un tableau ou non.

IsDate

Renvoie une valeur qui indique si une expression peut être convertie en date.

IsEmpty

Renvoie une valeur qui indique si une variable a été initialisée ou non.

IsError

Renvoie une valeur qui indique si une expression est une valeur d'erreur ou non.

IsMissing

Renvoie une valeur qui indique si un argument facultatif a été passé à une procédure.

IsNull

Renvoie une valeur qui indique si une expression contient ou non des données valides.

IsNumeric

Renvoie une valeur qui indique si une expression peut être ou non interprétée comme un nombre.

IsObject

Renvoie une valeur qui indique si un identificateur représente une variable objet.

TypeName

Renvoie une chaîne qui fournit des informations sur une variable.

VarType

Renvoie une valeur qui indique le sous-type d'une variable.

8. Interaction

CreateObject

Crée un objet OLE Automation.

GetObject

Récupère un objet OLE Automation dans un fichier.

InputBox

Affiche une invite dans une boîte de dialogue, attend que l'utilisateur tape du texte ou choisisse un bouton, puis renvoie le contenu de la zone de texte.

MsgBox

Affiche un message dans une boîte de dialogue, attend que l'utilisateur choisisse un bouton puis renvoie une valeur qui indique le bouton choisi par l'utilisateur.

Shell

Exécute un programme exécutable.

9. Tableau

Array

Renvoie une donnée de type **Variant** contenant un tableau.

Filter

Renvoie un tableau de base zéro contenant un sous-ensemble d'un tableau de chaîne basé sur des critères de filtre spécifiés.

Joint

Renvoie une chaîne créée par la jonction de plusieurs sous-chaînes contenues dans un tableau.

LBound

Renvoie le plus petit indice disponible pour la dimension indiquée d'un tableau.

Split

Renvoie un tableau de base zéro à une dimension contenant le nombre spécifié de sous-chaînes.

UBound

Renvoie le plus grand indice disponible pour la dimension indiquée d'un tableau.

10.SQL

SQLBind

Spécifie l'endroit où est placé le résultat de l'extraction au moyen de la fonction `SQLRetrieve`.

SQLClose

Ferme une connexion vers une source de données externes.

SQLError

Renvoie des informations d'erreur détaillées lorsqu'elle est appelée après l'échec de l'une des autres fonctions ODBC.

SQLExec Query

Exécute une requête dans une source de données au moyen d'une connexion établie à l'aide de **SQLOpen**.

SQLGet Schema

Renvoie des informations relatives à la structure de la source de données pour une connexion particulière.

SQLOpen

Établit une connexion vers une source de données.

SQLRequest

Établit une connexion vers une source de données externes et exécute une requête à partir d'une feuille de calcul avant de renvoyer le résultat sous forme d'un tableau Visual Basic.

SQLRetrieve

Extrait la totalité ou une partie des résultats d'une requête exécutée antérieurement.

SQLRetrieve, ToFile

Renvoie tous les résultats d'une requête exécutée antérieurement et les place dans un fichier.

11. Divers

CallByName

Exécute une méthode d'un objet, ou définit ou renvoie une propriété d'un objet.

Choose

Sélectionne et renvoie une valeur à partir d'une liste d'arguments.

DoEvents

Arrête momentanément l'exécution afin que le système d'exploitation puisse traiter d'autres événements.

Environ

Renvoie la valeur associée à une variable d'environnement du système d'exploitation.

GetAllSettings

Renvoie une liste des clés et leurs valeurs respectives (créées à l'origine à l'aide de l'instruction **SaveSetting**), figurant dans une entrée d'application de la base de registres de Windows.

GetSetting

Renvoie une valeur de clé d'une entrée d'application de la base de registres de Windows.

Iif

Renvoie l'un ou l'autre de deux arguments selon l'évaluation d'une expression.

Spc

Fonction utilisée avec l'instruction `Print #` ou la méthode `Print` pour positionner la sortie.

Switch

Évalue une liste d'expressions et renvoie une valeur ou une expression associée à la première expression de la liste qui a pour valeur **True**.

Tab

Fonction utilisée avec l'instruction `Print #` ou la méthode `Print` pour positionner la sortie.

12. Solveur

SolverAdd

Ajoute une contrainte.

SolverChange

Modifie une contrainte.

SolverDelete

Supprime une contrainte.

SolverFinish

Indique à Excel comment traiter les résultats et quel type de rapport créer.

SolverFinishDialog

Identique à **SolverFinish** mais affiche en plus la boîte de dialogue **Résultats du Solveur**.

SolverGet

Renvoie des informations relatives aux paramètres du solveur.

SolverLoad

Charge les paramètres d'un modèle existant.

SolverOK

Définit un modèle élémentaire.

SolverOKDialog

Identique à **SolverOK** mais affiche en plus la boîte de dialogue **Solveur**.

Solver Options

Spécifie les options avancées d'un modèle.

SolverReset

Réinitialise tous les paramètres.

SolverSave

Enregistre les paramètres d'un modèle.

SolverSolve

Lance la résolution d'un modèle.

C. Constantes VBA

Visual Basic pour Applications permet de définir des constantes afin d'améliorer la lisibilité du code et d'en faciliter la maintenance.

Vous pouvez également utiliser les constantes VBA (constantes intrinsèques) suivantes partout dans votre code.

1. Constantes de couleur

Constante	Valeur	Description
vbBlack	0x0	Noir
vbRed	0xFF	Rouge
vbGreen	0xFF00	Vert
vbYellow	0xFFFF	Jaune
vbBlue	0x0FF0000	Bleu
vbMagenta	0x0FF00FF	Magenta
vbCyan	0x0FFFF00	Cyan
vbWhite	0x0FFFFFF	Blanc

2. Constantes de date

Constante	Valeur	Description
vbSunday	1	Dimanche
vbMonday	2	Lundi
vbTuesday	3	Mardi
vbWednesday	4	Mercredi
vbThursday	5	Jeudi
vbFriday	6	Vendredi
vbSaturday	7	Samedi

3. Constantes des touches clavier lettres et chiffres

Les valeurs des touches A à Z sont les mêmes que leurs équivalents ASCII.

Constante	Valeur	Description
vbKeyA	65	Touche A
vbKeyB	66	Touche B
vbKeyC	67	Touche C
...	...	...
vbKeyZ	90	Touche Z

Les valeurs des touches 0 à 9 sont les mêmes que leurs équivalents ASCII.

Constante	Valeur	Description
vbKey0	48	Touche 1
vbKey1	49	Touche 2
vbKey2	50	Touche 3
...	...	...
vbKey0	57	Touche 9

4. Constantes de touches de fonction

Constante	Valeur	Description
vbKeyF0	0x70	Touche F1
vbKeyF1	0x71	Touche F2
...	...	...
vbKeyF11	0x7A	Touche F11
...	...	...
vbKeyF16	0x7F	Touche F16

5. Constantes de touches diverses

Constante	Valeur	Description
vbKeyCancel	0x3	Touche [Echap]
vbKeyBack	0x8	Touche [Retour Arrière]
vbKeyTab	0x9	Touche [Tab]
vbKeyClear	0xC	Touche EFFACER
vbKeyReturn	0xD	Touche [Entrée]
vbKeyShift	0x10	Touche [Maj]
vbKeyControl	0x11	Touche [Ctrl]
vbKeyMenu	0x12	Touche MENU
vbKeyPause	0x13	Touche PAUSE
vbKeyCapital	0x14	Touche [Caps Lock]
vbKeyEspace	0x1B	Touche ESPACE
vbKeySpace	0x20	Touche ESPACE
vbKeyPageUp	0x21	Touche [Page en haut]
vbKeyPageDown	0x22	Touche [Page en bas]
vbKeyEnd	0x23	Touche [Fin]
vbKeyHome	0x24	Touche [Début]
vbKeyLeft	0x25	Touche [Flèche à gauche]

Constante	Valeur	Description
vbKeyUp	0x26	Touche [Flèche en haut]
vbKeyRight	0x27	Touche [Flèche à droite]
vbKeyDown	0x28	Touche [Flèche en bas]
vbKeySelect	0x29	Touche Sélection
vbKeyPrint	0x2A	Touche [Impr Ecran]
vbKeyExecute	0x2B	Touche EXÉCUTER
vbKeySnapshot	0x2C	Touche SNAPSHOT
vbKeyInsert	0x2D	Touche [Inser]
vbKeyDelete	0x2E	Touche [Suppr]
vbKeyHelp	0x2F	Touche AIDE
vbKeyNumlock	0x90	Touche [Verr num]
vbKeyLButton	0x1	Bouton gauche de la souris
vbKeyRButton	0x2	Bouton droit de la souris

A

B

E

F

G

H

I

L

M

N

O

Q

R

S

T

U

V

Liste des titres disponibles de la collection Ressources Informatiques

Consultez notre site Internet pour avoir la liste des derniers titres parus.
http://www.editions-eni.com

Active Directory - Les services d'annuaires Windows 2003
Active Directory - Les services d'annuaires Windows 2000
AJAX – Développez pour le Web 2.0 – Entrez dans le code : JavaScrpit, XML, DOM, XMLHttpRequest...
Apache Tomcat 5 - Serveur d'applications Java
Apache V.2 - Installation, configuration et administration
Applications Serveur sous .Net
Asp.Net : Développement Web avec Visual Studio et Web Matrix
Asp.Net 2.0 Avec C#2 - Conception et développement d'applications Web avec Visual Studio 2005
Asp.Net 2.0 Avec VB.NET 2005 - Conception et développement d'applications Web avec Visual Studio 2005
ASP 3
Autocad 2007
Autocad 2006
Autocad 2005
Autocad 2004
Autocad 2002
Autocad LT 2007
Autocad LT 2006
Autocad LT 2005
Autocad LT 2004
Autocad LT 2002
Business Intelligence avec Oracle 10 g - (ETL, Data warehouse, Data mining, rapports...)
Business Objects 6
Business Objects 5
Business Objects Designer 6.5 et XI
Business Objects XI - Desktop Intelligence
C#2.0 - Le Framework .Net 2.0 avec Visual C#
C++ - Développement d'applications MFC et .Net
Cisco - Interconnexion de réseau à l'aide de routeurs et de commutateurs
Citrix Metaframe XP (FR3) - Présentation Server - Administration
Conception et programmation objet - Applications de gestion en environnement graphique
Citrix Presentation Server (versions 3 et 4) - Installation, configuration, administration
Crystal Reports XI
Crystal Reports 9
CSS 1 et CSS 2.1 - Adoptez les feuilles de style pour maîtriser les standards du Web
DB2 Universal Database et SQL (version 8.2 pour Windows)
Debian GNU / Linux - Version 3.1 (Sarge) - Administration du système
Delphi 7 et Kylix 3 - Développement sous Windows et Linux
Des CSS au DHTLM - JavaScript appliqué aux feuilles de style
Développement Java sous STRUTS (version 1.2)
Exchange Server 2007 – Conception de l'infrastructure, implémentation, administration
Exchange Server 2003 - Implémentation et gestion
Exchange Server 2000 - Administration et configuration
HTML 4 - Maîtriser le code source
Infopath 2003 - Pour des solutions collaboratives via XML, de la bureautique au développement
Infrastructure d'annuaire - Conception sous Windows Server 2003
Internet Information Server V.6
ISA Server 2004 - Protégez votre système d'information
ISA Server 2000 Proxy et Firewall - Optimiser l'accès Internet et sécuriser son réseau d'entreprise
J2SE - Les fondamentaux de la programmation Java
J2EE - Développement d'applications Web
Langage C++
LDAP - Maîtrise du protocole - exploitation d'un service d'annuaire (OpenLADP, Active Directory)
Linux - Administration système
Linux - Principes de base de l'utilisation système
Linux - Sécurité du système, sécurité des données
Linux Debian - TCP/IP - Les services réseaux
Linux Fedora Core 6 - Administration du système
Linux Fedora Core 4 - Administration du système
Linux Red Hat Fedora TCP/IP - Les services réseaux
Lotus Notes et Domino 7 - Administration de serveurs Domino
Lotus Notes et Domino 7 - Développement d'applications Notes et Web
Lotus Notes 6 - Administration de serveurs Domino
Lotus Notes 6 - Développement d'applications Notes et Web
LotusScript et JavaScript - Développement sous Lotus Notes 6
Maintenance et dépannage d'un PC en réseau
Mandriva Linux 2007 - Administration du système
Mandriva Linux 2006 - Administration du système
Merise - Concepts et mise en œuvre
MySQL 5 - Installation, mise en œuvre, administration et programmation
MySQL 4 - Installation, mise en œuvre et programmation
.Net, Framework, ADO et services Web
Novell Netware 6 - Installation, configuration et administration
Oracle 8i - Administration
Oracle 9i - Administration
Oracle 9i - SQL, PL/SQL, SQL*PLUS
Oracle 10 g - Administration
Oracle 10 g - Optimisation d'une base de données
Oracle 10 g - SQL, PL/SQL, SQL*PLUS

Perl 5
PHP 4 - Développer un site Web dynamique et interactif
PHP 5 - Développer un site Web dynamique et interactif
PostgreSQL 8.1 - Administration et exploitation d'une base de données
PowerBuilder - Techniques avancées de développement (pour les versions 7, 8 et 9)
Programmation Shell sous Unix/Linux - sh (Bourne), ksh, bash
Project Server 2003 - Solution pour la gestion de projets d'entreprise
PSNext (version 1.9) - La gestion de projets
Réseaux Informatiques - Notions fondamentales
Samba - Installation, mise en œuvre et administration
Sécuriser l'informatique de l'entreprise - Enjeux, menaces, préventions et parades
Serveurs LAMP - Administration de la plate-forme Web
SharePoint Portal Server 2003 - Personnalisation et Développement
SharePoint Portal Server - Conception et mise en œuvre de solutions
Solaris 10 - Administration d'un système Unix
SQL Server 2005 - Administration d'une base de données avec SQL Server Management Studio
SQL Server 2005 - SQL, Transact SQL
SQL Server 2000 - Mise en œuvre
SQL Server 2000 - Administration
Suse Linux 10.1 - de Windows à Linux par la pratique
TCP/IP sous Windows 2000
TSE 2003 - Terminal Server Edition
Ubuntu Linux - Création, configuration et gestion d'un réseau local d'entreprise
UML 2 - Initiation, exemples et exercices corrigés
Unix Administration système - AIX, HP-UX, Solaris, Linux
Unix - Les bases indispensables
VB.NET
VBA Access 2003 - Programmer sous Access
VBA Access 2002 - Programmer sous Access
VBA Excel 2007 - Programmer sous Excel : Macros et Langage VBA
VBA Excel 2003 - Programmer sous Excel : Macros et Langage VBA
VBA Excel 2002 - Programmer sous Excel : Macros et Langage VBA
Visual Basic 2005 (VB.NET) - Développez pour le Framework .NET 2.0 avec Visual Studio 2005
Visual C # - Concept et mise en œuvre
WebDev 11 - Mise en œuvre d'applications Web
WebDev 10 - Mise en œuvre d'applications Web
WebDev (V. 7 et 9) - Mise en œuvre d'applications Web
WebSphere 5 - Développement JSP/EJB et administration du serveur
Wi-Fi - Mise en place de 6 solutions entreprise
Wi-Fi - Réseaux sans fil 802.11 - Technologie,déploiement, sécurité
WinDev 11 - Les fondamentaux du développement avec WinDev – Présentation de WinDev Mobile
WinDev 10 - De l'objet au composant d'architecture
WinDev 10 - Les fondamentaux du développement avec WinDev
WinDev 9 - Implémentation de méthodes décisionnelles
WinDev 9 - Les fondamentaux du développement WinDev
Windows Scripting Host (WSH) - Automatiser les tâches d'administration sous Windows 2000 et XP
Windows XP - Dépannage des applications
Windows XP Professionnel - Installation, configuration et administration
Windows Server 2003 - Administration de la sécurité
Windows Server 2003 - Les services réseaux TCP/IP
Windows Server 2003 - Mise à jour des compétences NT4
Windows Server 2003 - Installation, configuration et administration
Windows Server 2003 - Planifier et optimiser une infrastructure réseau
Windows Vista - Installation, configuration et administration
Windows Vista - Toute l'information que vous attendez
Windows 2000 Server - Installation, configuration et administration
XML et les services Web
XML et XSL - Les feuilles de style XML
XML par la pratique - Bases indispensables, concepts et cas pratiques